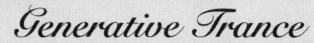

*Generative Trance*

*The Experience of Creative Flow*

# 生生不息
# 催眠聖經

## 創造性流動的體驗之旅

*Stephen Gilligan*

創立者 **史蒂芬·紀立根 博士** ◎著　　NGH 催眠授證導師 **林君翰** ◎審訂

**林知美、莊馥亘、吉莉** ◎譯

# 目錄

阿貝米勒 繪製

隨著每一次有歸屬的呼吸

一切萬有的光

撫慰在你之中的光

隨著每一個有歸屬的微笑

在你之中的光與

一切萬有的光

融為一體

心、手、樹、星，

光、石頭、宇宙和凡人的

意識，

廣大又平凡

自在又神聖

光呼吸著光

呼吸著你—

這道完美又珍貴的光


黛博拉·西蒙

（受阿貝米勒的圖畫所啟發）

# 編審暨推薦序

成為自己的催眠大師─────Generative Trance

林君翰

NGH催眠授證導師NLP授證導師

　　「我們的一生會經過許多的生和死，開始、過程與結束。催眠在何時能發生效果？就是在當下的表意識不管用時，現在無法做到時，此時我們需要一個plan B，或是想要創造一個全新的自己、全新的願景、全新的創意和思維時，就是催眠能派上用場的時機。」多年前第一次接觸時，我問史蒂芬·紀立根（Stephen Gilligan）究竟催眠是什麼？能用在哪些地方？為何要花這麼多時間和學費來學如何睡覺？有機會碰見如此著名的國際催眠大師，忍不住一股腦想把所有關於催眠的問題都提出來，希望他回答我。他只是用他深邃到讓人感覺有催眠效果的雙眼看著我，然後緩緩回答我這些話，並接著問我：「所以你的表意識現在管用嗎？」

　　當時的我，經過十四天連續完整的學習，完全沈醉在催眠的狀態中，去享受我在過程中所經歷的所有內容、所有蛻變。對催眠感興趣後便一路學習，成為催眠的授證導師，現在自己也在亞洲許多國家地區分享催眠，數年下來，仍然不斷地在這個領域探索學習，很幸運

的，常常有機會跟這樣的國際大師貼身學習，深感這樣有效調整自我和改變向善的工具，應該要讓更多人有機會知道。我在一次課程中擔任助教時，開口邀請史蒂芬·紀立根博士，是否願意將其著作翻譯為中文版，讓更多華人有機會了解催眠，同時也非常感謝世茂出版有限公司願意協助出版，讓我們真的有更多機會領略與接觸催眠。

史蒂芬·紀立根博士，所分享的生生不息的催眠屬於第三代的催眠，跟傳統我們印象中所認知的催眠完全不同。第一代的傳統催眠，就像是要砸掉個案的表意識腦，在催眠的狀態中，把改變的控制權交給心理醫生，個案把問題告訴心理醫生後，便隨著心理醫生的指示和導引進行調整和療癒。

第二代的催眠，是由米爾頓·艾瑞克森（MiltonErickson）醫生所建立，他認為催眠來自個案內在而不是外在，因此他會去聆聽每個個案，去瞭解他們，讓他們用最合適的方式進入催眠狀態。不是用傳統的命令控制，取而代之用提問的方式，讓個案從他們自己的經驗和回憶中去誘發、創造出答案。

而第三代催眠他命名為「生生不息的催眠」（Generative Trance），讓個案成為自己的催眠治療師，讓自己在自己裡面去找到問題的答案，不需要砸掉表意識腦，反而要個案依賴表意識的經驗性，加上潛意識的創意性，讓個案在催眠中隨時保持放鬆、隨時保持警覺、隨時保持彈性、隨時有創意去整合事物。鼓勵我們不跟問題對抗，而是以一種與問題共舞的方式，保持連接著中心點，去開創各種可能性，這是一種創造性流動的全新體驗。

其實Generative Trance這種生生不息的催眠，比一般我們印象中傳統的催眠更容易為華人所理解和接受。其中，他提到在催眠狀態中要有「無常」的概念：沒有任何一種狀態是能保持恆常的，沒有什麼

是不變的。也因此所有我們困擾、糾結、痛苦的事情，都能透過我們自身狀態的調整、經驗、智慧的提取，創造生發出全新的狀態、行為與過程。

其中，連接中心點的催眠導入概念也跟東方文化中氣功『氣沈丹田』、道家『內觀』的概念不謀而合，講究的是內外的調和，讓表意識和潛意識完全融合，也就是我們所說的身心合一的過程與體驗。

史蒂芬・紀立根博士認為，我們的表意識是我們的內在管理者，能幫助我們找到並清晰化問題，而潛意識是我們內在的夢想者，可以幫助我們發揮創意去整和資源前進未來，兩者一樣重要不可偏廢。

我特別喜歡史蒂芬・紀立根在課堂裡常說的：「你可以運用表意識，同時也可以運用潛意識。你可以同時對某些事情執著，同時可以對某些事情放下……。」他喜歡在說這些話時在白板上畫下『太極』的圖案：「只要我們心中有批判性的框架，兩端的『陰』與『陽』便無法進行流動整合成一個整體。讓兩端共舞流動，便能感覺到問題與解決方案順著中心點流動、流淌成為『一』（ONE）。」這種身心合一的調和過程，也使得生生不息的催眠讓人能不斷享受其中，感覺隨時充滿能量，並願意隨時保持覺知，願意向著目標，隨時調整改變。

如果您已經準備好了，就讓我們一起連接中心點，開始進入並享受屬於我們自己的生生不息催眠體驗。

# 前言

我們所有生活的目標，在超然存在的面前變得透明。

卡爾弗立德·葛拉夫·杜爾克海姆(Karlfried Graf Dürckheim
1896-1988)德國哲學教授及心理學家

　　這本書是關於如何把過生活視為偉大的意識旅程。它強調現實和身分是建構的，而催眠是創造新現實的主要手段。然而，這種催眠與傳統催眠中，讓個人會失去控制的情形明顯不同，它是專注於潛能，把意識提升到更高的層級創造力。

　　我自己的催眠經驗是一條漫長而曲折的道路。我的童年多在催眠中渡過，經驗中有一部分都在驚歎人與人之間沒有說出來的連結，特別是我的家人。我喜歡吸收無所不在的神奇特質：在祖父閃爍的眼睛裡，在媽媽說的可愛故事裡，在小狗的喜悅嬉鬧中，甚至在睡前母親關掉房間燈光，在黑暗中舞動的「光點」裡。然而，這個幸福世界有相對的另一面：我的童年催眠經驗是從逃避酗酒和家庭暴力分裂出來的。我學會把催眠當作避難所，一個遠離非人性化生活的安全之地，可以獨立而不被語言文字所混淆與欺騙。

　　我在1960年代末的舊金山度過青春期。當時傳統意識受到無數運

動所挑戰，有嬉皮運動、促進美國黑人民權的黑豹黨運動、同志運動、婦女運動、反戰運動等。在我的高中（耶穌會男校高中），輔導員帶我去上第一次團體治療，談論我以前靜靜目睹和經歷的事。我開始冥想，幫助我在「性、毒品和搖滾樂」的社會思潮中取得平衡。

我在19歲時，遇到偉大的精神治療導師－米爾頓・艾瑞克森（Milton Erickson），改變了我的一生。他讓我明白，催眠可以用來入世，而不是出世，逃離這個世界。催眠也可以啟發每個時刻、每個人、每個經驗的獨特性。我自此立志，在人生道路上，我將運用催眠的治療性，去幫助人們能夠創造性地處理人生中各種自我破壞性的挑戰，包括出生、死亡、心理創傷、結婚、離婚等等。我不僅僅是為了個案而從事催眠工作，也是為了我自己。我很感謝艾瑞克森塑造了典範，他強調每個人都需要終身學習、發展和改變。

這所有的一切都教會我欣賞人性深處的創造性意識，以及如何透過催眠來開發。我總是驚訝於催眠可以如此幫助人們實現夢想、療癒傷口、轉化問題，活出人生的目的。這不是非自然的催眠，也不是刻意的操縱，而是一種自然狀態。在這種自然狀態下，人們能夠停下腳步，暫時從他們的角色抽離，開啟一個創意空間來創造新的現實。

這也是在這本書中我想與大家分享的——如何開發更高的意識狀態，幫助你超越恐懼、限制、負面的信念。我想描繪出一種意識和創造性無意識之間可以相互尊重、合作的催眠型態。換句話說，在「生生不息催眠」（generative trance）之中，你並沒有睡去，你是在更深層的創造性意識中甦醒。

創造性催眠的重點是在個人不同層面之間的對話，這是它與傳統催眠假設的不同之處。每當個人認同不穩定時，催眠就會自然產生，而眾多社交儀式事實上都有某種催眠狀態，只是人們不知道。鑑於傳

統催眠試圖繞過或「一拳擊昏」一個人的表意識，我認為這種催眠對於推廣自我掌握和創造性轉化的貢獻有限。此書想要呈現的是另一種方法，讓人們可以體驗完整的自我，引導發生創造性的改變。

為了想要活出創造性人生旅程的人，與想要幫助別人活出創造性人生旅程的專業人士，我寫下了這本書。但我要強調，這本書並不能取代基礎醫學或心理治療，非專業人士也不應該以此用來治療嚴重的疾病。本書所呈現的是重新喚醒生命的驚奇，實現一個快樂而圓滿的生活。

我們生活在一個充滿挑戰的時代。深層變革的渴望，經常與僵硬的「基本教義派」（fundamentalisms）意識形態衝突，造成我們陷入「模稜兩可，非此非彼」的狀態，這個不再適用的過去現實，與沒有完全成熟的新現實，兩者混淆在一起，這時正是成長和轉型的巨大機會點。無論你是誰，你在哪裡，希望這本書都能幫助你將生活中的每一個瞬間作出創造性的發揮。

# 序文

　　讓你的意識啟程，往一個陌生世界出發。放下你熟知塵世中的一切思慮，讓靈魂領你到渴望的地方……閉上雙眼，讓靈魂開始翱翔，你會活出全新的自己。

埃里希・弗洛姆（Erich Fromm）

　　人生旅程有無限的潛力。每一步都會產生新的可能，每一時刻都會帶來全新的開始。但要實現可能性，我們的生活方式必須要有創造性，要有意義。平常我們都是以可想見的無聊方式，不自覺地行動和反應。這本書教你如何運用我所開發的「生生不息催眠」，幫助你進入更具創造性的意識狀態。生生不息，在這裡是指創造新的東西——新的未來，新的健康狀態，新的自我，與世界的新關係。生生不息的催眠，不是傳統要你放棄控制的催眠，而是一種創造性的藝術，使你的意識和無意識可以組合成一個具有創造性和轉化的更高層意識。

　　生生不息的催眠經驗，奠基於「生活是一段意識之旅」的概念，由神話學者喬瑟夫・坎伯（Joseph Campbell,1949）所提出。坎伯認為，在每一種文化中，都有神話描述英雄偉大生命轉變的歷程。（有趣的是，星際大戰電影就是直接建立在坎伯的作品上。）這樣的生命歷程主要不是為了名利，而是為了要給世界帶來更大的療癒和整體

性。這個目的可以透過許多方面來達成，藝術、科學、社會正義、家庭、企業等等。在這個充滿挑戰的時代，我們必須知道，每個人都可以過這樣的生活。本書即是在探討如何幫助自己和他人都能做到這一點。

「生命是一段偉大的旅程」這樣的例子還有很多。我的主要靈感來自著名精神科醫生—米爾頓‧艾瑞克森的革命性想法，催眠可用於創造性的療癒和轉化。我在艾瑞克森在世的最後六年裡跟隨他學習，那時，他已經是一個典範，就像尤達大師那樣的人物，一個乾癟的老醫者，卻有著閃爍的眼睛和驚人的技能。他的技能有很大一部分要歸功於個人的人生旅程。生活給了他許多艱難的挑戰。他五音不全，又有閱讀困難（直到他十幾歲的時候才知道字典是按字母順序排列！），還是色盲（紫色是唯一一個他可以辨識的顏色）。脊髓灰質炎造成他在17歲的時候就已經嚴重癱瘓。在中年時，他又遭遇了類似的挫折。他以勇敢、創造性的方式面對每一個挑戰並協助他的精神病患者也這麼做。這本書向他的成就表示敬意，也試著以各種方式延伸他的工作。

要像經歷旅程般的生活，我們必須有意識地選擇這樣做。當然，也有其他的可能性。坎伯提出了三條可行的路徑：(1)村莊的生活：我們用自我理想演示出日常生活，(2)不毛之地：在那裡我們陷入憤世嫉俗和絕望的陰暗世界;(3)旅程：在那裡我們的生活是一場偉大的冒險。

## ●村莊的生活

這是自我理想中的傳統路徑。你在主流社會中扮演著你的角色，過著一個「正常」的生活。例如，在「美國夢」（如果仍然存在）

中，你是出生於一個幸福的家庭，你聽父母的話，用功讀書，畢業後找到一份工作，結婚生子，買房子，賺了很多錢，然後退休和死亡。這是村莊生活。就如同坎伯所說，它沒有什麼不妥的地方。對於一些人而言，這是他們的主要人生道路。

然而，也有人不能或不願意住在村莊裡。你可能因為錯誤的膚色、性取向、宗教、性別、社會經濟地位而被拒絕。你可能因為某些原因被迫離開村莊，例如創傷會中斷「自我催眠」，將你拖進地獄。或者你可能自願離開村莊，不願或不能繼續這種所謂的正統生活，或容忍這種偽善。無論是哪種情況，你接下來的問題是，村莊外有什麼呢？

## ●不毛之地

自我理想黑暗的另一面，是 T.S.艾略特稱為不毛之地（wasteland）的陰暗世界，此地的居民拒絕或被拒於膚淺的幸福村莊生活之外，主要經驗為譏笑、冷漠和破壞，建構在否定之上，離開社會，單獨生活，或生活在一些孤立的次文化之中。不毛之地可能是抑鬱的絕望，麻木的盯著電視，仇恨的八卦和偏見，毒品、酒精和其他上癮症。自我意識和人類尊嚴消失，意識降解，成為與外界沒有連接的絕望。

當人們尋求幫助的時候，通常是困在不毛之地，不願或無法參與正常的村莊生活。大多數的時候，不論是直接的或是間接的，人們都想請求回到村莊裡過生活。這樣一來，他們就可以恢復「正常」。重要的是，你要意識到這不一定可行。在生生不息催眠之中，我們看到導致「流亡至村外」的經驗可能是「靈魂的訊號」，告訴你需要一些深層的轉化——一個人可以不再繼續扮演分配到的自我約束角色。幸

運的是，我們有第三種選擇。

## ●（英雄的）意識之旅

自我理想的村莊生活，和不毛之地般的陰暗世界，是對立的兩極，各自包含了另一方所拒絕的元素。**意識的旅程**是一條整合及超越此二元性的道路。在這裡，你既不盲目遵循既定的規則和角色，也不以玩世不恭的態度來拒絕它們。相反地，你像《星際迷航》（Star Trek）系列的開場白一樣：「勇闖無人之境」。在旅途中，生活像是一個極大的謎題，每天展開更深入、更清晰的認知和可能。許多偉大的詩人都曾談論過，這種生活有如偉大的冒險：

有些人看到現實中的事物而追根究底，其他人夢想如何讓從未發生的事情變成現實。——蕭伯納

不要依循既有的道路，開拓新的道路並留下足跡。——拉爾夫·沃爾多·愛默生

尋找讓你感覺最深刻的，充滿生機的精神屬性，還有隨之而來發出「這是真正的我」的內心聲音。當你找到這樣的態度時，追隨它。——威廉·詹姆斯

旅程往往是由坎伯所謂的「召喚」所發起。某物深深撼動你的靈魂。富有魔力或驚異的感受被喚醒，你感知到你在這個世上該做的事。我19歲第一次見到米爾頓·艾瑞克森的時候，我的靈魂深處有火焰燃起，一個低沈的聲音說，「這就是你來到這裡的原因」。我經常問我的個案，在他們的生活中，尤其是童年時期，是否有過類似「靈魂覺醒」或神奇、神祕的時刻。有趣的是，大多數的人最初都說「沒

有」，但是當我們繼續深入探討之後，會回想起這樣的時刻，也許是讀詩的時候，或與動物玩耍，或繪畫，或是沉浸在科學之中，或是感受到人與人之間深層的連接。

有些人聽到召喚，就不再回頭。他們的生命與召喚結合。坎伯稱之為「追隨你的幸福」，但常常被誤解為鼓勵不負責任的燈紅酒綠享樂主義。事實上，坎伯是要人們去留意驚奇或熱情的時刻。這種「幸福」告訴你在這個世上該做的事。

有些人聽到召喚，卻反而遠離它。你可能會被「這是不現實的」或「你應該做些其他的事」之類的建議催眠，然後嘗試去過取悅他人的村莊生活。坎伯觀察到，有時我們爬上頂端才發現我們是為了他人的期望。你可能遠離你的靈魂而生活，然後死去時「不是伴隨著一聲巨響，而僅是一聲低吟」。

但是，對於許多人來說，警鐘敲響了：在某些時候（通常在中年），症狀開始出現——例如健康問題、關係破裂、抑鬱症或上癮症等等。在生生不息催眠工作中，我們把這些症狀稱為靈魂共鳴的「回歸召喚」，重新將外在自我與內在自我的召喚作連接。我們以這樣的方式將問題當作通向深層轉化的大門，希望能夠與正向且有技巧的人相遇。

我用這三個生命路徑做為開場白，是為了要強調生生不息催眠是帶領你把生活過得像（英雄的）意識之旅般的工具。它主要不是用來「修復異常」，讓人們可以生活在一個淨化了的村莊世界，也不是要你「迷失在催眠」之中。相反地，它是一個幫助你在生命的最高層次裡生活的練習。生命的最高層次中充滿了許多創造性的可能：喜悅，改造，偉大的成就和良好的健康。

本書分成兩個主要部分來探討生生不息催眠。第一部分概述生生

不息催眠的架構。第一章介紹現實和身分是（透過現實過濾器）構建而來，可以在需要的時候被解構和重建。**創造性流動**是這個技能的核心，而**神經肌肉鏈結**卻會妨礙它。第二章檢視催眠，做為一個創造性流動過程，是自然的、必要的而且有著多種形式和價值觀（既正且負）。它的正負取決於所處的情境。我們會探討生生不息催眠在表意識和創造性無意識之間的相互作用基礎上所建構的更高層次狀態。

第三章概述生生不息催眠的基本模型。區分為三種心智：身體，認知和場域。在每種心智中各有三個可運作的層面：原始層面、自我層面和生生不息的層面。這份工作的總體目標是將每個心智都提升到生生不息層面，從而喚醒新的意識維度，能夠進行顯著的創造性的轉化。第四章概述了如何可以用四個步驟做到這一點：(1)準備（發展生生不息的狀態），(2)將每個身分的部份編織到生生不息的催眠中，(3)轉化和整合，(4)回歸到實際生活。

這本書的第二部分聚焦於如何應用該模組。第五章探討發展生生不息催眠的身體方法，並且強調意識與身體歸於中心，以此做為核心的原則，以及如何優化生生不息催眠的五個身體狀態：放鬆、專注、敞開、（音樂感）流動和身體感覺。第六章探索生生不息的場域作為一種微妙的正念空間，可抱持並轉化其中的內容。例如，我們將看到如何利用催眠來發展「能量球」。能量球容納艱困的經驗，並創造性地參與其中。催眠也可以用於發展環繞在身體外的「第二層皮膚」，或用來發展人際關係的場域，生生不息的催眠可以在這個場域中進行。

第七章是點出對經驗與行為的**創造性接納**，視其為發展催眠和轉化的主要方式。第八章探討**互補性**原則，表明抱持對立面是解開意識的枷鎖，打開創造性無意識大門的最簡潔方法。第九章介紹**無限可能**

性原則，認為每一個經驗和行為都可以有很多體驗和表達的方式。這也是另一個啟動創造性無意識的重要方法。

　　本書的基礎是經驗結構的雙層理論，理論假定(1)在初級（量子）層次，經驗有著無限可能的形式和意義，進入(2)次級（傳統）層次，觀察意識從所有潛在可能性中創造實際的形式和意義。整合這兩個層級的活動與潛能，是創造性意識的核心。不幸的是，人們很容易就會困在意識的固有現實中，與創造性意識隔離。這個自足的世界是由**狀態依賴效應**來維持的，是建構於現實之上而備受肯定的位置。生生不息催眠可以解開這些束縛，使意識可以回到生生不息的場域，邀請意識心智用富有美學的智慧在這個場域中行動。正如我們將會看到的，音樂感和共振是這種創造性意識的主要語言，允許系統的各個部分流暢地創建不斷變化的創造性整體的曼陀羅。T.S.艾略特曾美妙地敘述，這種結合兩個世界的偉大旅程：

　　　時間與永恆的交叉點代表的意義
　　　是聖者的職責
　　　倒也不是職責
　　　而是為了給予與承受
　　　甘願此生為愛而殉道


　　　只要餘音未絕，你就是音樂


　　　　　　　　　　舒伯特四個四重奏之《乾燥的薩爾維吉斯》


希望這段文字有助於我們聽到音樂，找到交叉點。

第一部分

# 生生不息催眠
# 的架構

‖第一章‖

# 意識和現實的建構

想像是創造的開始。你想像你所渴望的，你許願擁有你所想像的，最後你創造出你的願望。

蕭伯納

瑪麗（註：為了維護個案的隱私，個案的姓名和身分資料已被更改，僅保留故事核心。）過著令人羨慕的生活。她聰明，有社會地位，充滿吸引力，總是很成功。小時候因為在校成績極佳而贏得大人的讚美，從一間有名的大學獲得理學博士學位，嫁給一位很好的對象，生下兩個可愛的女兒。在工作上是一個超級巨星，與家人相處愉快，經濟無虞。然而她在中年時期獲得了重大的終身成就獎，卻發現自己鬱悶不滿，她的惶惑是可以理解的。她的生活缺了點什麼。

瑪麗用催眠開始了一系列深刻的生命探索。她流過眼淚，感到恐懼，同時也有過驚人且令人愉快的意識覺醒。最重要的是，她意識到，一直以來她的生活遠離了靈魂的夢想。她甚至還沒有意識到她有靈魂的夢想，一種比外在的成就或社會交際更深的渴望。她渴望發展靈性，以及為同處高壓力專業領域裡的年輕女性科學家作指導。此外，她和丈夫透過不同的精神靈性過程，開始了一系列有趣的旅程。

　　做這一切的時候，她沒有放棄舊的世界，只是加深探索，好讓她能過更完整、更充實的生活。當她明白她要為自己的生命負責，同時也能創造自己的人生，她感到很高興，生命旅程成為一種享受。

　　當然，人們都渴望生活過得有意義。很多人感到一種召喚，想超越村莊生活的召喚，想讓自己在這個世上發光發熱。如果這樣的召喚受到接納和支持，美麗的奇跡可能會發生。生生不息催眠是一種能夠支持如此旅程的偉大過程。

　　生生不息催眠經驗的一開始是瞭解到現實是建構的，而我們每個人都要為創造一個有意義的人生負責。要在這樣的旅程中航行，對創造性過程有大致的瞭解是有幫助的。因此，在第一章中，我想就現實是如何建構的提供一個地圖，讓你在旅程中可以與他人相互支持。

　　我先敘述創造性意識會經歷的三個世界：(1)「純粹意識」的世界，充滿創造性的愛與光；(2)創造性無意識的「量子世界」，有著無限的可能性和純粹的想像力；以及(3)表意識心智的傳統世界，有著時空、物質和其他「現實」元素的意識。創造力需要在充滿創意的光、無限的想像力和現實情況三者之間流動。

　　因此，我接下來聚焦在資訊／能量如何在這些世界之間移動。我認為存在「意識過濾器」讓能量在各個世界之間轉換。這些通道就像是彩色玻璃，連續地光流經它，在另一邊建立一個具有圖案的世界。這本書強調一個重要的觀念：這些篩檢程式是敞開的（**創造性流動**）還是關閉的（**神經肌肉鏈結**）。神經肌肉鏈結將意識困在一個固定的並且脫離連接的現實中，引起了巨大的痛苦和問題。生生不息催眠活化**創造性的流動**，進而允許轉化、療癒和一段偉大的旅程。

## ●三種意識的世界

你如何創造一個有目的和自我成長的生命？當你的生活不順利時，你如何放手以便重新與整體和寧靜連接？你如何創建新的現實來療癒破碎的人生，並發展新的可能性？這些是生生不息催眠的核心問題。我們要先來區分以下三個世界：

1. 意識本身（「初心」）
2. 量子世界（「創造性無意識」）
3. 傳統世界（「有意識的心智」）

## ●「初心」的純粹意識

現在，所有我們已經研究的醫療儀式都是以回到源頭為目標。我們得到的印象是對古代社會而言，生活不能被修復，它只能透過回歸源頭來重新創建。而「源頭的源頭」是世界誕生時產生的源源不斷的驚人能量，生命和繁殖力。

米爾恰　《伊利亞德，神話與現實》


做自己的光。

佛陀


我們從「鳥不生蛋的地方」開始我們的創意之旅。以前，米爾頓艾瑞克森邀請人們體驗催眠的時候，會開玩笑地使用這個詞，讓人們可以在一個安全的地方脫離所有的內容。催眠場域，作為一種過渡性的空間，讓人們可以釋放舊身分，並允許新的現實誕生。

　　佛教徒使用**初心**這個詞來形容一個一切來得快，去得也快，空無一物的純粹意識空間。根據經驗，它是一個非二元的意識，沒有任何形式或質地，只有光。換句話說，源頭的意識是純粹創造性的光。

　　如果這聽起來太牽強，其實在不同的文化和語言都有形容創造性意識的隱喻。有如**靈光一現的新思想憑空冒出來**。用來形容人的字詞像**才華橫溢的、喜氣洋洋的、閃閃發光的、輕鬆愉快的、容光煥發、茅塞頓開、彷彿被雷電擊中一般、為之一亮**。敏銳的覺察可能是**不受思緒干擾的、清明的或敞開的**。總而言之，這些常見的表達直覺性，指出一種出現在**形式之前、超越形式**的意識，具有智慧和幸福。

　　實際的意義是，當我們連接到這個創造性意識，我們處在最佳狀態——快樂、健康、充滿療癒力並利他。無數詩詞，歌曲和故事都讚美這個意識。傳統哲學給它不同的名字：**精神、生命力、生命的力量、能量、氣、神聖意識、般若**。它出現在大獲成功之時，它出現在仰望美感之時，它出現在深深的愛之中。突然，一個超越一切的思想和形式，難以形容的空間打開了，你充盈著心滿意足的幸福，即使只有短短的幸福時光。

　　為了讓意識具有創造力，連接到這第一世界是至關重要的。沒有它，我們會覺得彷彿困在強迫性的思考與行為之中。諷刺的是，在這種時候，我們往往最害怕放手，擔心墜入一個沒有歸途的深淵。因此，生生不息催眠的第一個目標是要習慣放下一切內容，向創造性的源頭臣服。對此。T.S.艾略特出色地寫出下面的文字：

　　　我告訴我的靈魂，靜下來，不懷希望地等待
　　　因為希望會變成希望錯誤的事物;不抱愛戀地等待
　　　因為愛戀會變成愛戀錯誤的事物;信仰也同樣如此，

但信仰、希望和愛戀都處於等待之中

不帶念頭地等待，因為你還沒有為思考做好準備

這樣，黑暗將成為光明，靜止將是舞蹈。

四個四重奏之〈東科克〉

我們的第一個基礎是理解「一切萬有」的光就在我們之中，就能允許偉大的創造性能量在我們的路途上引領著我們。對此，美國現代舞已故的偉大知名人士瑪莎‧葛蘭姆是這樣表達的：

有一種生命力、生命的力量、一種能量、一種再生，透過你成為行動，而在所有的時空中，只有一個你，這種表達是獨一無二的。如果你阻止它，它會因為無法透過任何其他媒介存在而永遠消失，不在這個世界。判斷它有多好，多麼寶貴或把它和其他表達做比較，這些都不是你的本分。你的本分是清楚、直接地保持真我，保持通道暢通。你甚至不用相信你自己或你的成果。你只要保持自己的開放，認清激勵你的渴望，保持通道暢通。（轉述de Mille, 1991: 264）

當我們保持通往創造性光的源頭的通道暢通時，生生不息的轉化就是可能的。我們將會看到可以如何有技巧地完成它。如果你能自信地放下在腦中進行的思考，並允許在那之下的某樣東西安全地接住和支持你，就可以獲得巨大的自由。生生不息催眠力求培養讓人能感受到這個美好和內在完整的泉頭世界的條件，這樣它就能一而再地熟練地被獲取。

當我們以生生不息的催眠進行工作時，我們以各種方式「追隨光」。舉例來說，密切注意身體共鳴和精細微妙能量，比如說當一個

人在談話的過程中開始閃光。這種訊號顯示談話內容深深地連接到創造性的意識，這時往往會鼓勵對方慢下來、注意到，並與共振的連接同頻。

最後要注意的一點是，這種沒有內容的、意識的微妙場域是**正念**的基礎。我們將看到正念如何支援生生不息技巧中的**與它同在**——思想、感受、行為、人——而又不成為它，進而允許創造性的銜接和轉化性的關係的產生。所以我們想要與這個巨大的空無交好，同時，發現它充滿著微妙的愛的光芒，智慧，甚至福佑。

## ●創造性無意識的量子世界

> 大自然的基本程式不在時空中，但其生成事件則位於時空中。
>
> 亨利・斯塔普

從創造性的光的世界我們移動到純粹想像的量子世界。它是創造性無意識的心智，是有著無窮可能性的場域，從其中新的現實被建立。超越傳統的時間或空間，它沒有物質形態但孕育著無窮的潛能。

創造性無意識是所有可能性的來源。當我們需要新的願景、身分、思想或經驗時，我們把注意力轉向創造性無意識。它是一種具有遠見卓識的意識，可以超越既定情況的局限性。它可以「憑空產生」新的可能性，並表現出現有情況得以繼續地各種可能。沒有這樣臨在【審訂註：當你處於有「意識」，而無「思想」的狀態，就是「臨在」（presence）】，意識之旅無法進行。

量子場域最有趣的特性之一是迭加（superposition）。迭加是一個虛擬波的場域，它同時包含了某個東西所有可能的狀態。【註：這不是說所有可能性是一樣地可能的。確實，每一種可能性它從量子現

實移到傳統現實的機率不同。就心理方面，過去是對未來最好的預測之一。換句話說，一個可能的現實越常實現，就越有可能再次發生。這是條件化學習的基本理念。生生不息的催眠中我們可以做的事情之一即是鬆開體驗性場域的制約，從而允許新的可能性湧現。】應用在心理的身分認同上，意味著創造性無意識包括某一個人所有可能的狀態，包括身分認同、未來、過去、關係場域等方面。所以，無論你的有意識或身分認同是在處在何種狀態，在同一時間，你的創造性無意識載有許多其他可能的狀態。訣竅在於當你不滿意現在的狀態時，你如何連接到創造性無意識。

例如，一個名為大衛的人抱怨他很憂鬱。我們就會接受，並歡迎他目前的身分認同狀態，同時也欣賞到在他的創造性無意識中的很多其他狀態——愛玩的、年輕的、守舊的、明智的、已受傷的。面臨的挑戰就變成了如何騰出空間給「憂鬱大衛」這個有意識的身分認同，同時邀請並歡迎其他（互補）的有意識身分認同。

這是我們能在生生不息催眠中做的：把孤立的問題狀態連接到包含了許多資源狀態的創造性（催眠）場域，再巧妙地編織他們進入一個新的自我的曼陀羅。例如，當一個「鬱悶」部分與「俏皮」和「深情」的部分連接，可能發生很多有益的轉變。系統中一部分的隔離造成了問題，但是熟練地啟動許多互補的部分進入創造性場域會帶來解決的方案。正如我們將看到這是催眠的一大特點：能夠同時保有（且創造性地編織）多重矛盾的真相或現實而且不會互相衝突。許多有意義的轉變能在這碗「催眠湯」中得到創造。

在既定狀態中，無意識包括多種可能的形式的這一個看法與**原型**這個理念密切相關。柏拉圖和康得等哲學家提出這個概念，後來榮格更充分地發揚它。它假定核心的人生挑戰不是獨一無二的。幸運的

是，每次我們面臨一個挑戰的時候，我們不需要推翻一切再重來——
例如，與另一個人相愛。從遠古時代至今，前人已經面對過無數次這
樣的挑戰。

　　原型理論認為每次這樣的經驗出現，經驗的一絲蹤跡落下到集體
的意識場域中。例如，每次有人經歷愛，那種經驗模式落到量子場域
之中。千絲萬縷的蹤跡慢慢發展成一個抽象的藍圖。原型就是一個可
以用許多方式體驗和表達的抽象的深層結構。創造性無意識包含一般
的原型模式，外加無數它們能被表達的方式。因此，人類保護自我的
需求可能是用戰士原型來表現。這戰士原型可以用許多方式體驗和表
達，有些是正面的，有些是負面的。正如我們將看到的，**在意識的世
界，我們認同某一種形式，而在創造性無意識中，無數其它可能的形
式是同時存在的。**

　　所以，當某種經驗讓你覺得不順心的時候，不要絕望。你的無意
識持有許多其它能夠處理或面對這個挑戰的方法，而催眠是你能啟動
它們的手段。在催眠中，你能安全地放下舊的模式並且發現更好的。

　　舉例來說，馬丁在一個有暴力傾向又酗酒的父親身邊長大，所
以，對他來說，「武士能量」的第一個例子是黑暗和破壞性的。像許
多有同樣遭遇的人一樣，他發誓絕不變成他的父親，而這個傾向轉
換成為永遠試著做一個「好人」。無法說出自己的需要對他造成許多
關係上的問題，然後，他變得孤獨、苦悶。他使用催眠後發現他對魄
力的印象是負面的——也就是說，他暴力的父親對他提出無止盡的要
求。然後催眠幫助他發現並植入對魄力比較正面的印象。遍及這本書
中，我將強調催眠的這種主要的用途：當你需要放下生命的不順並找
尋新的可能的時候，催眠是極好的方法。

　　將量子迭加和原型的理念運用到無意識中去的時侯，還有一個

要點是值得注意的：不存在單一的無意識心智，無意識的數量是無窮的。無意識心智是建構而來的（通常涉及許多人在許多年間的建構）。同時，它能按照各種各樣不同的方法建構。可以肯定的是，各種傳統會確保某一個版本更有可能性，但是，原則上固定或者先天的結構是不存在的。所以，佛洛德在無意識中看見性、暴力和感情的壓抑。同樣地，基本教義派的基督教徒看見一個黑暗的火熱大鍋，充滿著撒旦的邪惡與地獄之火。另一方面，榮格「發現」原型的萬神殿，而艾瑞克森觀察到一個巨大的體驗式學習的倉庫，可以作為創造快樂、充實生活的資源。從量子的角度來看，一切都是可能的。但是，在一個有洞察力的（人類）意識使它成真之前，在現實中是不存在的。

當生生不息催眠探入無意識的時候，它看見人類本質和變化的過程在創造性場域之中擁有無窮的潛能。它看見創造性意識能夠「無中生有」地創造新的可能，並且在一個既定的情況下，顯示許多可行的方法。當然，它不是一個完整的系統。與一些常見的誤解相反，無意識不是獨立的智慧。它是多層次系統中的一部分。我們需要初心的創造性的生命力量作為泉源，同時，在另一方面，也需要有能力的有意識來建立意圖，創建過濾器和意義，並創造性地利用來自無意識的資訊。這就是接下來要講的第三個世界。

## ●有意識心智的傳統世界

傳統世界是傳統的時間及空間的現實：物質、實體的能量、牛頓物理學，確實在那裡的東西。這個實體的宇宙已開展了近140億年，行星的意識約40億年。隨著生物和心理意識的進化，傳統世界已經發展出了許多層面。從傳統的西方觀點來看，我們多會認為這是單一的

價值，經驗主義的世界：事情非真即假；如果你在這裡，就不可能在另一個地方。恪守因果邏輯：有生就有死；眼見為憑。傳統世界包括歷史，許多傳統和模式。

在創造性意識中，某樣東西真正變得真實是在它存在於傳統現實之後。因此，儘管在量子場域中有無窮的可能性，在它們出現在傳統世界之前，它們都沒有「真正地物質化」。在你實際上達到你的夢想之前，你僅僅只是一個夢想者。然後，你成為一個具有創造力的天才。所以你在傳統世界需要有良好的基礎才能變得「很有創意」。這可能意味著很多東西：健康的身體、良好的社會關係和技能、情商、教育、持之以恆、行為有計劃和重承諾，等等。

當我們進入催眠，我們通常稍稍遠離傳統世界，放下我們限制性的「表演性的自我」。然後，我們向創造性無意識敞開以獲得航行於這世界的新地圖。雖然催眠也許是一種特別的經驗，直到它使每天的生活轉變之前，它都沒有「真正的」價值。由於這個原因，在生生不息催眠的過程之中，我們需要創造性無意識和有意識。創造性無意識產生新的可能性，有意識轉化並將它們植入傳統世界。

遺憾的是，催眠與「只要你相信你的無意識，就會永遠地幸福」這種幻想常被連想在一起。（或者，同樣地，如果你讓外部催眠師「為你安裝一個程式」，改變你的行為，你就會改變。）在強調有意識和創造性無意識方面，生生不息催眠是無限的可能性和具體的現實之間的橋樑。轉化在這座橋上誕生。

鑒於此，我們應該對傳統世界的有意識與量子世界的創造性無意識如何攜手合作有某種程度的理解。作為傳統現實的組織意識，有意識往往是以管理性的控制來構建的。它使用麥吉爾克里斯特（2009）所稱為的左腦的「3Ls」：語言，邏輯和線性。它設定目標，安排行

動順序，建立秩序，並且著重控制和可預見性。因此，它是一個重要的生活工具，讓我們理解日復一日的世界，可靠地重複我們在過去所完成的事物。當我們煮一杯咖啡，我們並不需要富有遠見。但是，如果我們不能煮一杯咖啡（或相關的日常事務），富有遠見的世界是無用處的。富有創造性地活著需要意識的各個世界之間彼此支持。

但是有意識心智也可以不只是管理性的。正如無意識不存在固定結構，有意識也存在許多可能性。雖然傳統的西方的有意識常被視為酷愛控制或消化它所遇到的任何物件的脫離身體的智慧，其實還有許多其它的可能性。例如，米爾頓‧艾瑞克森創立了一個卓越的有意識的模型，充滿了好奇心、互助合作、有關係連接、非常有創意。正如我們將要看到的，按照這種方法組成的有意識心智是生生不息催眠不可或缺的、必需的一個部份。

## ●世界之間的關係：創造性的流動vs.神經肌肉鏈結

在看待意識的三個世界時，我們可以看到每一個都是創造性的經驗不可或缺的一部份。初始的世界給人存在於萬物的純淨、光亮的意識，其經驗為存在感，靈魂和光。創造性無意識的第二個世界有著有遠見的，能看到無限可能性的非線性的想像力。第三個世界，傳統世界具有管理能力與自我意識，能將可能性轉化為現實。

在它們之間和內部的創造性流動是生生不息的生活的中心。如同瑪莎·葛蘭姆所說的，我們必須「保持管道暢通」。在初始的層次，這意味著與調動、啟發、鼓舞我們的思想和行動的創造性泉源保持連接。這縷創造性意識的光傳達資訊、引領並且帶來真正的愛，給予我們也給予這個世界。沒有它，我們會陷入僅僅試圖生存或獲得成功的空虛自我裡。歸於中心與向資源場域敞開的練習是我們將會探討用來

支持與這個創造性源頭保持連接的方法。

　　有了與此源頭的連接，我們可以看到創造性過程的形成是有意識和創造性無意識世界的相互作用。瞭解如何以及何時從這個意識轉向另一個意識是創造力最重要的技能之一。圖表1.1顯示了它們的互補特質。雖然創造性無意識擁有無限的可能性，有意識使它們成真。有意識心智打破創造性無意識的整體性，將其轉變為傳統世界的各個部分。正是這個在整體的各個部分之間轉變的關係允許時間、空間、自我意識，以及存在的產生。正是各個世界之間的創造性相互作用將意識提升到了它的最高水準。

圖表1.1　意識的兩個世界：量子世界與傳統世界

| 量子 | 傳統 |
|---|---|
| 無限的可能性 | 具體的實際情況 |
| 高瞻遠矚的（夢想家） | 管理的（評論家，現實主義者） |
| 創造性無意識 | 有意識心智 |
| 迭加（量子波場域） | 位置（具體的實際情況） |
| 虛擬的 | 真實的 |
| 微妙的 | 物質的（殘酷的現實） |
| 永恆的 | 「在既定的時間」 |
| 多重價值 | 單一價值 |
| 量子邏輯 | 傳統邏輯 |
| 整體（內隱的秩序） | 部份（外顯的秩序） |
| 理想（沒受傷也不會受傷） | 實際（支離破碎和受傷） |
| 半透明 | 不透明 |
| N次元，不能成像 | 4次元，可以成像 |

## ●過濾器：世界之間的大門

現在我們將討論意識如何在兩世界之間移動。在生生不息催眠中，我們說資訊／能源透過**現實過濾器**在不同領域之間流動，現實過濾器的功能就像大門一樣。神經系統是一個典型的過濾器的例子。舉例來說，神經心理學家卡爾普裡布拉姆（1971）提出了全息意識模型，其中感官系統作為過濾器或透視鏡來將量子世界的旋渦圖案轉換成人類的（傳統）語言。因此，我們所經歷的現實並不是在」外境」，而是由我們的過濾器創造的。我們的過濾器轉導量子世界的波，使其成為傳統的世界的現實。這意味著最終我們要為我們的現實負責；好消息是這種責任使轉化變得可能。

從無窮的潛能轉變為具體的現實這個過程是量子理論的一個重要特點。在量子觀點中，一個觀察的意識將量子場域「迭加的波」折迭成一個現實。沒有觀察的意識，現實將不存在。所形成的現實是觀察的意識這個過濾器的功能。所以過濾器就像是彩色玻璃，創造性無意識的量子波流過之後，世界就形成了。

現實過濾器是生生不息催眠工作的重點，因為假設前提是它們的設定方式將決定我們經歷的現實。這可以用**人類的經驗的兩階段**來描述。圖表1.2顯示在創造性無意識的量子世界中，任一個經驗的模組都有許多形式與意義。例如，性可以有很多體驗和表達的方式。**在創造性無意識中，所有都以虛擬的可能性的形態存在**。當創造性無意識的形態透過大門過濾器（正中間的圓圈），人性將它們化為特定的傳統價值和形式（內圓）。相同的核心性能量可以是正面的或是負面的，這取決於人們如何面對它。所以，你的現實是過濾器設定的結果。所以，如果你不喜歡你的現實，改變你的過濾器。原理簡單，實

踐卻具有挑戰性。這是生生不息催眠的核心重點。

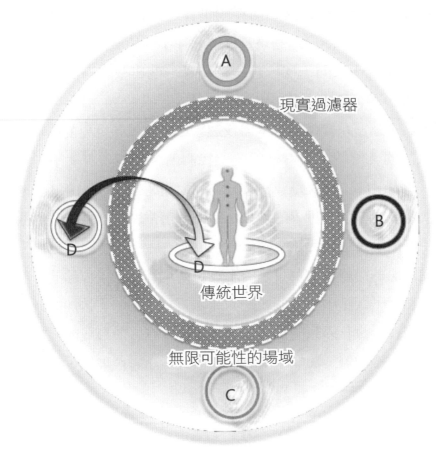

圖表1.2　現實是建構而成的

　　現實過濾器有許多種型態：神經性的、文化、家庭、個人、社會，如此等等。身體是一個過濾器，家庭是一個過濾器，教育背景是一個過濾器，社會背景是一個過濾器。所有過濾器都有意識流動的大門，把資訊與能量轉化成為傳統與人性形式。每一個過濾器都有多重的面向—例如，某個特定的過濾器載有信念、歷史、影像、口語、規

則、定義敘述—每一個面向能按照許多方法被放置。例如，在你的親密地圖中，你也許相信沒人會愛你，或是你能享受親密，又或是親密無法滿足你。作為「觀察意識」，你的信念成為一個過濾器設定，你依照你的信念「瓦解」創造性無意識的量子波。換句話說，你的信念強大地影響著你的經驗.

當然，在各個層面各有許多過濾器在作用著，所以我們不要落入唯我論的陷井，假想說你的有意識的思想建立了全世界。你屬於某一種文化，某一個家庭，某種性別，某一個社會團體。你扮演所有這些不同的身分，每一個都有自己的過濾器，因此程式是複雜的。催眠可以幫助你感受到，然後改變你擁有的、決定現實的過濾器。一個人確實能帶來巨大的改變。

過濾器也解譯了為何在無窮可能性的一個世界中，我們一而再地經歷同樣的舊現實。當一個過濾器被鎖定在一個相對在不變的（靜止的）結構中時，它成為一種意識的狀態，因此，出現的具體現實是觀察意識狀態的作用。在生生不息催眠工作中，我們把這種重要的想法表達為**狀態從屬原則**：

觀察意識狀態強大地約束它能夠經歷並且建立的世界。

有許多證明支持這個狀態從屬的想法。例如說，我在研究生階段的研究顯示，情緒與心境顯著影響學習和記憶（Gilligan, 1983; Gilligan and Bower, 1984）。當一個人在高興的狀態，記得更多高興的經驗，性格也更開朗，並且做更多樂觀的預言。但是悲傷時，認知處理也朝著那負面的方向。狀態從屬效應已經在物理位置、語境、用藥狀態和社會團體中發現。相關研究證明，我們的預期，對未來的想

法、刻版印象、家庭和文化信仰、社會背景,明顯塑造了我們經歷的現實。

　　一個靜止的過濾器能導致同樣的現實連續不斷地出現,改變我們與過濾器的關係,讓它們更流暢,更有創意地作用,這是有可能的。這是生生不息催眠的一個主要的焦點:我們釋放(解構)固定身分狀態,以此允許新的身分狀態得以創建。我們現在來看我們如何持有現實的過濾器。

## ●創造性流動:當大門敞開時

　　太陽並非在我們上面發光而是在我們之中。河流並非繞過我們而是流經我們,振奮、刺激、撼動我們身體的每一個纖維和細胞,使他們滑翔並歌唱。

約翰·繆爾

　　意識的品質是其背後狀態品質的作用結果,通俗地說,你就是你的狀態。舉例來說,如果你很緊張,封閉自己,不太容易有好事發生。最佳的狀態就是我們所謂的**創造性流動**。米哈裡·契克森米哈(1991)做過深入的研究。在這個狀態之下,感覺就像生命正在流經你,其精細微妙的水流帶來深刻的連接、臨在和直覺性的覺知感受。思想、感情和行為好像統一在為一個更大的目的服務。

有著無限可能性的
量子場域

現實過濾器

有意識的現實

圖表1.3　創造性流動的生生不息狀態

　　在創造性流動中，過濾器具有流動性，而不是像石頭一般固定不變。圖表1.3顯示，在創造性流動中，你如何與深層的創造性無意識（由外圈「有著無限可能性的量子場域」代表）連接，以及與持續發生著的傳統意識的現實（由內圓的「真實」的世界代表）連接。在各個世界之間的轉變是透過圖中所示的現實過濾器發生的。

　　該圖也顯示在創造性流動中能量如何從人類的中心流向量子場域，與創造性無意識建立起共振的連接。這個流動連接起傳統和量子世界，舞起創造之舞。在這裡，請想像一位非凡的表演者──藝術家、政治領袖、經理人或者偉大的、治療師。這樣的人需要有意識的心智來抱持一個正向意圖，有一個總體規劃、協調並響應在每一時刻發生的事情。但他們也需要連接到創造性的直覺，連接到超越狹隘情

境的智慧。與這兩個世界的連接讓他們處在一種創造性流動的狀態，而且這種狀態是時刻變化著的。有時候變化較小，其它時候變化巨大。要知道如何或何時進行改變，過濾器需要與外部世界和一些「未知因素」調合的既靈活又流暢。這就是能令你生活在最高層次的創造性的狀態，也是生生不息催眠的主要目標。

## ●神經肌肉鏈結：當大門關閉時

世界之間的創造性流動受阻會導致痛苦和問題。在生生不息催眠中，稱為神經肌肉鏈結：

當意識鎖定在某種狀態裡面，學習和改變變得不可能，問題就不可避免地產生。

神經肌肉鏈結涉及(1)一個固定的腦內地圖，與(2)肌肉繃緊（和呼吸抑制）將其鎖定到位。如圖1.4表明，這種緊張使過濾器的變得死板、不透明，所以你不能看到或感覺到你的有限現實以外的世界。你被鎖定在你固定狀態的內容之中，相信你的地圖就是全部的實景，同時又在脫離連接、停滯的世界裡感到孤立。

神經肌肉鏈結在現代生活中非常普遍。有一個關於它是如何發展起來的極端例子就是創傷。彼得萊文（1997，2010）和羅伯特薩波斯基（1998）這些個研究者描述了幾乎所有的哺乳動物應對嚴重的生命威脅都會呈現我所謂的創傷催眠，一種體內高度喚起而身體卻固定不動的反常狀態。在大多數哺乳動物中，創傷催眠是短暫的。威脅一旦解除，創傷催眠也隨之消失。人類（和被人類馴服的動物）可以無限期留在創傷催眠之中——幾年，幾十年，甚至幾代人。在神經肌肉鏈

結的狀態，意識被限制成重現一遍又一遍相同的經歷。

圖表1.4　神經肌肉鏈結。過濾器是不透明的，隔離在自我的架構中，與創造性無意識解離。

　　神經學家維萊亞努爾·拉馬錢德蘭（2011）提供了一個清楚易懂的例子，他強調我們唯一知道的現實是我們的大腦的成像。也就是說，我們並不是直接地知道這世界的，我們是間接的，透過我們的地圖（過濾器）知道這世界的。（這些大腦地圖不只是視覺影像，它們承載許多不同的表達形式。）他的有關幻肢痛的研究完美地闡明這種想法。許多人失去手臂或腿的人在切除的部位感到劇痛難耐，就好像它仍然存在一樣。對於一些人來說，感覺就像他們可以移動他們的幻

肢，而其他的人感覺肢體癱瘓，往往是痙攣的姿勢，感覺極度痛苦。拉馬錢德蘭認為當失去肢體時，創傷性損失的腦部影像鎖定住，所以感覺就像痛苦的截肢仍在發生。因為沒有實體的手臂可以移動，無法發展新的影像來替換舊的。

基於這種假設，拉馬錢德蘭制定一個簡單而巧妙的「反射鏡箱法」以減輕疼痛（見德蘭和布萊克斯利，1999）。患者坐在一張有袖套的桌子旁，把自己的實體手臂伸進一個袖套，並想像把幻肢伸進另一個袖套。接下來用幾面鏡子產生一個相映的手臂影像，創造幻肢是實體手臂的幻覺。然後患者快樂地移動實體手臂，在鏡子中看起來，彷彿幻肢也在移動。這種情況可使疼痛緩解。

大腦影像決定經驗的這個令人難以置信的範例，代表著生生不息催眠的一個核心原則。具有諷刺意味的是，我們沒有意識到我們（多層次，多維度）的狀態創造了我們的現實。相反，我們假設現實是「外境」；我們只是被動地接受，而不是積極的現實創造參與者。我們確實會有這樣的感覺，因為在大多數情況下，創造出現實的無意識過濾器已經存在了一段時間。經過設定，自動成為預設值，直到被中斷或被超越。超越或轉化我們固定的過濾器並非鴻毛瑣事，它正是生生不息催眠的目標：即辨識、釋放並重組用來創造我們現實的內部身分地圖。

## ●神經肌肉鏈結的4個F

神經肌肉鏈結是創造性意識的主要障礙，所以認識到它在當代意識的中心地位是很重要的。一般來說，神經肌肉鏈結透過如圖表1.5所示的：搏鬥、逃跑、僵住或崩潰，這4個壓力反應產生。

| | | | |
|---|---|---|---|
| 1.搏鬥 | Fight | 3.僵住 | Freeze |
| 2.逃跑 | Fight | 4.崩潰 | Fold |

圖表1.5　四種型態的神經肌肉鎖結

　　這四種關係性的策略有很多版本。例如，**搏鬥**的體驗和表達可能是攻擊、憤怒、仇恨、控制或忿恨。**逃跑**可以採取的形式有恐懼、回避、退縮或焦慮。**僵住**可能會表現為無法移動、解離、脫離身體的思考、或癱瘓。**崩潰**的表現為睡著、麻木、崩潰、抑鬱、冷漠、懶散。

　　這些反應被藏傳佛教認為是「初心」的主要毒害。初心可以視為的一個清晰的智慧和喜悅的深池。換而言之，它們將我們與創造性的生活泉源隔離。當我們生活在憤怒，恐懼，隔離，或麻木之中，就像傾瀉有毒化學品到這個池中，從而毒化我們的幸福、健康、療育和創意生活的主要來源。被肌肉緊張而定型，這些被污染的狀態可以容易地成為我們的基礎人格。如此一來，我們就會長期生活在忿恨、懼怕和與世隔離之中。再者，我們可能嘗試用來擺脫這些狀態的事物（電視、消費、毒品和酒精，指責別人）實際上，卻反而可能加深這些狀態。生生不息催眠是一套釋放鎖住這些狀態的神經肌肉鏈結的方法，進而恢復與創造性意識的無污染水域的連接。

　　從生命的早期，大多數的慢性神經肌肉鏈結，在意識的覺察之外開始形成與作用。小時候在學校裡，老師可能會教導你，「注意」就是指直直坐著不動。你可能模仿父母或其他成人僵化或者無心地面對某些挑戰的方式。你可能很容易就會陷入焦慮、孤獨、怨恨、恐懼等。神經肌肉鏈結潛藏在所有這些壓力反應的背後，而生生不息催眠可以釋放這些鏈結。

神經肌肉鏈結一旦養成，可能會成為一種瀰散性的常見狀態。例如，一個人養成一直垂著頭的姿勢，不知不覺中餵養著抑鬱。其他被壓力鎖定的狀態是被境遇觸發的，可能是某個人，某個地方，或某件事。也許最不為人知的，就是我們常說的「深思」。它可能是一種神經肌肉鏈結的核心狀態，證據就是緊張的肌肉和呼吸抑制。我有時候開玩笑地說，對大多數人而言，深思和便秘用著基本上相同的肌肉型態，很用力卻沒結果。更嚴重的一點是，當我們在緊張肌肉和呼吸抑制時思考和行動，我們通常註定會重蹈覆轍。我們被困在一個自我封閉的監獄中，無法接觸除了我們狀態之外的任何事物。

在所有這一切的重點是神經肌肉鏈結阻斷創造性意識。例如，上面提過得萊文和薩波斯基的創傷研究顯示，只有當有機體脫離創傷催眠（例如，因為被攻擊而產生的組織損傷）並退回到一個休息的位置時療癒才會發生，在這個休息的位置上，加速的療癒會立即開始。任何創造性的意識也是一樣——新想法的產生、關係的轉化、療癒過去的傷害、表現最高水準，等等。在這種時候，我們需要**包容並超越**，跳脫框架思考，創造全新的東西。神經肌肉鏈結是此種創意的敵人，而創造性流動是最親密的盟友。這是生生不息催眠的目的，也是我們在第二章的主題。

## ●總結

生生不息催眠認定，意識是建構現實的創造力的基礎。為了進行這項工作，我們發現區分三種不同的意識領域會有幫助：(1)意識本身的初心，空性卻發光，(2)量子場域的創造性無意識，有無限的可能性與純淨的想像力，和(3)有意識心智的傳統世界，有時空、物質，和許多「真實的」元素，一個存在性的、進化著的世界。

　　創造性的意識可以被看作是在這些領域之間移動，每一個都是過程中不可或缺的一部分。世界之間的大門是現實過濾器，類似彩色玻璃窗。意識的連續的光流經它，從而創造出一個體驗性的現實。當這些過濾器被「不鬆不緊」地抱持時，它們成為半透明的大門，允許世界之間的**創造性流動**。它們被過於僵化地抱持時，過濾器變得不透明，於是你無法超越自己局限性的現實去看或者感受。這是**神經肌肉鏈結**所引起和維持的。它造成停滯，無法改變或成長。當需要與渴望改變或新的現實的時候，生生不息催眠是有益的，因為它能幫助放鬆現實過濾器的神經肌肉鏈結來啟動新的可能的創造性流動。

‖第二章‖

# 催眠的眾多面向

首先，獨自與它們所有同在

脫離，靜默的一角

在喧鬧中，拒絕說話

甚至是對自己，待在這個地方

直到故事的洪流

強大到足以讓你漂走

摘錄自《科爾曼的床》2007，大衛懷特

　　催眠的工作是一種靈魂表達的創造性藝術。就像其他藝術形式一樣，人們不應該只是單一地去思考，而是要以各種可能的與經驗形式來思考。只有那樣，我們才能聰明地感受到它可能以怎樣的形式最佳地運用於當下的情況。這一章會探索此觀點的各種維度，強調催眠是如何釋放傳統意識中固定的現實，重新打開通向創造性無意識的大門。

　　這個方法將催眠視為意識中自然而不可或缺的一個部分，而不是人為的過程。在這個自然主義的視角下，每當身分認同感不穩定時，透過這種方式，身分可以被解構然後重構。它具體的形式及意義來自

於它發生時的人性的背景。催眠就是許多種背景中的一種，不幸的是，人們將它與一個人控制另外一個人聯繫在了一起。生生不息的催眠是一種第三代的方法，它不認同這種關於催眠的老派觀點，而是強調一種創造性的意識，它來自於一種合作性的關係，是意識心智與無意識心智之間互相的影響和尊重，它既可能在個體內在發生，也可能在人際之間發生。

## ●「讓它發生」：作為創造性流動的催眠

我們在上一章當中看到，創造性意識如何在創造性無意識的量子世界與意識心智的傳統世界中相互流動。前者是視覺可能性及創造性整體的源頭，而後者是秩序、順序與控制的基礎。大致而言，意識心智的現實過濾器允許我們可靠地重複過去，而且許多時候人們希望如此。而當我們需要創造一些新的或者不同的事物時，創造性無意識就是最好的。催眠是一種觸及到創造性無意識的方法，總體上可以作如下定義：

催眠是(1)意識心智的現實過濾器的暫時懸浮，並且是(2)實驗性地專注於創造性無意識的量子世界。

作為成年人，我們大部分時候活在意識心智中。這種虛擬的現實與直接經驗有一步之遙，是一個封閉在我們內在所攜帶著的「現實地圖」中的世界。我們很容易卡在這個身分認同的盒子之中，屈服於亨利・大衛・梭羅（Henry David Thoreau）所謂的「安靜而絕望的生活」。

當你調頻到催眠之中的時候，局限在盒子中的自我被釋放。你從

脫離身體的智性分析和思考出發，沉入一個經驗的世界，那裡有無限的畫面、感受、象徵、動作和能量。就像在夢境或者戲劇當中一樣，在催眠中你可以從任何地方到達任何地方；通常的傳統的現實世界會讓位於一個創造性可能的更微妙的量子場域。所有普通的身分結構通常都是固定的——時間、具身化（embodiment）、記憶、邏輯、身分——變得可變，可以自由地產生新的模式與身分。在各種傳統中，進入創造性無意識的核心「咒語」就是「讓它發生」。當你可以用一種安全而中正的方式來做這件事，巨大的益處就會出現。

在創造性的工作當中，這種「讓它發生」並不是負面的屈服，而是一種「紀律性的流動」，它允許一種更深的智慧加入到意識的心智當中。就如我們將會看到的，紀律指的是維持與意圖、具身化的中正以及正向資源的共振性連接，以此來培養並維持一種高品質的狀態。當創造性無意識可以用這一種狀態流經時，新的現實就能成為可能。

## ●並非所有的催眠都是同等創造的

催眠**能夠**產生新的可能性，並不意味著它**就會**自動地創造。取決於人性的臨在如何與它互動。有些催眠是低品質的——走神、電視催眠、麻木——這或許可以讓活躍的自我過程休息一會兒，但是無法讓意識煥新或者轉化。還有一些催眠是正向的但是不具有轉化性——你可以放鬆，獲得一種暫時的安全感，但是並不會真正改變任何你核心的模式。他們是「好的」體驗，但是不會造就一個持久的改變。

還有一些負面的催眠，比如抑鬱與上癮。我們將會看到這些症狀如何成為**催眠**，在這個過程中，一個人深深地遠離了傳統的現實，進入到非理性的意識中，之所以是**負面的**，是因為這個人以神經肌肉鏈結的反應來面對自我的失控。（這就好像一個人在駕車時一隻腳踏在

油門上，同時拉起了緊急剎車，可以預料到的結果就是這必然會以翻車或者撞車收尾。）我們也將看到，透過培養一種意識與無意識和諧相處的正向催眠，這些負面的催眠可以如何得到轉化，並且隨之將舊有的負面背景中的體驗轉化為新的體驗。

在我讀大學的幾年裡，我越來越清楚地認識到催眠有多種形式和價值。我當時在亞利桑那跟隨米爾頓・艾瑞克森學習，同時也在斯坦福大學心理學系進行著我的研究生工作，當時偉大的實驗心理學家厄尼斯特・希爾加德（Ernest Hilgard, 1965）在那裡主持著全世界最大的催眠實驗室。（就是在那裡發展出最為重要的催眠敏感度測試。）

因為我的研究運用催眠，所以當時我是在希爾加德的督導下工作。我有了這樣一個有意思的經驗，在研究環境下進行標準化催眠引導，然後去住在不毛之地中的艾瑞克森那裡體驗範圍寬廣的非同尋常的催眠。不可能再有比這兩者差異更大的催眠了。一種是在實驗室中，局限於不帶個人色彩的「一體適用」催眠暗示語腳本，而和艾瑞克森所做的每一次催眠似乎都打開了一個全新的維度。儘管標準化催眠在研究背景下或許是恰當的——在那裡你想要控制無關變數，而創造性的催眠則更適用於個人發展與轉化——在那裡你想要運用個人的優勢和獨特的能力。

簡而言之，存在許多種類型的催眠。生生不息的催眠是體驗性的狀態，你可以在其中創造非同尋常的轉化。就如我們將會看到的，這要求意識的心智與無意識的心智同時處在最佳狀態，並且處在創造性的對話之中，使創造出一些全新的事物成為可能。我們每個人在自己人生中的某些時刻都會遭遇到需要這樣做的挑戰，就這一方面而言，生生不息的催眠是一個偉大的工具。

## ●催眠是自然的

　　就意識的構造而言，催眠自然而基礎。人類為了更新、保護、重新創造和轉化自己的身分，必須定期地進入這個狀態。這個理念是艾瑞克森工作的核心，卻與傳統的觀念截然不同。傳統的觀點將催眠視為一種人為的經驗，由另外一個人所引發並控制（如催眠師）。

　　某個人要對你的經驗負責，這個前提本身就是一個問題，而不是解決方案。這也是我通常不再使用**催眠**hypnosis（譯者注：作者在本書中描述催眠時所用的英文詞都是trance，中文意為恍惚，而不是傳統的hypnosis，但是為了便於中文讀者理解，中文翻譯中仍將其譯為催眠）這個詞的主要原因：它過多攜帶了由一個人的意識心智控制另一個人的無意識心智的涵義。而與之相反，我們尋求的是打開一個意識心智與無意識心智之間具有創造力而有彼此尊重的關係，即在人與人之間，也在個體的內部。

　　就一個自然主義的觀點來看，每當意識心智的過濾器被超越，或者以其他方式得到釋放，催眠就發生了。這可以發生在非常正向的情況中，如深深沉醉在一本書或者美妙的體驗中；或者也可能是在負面的情況中，如一次創傷或者處在一個陌生的環境中，在那裡你日常的身分地圖無一可用。就在這樣的時刻，我們回到創造性無意識的量子波之中。它是一個正面的經驗還是一個負面的經驗，取決於催眠發生時我們與它建立哪一種連接。比如，如果我們在催眠中屏住呼吸並且感到恐懼，那就會成為一次負面的催眠，但是如果我們可以保持中正、放鬆和好奇，同樣的經歷就會呈現為一次正面的催眠。

　　催眠的自然主義觀點是艾瑞克森的工作中不可或缺的一部分。他並不是主要透過理論的思考來獲得他對催眠的理解，而是透過高強度

的體驗性探索和艱苦努力的學習。他總是對如何創造性地應對生活感到好奇，特別是生活中的挑戰和困境。當他在17歲時患上小兒麻痺症時，醫生們告訴他，他以後再也動不了了。他當時想，這是「一個很有意思的暗示」，並且開始了一系列深入的內在探索，瞭解自己可以如何再一次動起來。他發現自己同頻到了遺忘已久的愉快體驗——比如，童年時與兄弟們一起玩球的記憶。他當時不知道自己為什麼想起了那件事，但是一些內在的共鳴似乎在鼓勵他深深地沉浸到那段記憶中去。這樣做很長一段時間後，有時候是幾個月，一些很奇妙的事情會發生：童年那段記憶中涉及到的肌肉群開始在他的身體裡作反應。換句話說，關於扔球的自然記憶變成了一種中心資源和「參考框架」，用於重新啟動他現在生活中的同一種模式。

生生不息的催眠是對這種深刻的創造力可以如何以多種方式發生的探索。在催眠更深刻也更具流動性的背景中，現實過濾器及其固定的意義鬆弛了下來，允許經驗以許多新的方式得到解構和建構。就如我們將會看到的，這種潛能很大程度上只有在一種高品質的催眠中才會實現，其本質也是這本書主要的焦點。

## ●透過釋放定向反應（orienting response）發展催眠

當我們將催眠視為自然發生的過程，接下來出現的問題就是，它是如何發展的。一種主要的方式是透過放鬆（或適應）神經心理上的「定向反應」，是它讓我們總是處在「忙碌」模式。定向反應是一種生存機制，在當下出現未曾預料的或者新異的環境刺激時會被自動啟動——比如，一聲很大的噪音，一個突然的移動，一次模式的打破。從進化論的視角來看，可能是一隻獅子突然跳向你，所以你最好能立刻從白日夢中醒過來，好好檢查一下。於是，大腦會不斷暫停，以提

高喚醒水準，向刺激物定向（特別是眼睛），注意力變得狹窄，**那裡是什麼？我該怎麼做？**圍繞這些問題進行組織換句話說，我們從一個「存在」或「在一起」的反應，變成「作為」模式。

定向反應是神經肌肉鏈結的一個核心成分，面對威脅時跨物種的反應包括身體僵硬、高度喚醒以及高度警覺。它被設計為一個短時的行動。當外界似乎不再有危險時，放鬆反應就會回來。

但是我們人類有能力無限期地卡在定向反應中。我們甚至可以透過**想像**一些糟糕的事情來啟動它。這可以成為我們的普通模式：帶著緊張的身體四處行走，總是擔心著，無法停止思考，無法放鬆或者深深地專注。一些諸如瀏覽網路、電子遊戲以及看電視等活動會不斷地觸發這些定向反應，而加重這種緊張的狀態。壓力累積，而創造性的表現與幸福感則下降。就如漢斯・賽爾耶（Hans Selye，1956）指出的，慢性壓力是許多「疾病」（譯註：作者在這裡用的詞是「diseases」，也可理解為「缺少輕鬆」）的潛在機制。

用催眠的術語來說，定向反應將高度警覺的意識心智鎖在內部，而將創造性無意識鎖在外部。透過對定向反應的進一步重複，這個壓力模式始終保持啟動狀態。你可以透過觀察人們坐在會議廳的模樣來瞭解這一點——變換姿勢、看向別處、突然抓抓臉、揮開褲子上想像中的棉線。這些看起來似乎是無關緊要的反應，但它們都是讓人保持不進入催眠的方式，同時讓脫離身體的意識心智處於主宰地位。當然，它變得無意識而且自動化，成為一種不知不覺的永不放鬆、永不專注，或者永不與自己以及這個世界做更深入的連接模式。

為了培養催眠狀態，我們需要放下定向反應。如果你跨越文化與時間去看，你會發現用於這一目的的兩種常見的（互補的）催眠引導原則。第一個原則是**專注投入於一個單一的焦點**。這可能涉及到視線

聚焦在一個燭光，一個象徵性的畫面，環境中的一個點，或者一個想像中的點上。持續地集中注意力阻止了定向反應，個體高度警覺地掃描某個視覺場域，眼球以不規則的模式快速移動。當缺乏產生壓力的定向反應時，注意力將變寬並深化，進入到催眠之中。

第二個——也是更為常見的，催眠發展原則是透過外部刺激有節奏地將注意力誘導在一個重複性的模式上。可以是念誦咒語，重複某個身體動作，擊鼓，重複一個禱告，唱一首歌，圍繞著圓圈移動，與呼吸同頻，長跑等等。有節奏的重複訊號讓大腦知道沒有新的環境資訊，所以可以安全地向放鬆的世界以及內在的專注更深入地打開。只有在這個時候才有可能休息，釋放問題，向新的創造性的可能性敞開。這些都是生生不息的催眠所有核心的維度。

當然我們應該記住，並非所有催眠都是正向的。所以，有一些重複性的模式可能會引發負面的催眠。比如，戰爭般的擊鼓或者像希特勒一樣的獨裁者兇猛的咆哮，會引發暴力。內心念著「沒有人愛我，沒有人愛我，沒有人愛我」可能會引起抑鬱的催眠。其他的負面催眠可能來自於緊張性僵硬，壓力式身體擺動，或者強迫性行為。

所以除了釋放定向反應之外，發展正向的催眠也包括節奏性地放鬆的臨在，和護有愛的正向資訊，以及大腦邊緣系統共振。就如我們將會看到的，以此為結果的催眠將在許多層面擁有深刻的價值。

## ●催眠對於身分的創建是不可或缺的

把催眠理解為(1)釋放創造出傳統意識的現實過濾器，以及(2)放大創造性無意識，我們能看到它何時以及為何發生：**每當身分需要得到重新創造、療癒或者超越的時候，催眠就發生了。**我們的身分過濾器是我們瞭解自己、瞭解這個世界的主要地圖。當它們運行良好的時

候，意識心智的管理技能處於主要地位。但是當他們需要更新或者改變的時候，受現實束縛的意識心智必須讓步於創造出現實的創造性無意識的智慧。這種改變主要有四種情況。

1. **休息和更新**。身分是有機性的、暫時性的，所以需要休息和階段性的更新。這種生物性的休息有一個顯而易見的例子就是做夢，沒有它，心靈與身體無法再生和整合。類似的，我們需要從基礎為緊張的自我表現中得到休息——這可能包括小憩、散步、假期、練習等等，允許我們放下神經肌肉鏈結以及相關的局限，帶著一個更新後的自我重新回到挑戰。

   需要釋放意識心智以此觸及到創造性無意識，這是無數創造力理論的核心，其中很多是以葛拉漢・瓦勒斯（Graham Wallas，1926）開創性的工作為基礎，他提出創造性的過程要經歷四個階段。第一個是**準備階段**，在這個階段透過意識的努力定義並探索一個問題或目標。在遇到僵局或者衰退性的轉折時，出現第二個**孵化階段**，這個階段是休息，將注意力從問題上移開。在第三個階段**啟示期**，答案從創造性無意識當中「閃現」，往往是以象徵性的語言（比如德國化學家August Kekule透過夢境中一條蛇咬住自己尾巴的畫面而想到苯環的結構）。在最後一步**確證階段**，意識心智回歸，檢測、細化並運用創造性的發展。

   於是，第一步和最後一步的特徵是意識心智，而中間的步驟則涉及到與催眠相關的創造性無意識過程。孵化期指的是需要「做好準備」這樣的休息與更新，並且允許一個創造性的答案從創造性無意識的量子場域中流動而來。

2. **重新創建身分**。身分作為活的系統當中的一部分，必須階段性地重建。這就是生日、周年紀念、宗教及非宗教性節日的功能。音樂、特殊的慶典和服飾，以及其他催眠的儀式性的部分，都是這些事件中主要的語言，意味著轉換到了一個集體催眠的場域當中，舊的身分已經更新。

比如在非洲西部的部落多戈有一個傳統，就是為每一個新生的嬰兒創作一首歌曲。這是在催眠的儀式中完成的，部落中的女人們圍成圈抱著嬰兒，感受它最深的身分和人生召喚。當他們這樣做的時候，一首獨特的歌曲開始在女人中展開，這首歌表達了那個孩子核心的精華。在這個人的人生中各個不同的時刻，人們會圍成圓圈把這首特殊的歌唱給他／她聽——生日、生病、或者發生改變的時刻、死亡。透過這種方式喚起一個催眠的場域，以此作為一種更新核心身分的方式。

**療癒和轉化**。身分也必須得到階段性的療癒和轉化，而在這些時刻，催眠也會自然地出現。比如，在人生發生重大改變的時候，人們會更容易產生心理上和身體上的症狀——愛人的去世，一次疾病，新的婚姻，退休，改換工作等等（Holmes and Rahe, 1967; Rahe and Arthur, 1978）。這樣的事件會造成身分層面的改變；因為那些事件，你已經不再是同一個人了。於是，意識心智中舊的地圖開始釋放，個體被牽引到創造性的無意識中，創造出一個新的身分。**自然的催眠會產生的是一次崩潰還是一次突破，這取決於人與它的連接**。如果以神經肌肉鏈結的狀態與這個經驗相遇，結果就會是負面的催眠症狀（抑鬱、上癮、恐慌等）。但如果是正向而有技巧地與之銜接，那麼從這樣的危機當中就會產生療癒和轉化。所以，一次催眠是正向還

是負向，這取決於人與它的連接，重要的意義在於，透過有技巧地人性地銜接，「負向催眠」也可以變為正向的。

3. **創造新的身分**。在我們人生旅程的不同時刻，會需要創造新的身分。我們也許會創立新的企業，結束一段長期的關係，或者在我們的生活中開啟新的階段。在這些門檻上，我們過去的歷史不再具備必須的地圖，所以必須創建新的地圖。

芭芭拉是一個48歲的女性，她被診斷患有乳腺癌。她的母親死於乳腺癌，芭芭拉擺脫不掉這樣一個感受，就是她將會遭遇和媽媽一樣的命運。催眠使她能夠釋放下這些舊的身分地圖，向創造新身分打開。她對於在催眠中接收到的有共鳴的靈魂畫面感到驚訝而且高興——那畫面是一個女人手持一把燃燒的劍走在一條長長的通向光明的未來的道路這幫助她鍛造出了健康的未來。

當我們看到，無論何時身分感被破壞了，催眠就發生了。理解這種情況可以自動發生，這會有所幫助——比如，一次創傷突然之間讓平日的自我無所適從，或者是故意的。比如當一個人故意超越自己通常的極限或舒適區，追求「超越的高點」。在這兩種情況中，意識心智的傳統意識被釋放，而創造性無意識的量子世界則被放大。這就允許身分被解構然後重新建構。但是，所有這些，都取決於參與到催眠過程中的人性的臨在。身分解構的過程意味著現實過濾器中固定的部分鬆開了，等待著重新協商。這些方面包括信念、經驗、記憶、特定地相關行為、家庭模式等等。於是，關於「信任」的身分地圖可能以過去曾經被欺騙過為顯著特點，信念則是你永遠也不能再信任另外一個人，行為則諸如暗中核查某個人。在催眠中，所有這些特定的設置都鬆開了，於是允許新的設置可以在一個流動的空間中發展起來。

米爾頓・艾瑞克森會強調，催眠是一個重新組建身分的空間，並且請注意，這在生命週期中至少需要階段性地發生。所以，當你四歲的時候，你有一張關於「信任」的地圖，但是無論它有多好，你在中年的時候最好對它有不一樣的理解。所以很自然的是，我們的身分必須死去，一生中不斷重生，而催眠則是它發生的主要途徑。

## ●人與催眠的關係決定它的形式與價值

為理解催眠的多種形式與價值是如何產生的，我們回到現實建構的二階段理論。在第一個階段，某個經驗的量子模式隨著許多可能的形式與價值波動，經由一個觀察者的意識而崩塌，成為第二階段中的一個具體形式。把這運用到催眠中時，我們發現：

催眠的意義、價值、形式和功能是由人與它的連接所創造。

文化是一種塑造催眠的現實過濾器。在非洲和巴西，催眠往往是狂野的抖動。在峇里島，其表達形式為感性的催眠舞蹈，舞者在其中連接印度教的神。在東亞，它可能被經驗為一種安靜而靜止的「冥想體驗」。在西方，一種催眠式的催眠（hypnotic trance）往往屬於閉著眼睛，身體放鬆，處於某個專家（催眠師）的語言控制下。

這些極為不同的催眠形式要求我們將催眠的核心經驗（包括鬆開傳統意識，放大創造性無意識）與它特定的形式區分開來。前者是人類意識的核心，後者反映出的是塑造並指引它的環境過濾器。從這一點中我們可以看到，催眠有正向或負向之分，取決於抱持著它的人性的背景。這種雙層次觀點的一個重要應用，就是可以將症狀視為被抱持在負面環境中的催眠經驗，透過打開一個正面的環境，將這個負面

的經驗吸收並重新組織，從而轉化為一個正面的經驗。這是艾瑞克森式催眠應用的基礎（Gilligan, 1987），也是藏傳佛教譚崔工作的基礎（Yeshe, 1987; Wangyal, 2002）。

生生不息的催眠主要起源於催眠（hypnotic）的背景中，而催眠在過去幾年中已經發生了顯著的進化。我區分了西方催眠工作中的三個時代，其中生生不息的催眠是第三代。因為大部分人將本書的催眠（trance）與早期的催眠（hypnosis）聯繫在一起，所以這裡需要寫一些澄清的文字。

第一代是權威式的方法，在大多數的地方它仍舊處於支配地位。在這裡，個案的意識心智以及無意識心智都被認為是：傻瓜。所以催眠工作首先要「擊倒」意識心智，然後像對一個需要被隨時命令的兩歲孩子一樣對無意識說話。事實上，來找催眠師尋求改變的人們都被要求閉上眼睛然後安靜，同時催眠師安裝新的操作指導。於是很多人對於催眠（理所當然的）心生警惕，而且發生的變化往往不會持續很長時間，發生這樣的情況還有什麼可感到奇怪的嗎？

艾瑞克森創建了第二代的催眠工作（見Rossi, 1980a, 1980b）。他認為無意識有創造性的智慧，每個人都是無比獨特的。所以艾瑞克森並沒有試著為無意識設定程式，而是將催眠視為一種特殊的學習狀態，個案自己的創造性無意識能夠帶來轉化和療癒。這種激進理念認為無意識非常聰明，而開啟了一種非同尋常的催眠工作。例如每一次催眠都是獨特的，溝通主要源於個案自己的模式和持續的經驗，而催眠師與個案的關係是合作性的，而不是權威式的（Gilligan, 1987）。

同時，艾瑞克森大部分情況下對個案的意識心智也看得較低，更是將其視為一個麻煩而不是自我轉化與療癒過程中不可或缺的一部分。於是，艾瑞克森式催眠會透過非直接的暗示和解離來繞開意識心

智，用混淆技術來降低它的力量。理念是，一旦意識心智不再擋道，無意識心智就可以做事了。

　　第三代催眠認為這種對於意識心智的負面態度是沒有必要也沒有幫助的。（註：這裡需要為艾瑞克森辯解的是，在他的時代——二十世紀早期和中期——個案擁有生生不息的意識心智的理念完全不存在。它始於二十世紀六十年代，在那個時候出現了每個人可以帶著深深的自我覺察生活的理念。）圖表2.1說明了生生不息的催眠是嫻熟的意識心智與創造性無意識的對話。艾瑞克森表現出了**他**可以如何對一個人的無意識心智做這件事，而生生不息的催眠最感興趣的則是個案可以學習如何為自己做這件事。

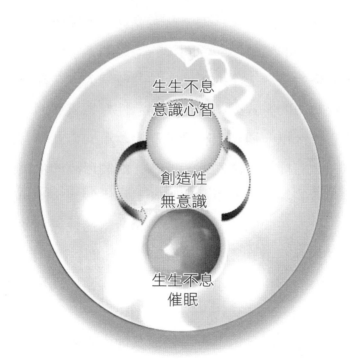

生生不息
意識心智

創造性
無意識

生生不息
催眠

圖表2.1　生生不息催眠

　　威廉詹姆士（William James）曾經說過，無意識心智是馬，意識心智是騎手，而最為重要的是兩者之間關係。蒙迪羅伯茨（Monty Roberts, 1996），是最初的「馬語者」之一，在他的自傳《傾聽馬匹的人》中酸楚地指出了馬與騎手之間各種可能的關係。羅伯茨成長於農場，在那裡騎手與馬之間標準的關係就是暴力地「馴服」，讓馬匹投降。羅伯茨打心底裡知道肯定有一種更好的方式。為了能夠發展出一種有技巧的、非暴力的方式，以互相尊重與傾聽為基礎與馬匹「開始一段新關係」，他花了好幾年的時間來學習馬匹的關係性語言。儘管通常「馴服」一匹馬需要幾個星期，但是羅伯茨與大部分的馬匹建立一種正向的關係的時間只需要幾分鐘。

　　與之相似的是，老派的催眠通常是以意識心智與創造性無意識處於一種主宰／服從的關係為基礎。艾瑞克森，就像羅伯茨一樣，發展出了一種基於深度的傾聽與關係同頻的「馬語者」的方式。生生不息的催眠尋求的是對這份工作的拓展，強調每個人內在都有能力，以一種與艾瑞克森類似的方式來和自己的創造性無意識溝通，要求個體重新組織意識心智，以一種互相影響、互相尊重的方式來有技巧地參與創造性無意識。這樣做，個體就能成為「他們自己的米爾頓・艾瑞克森」，在關係性的共振中內化「催眠師」和「個案」的角色。於是允許個體能夠「行走在兩個世界之間」，聯合創造性無意識的量子世界與意識心智的傳統世界。這種(1)局部化的意識心智的自我覺察與(2)非局部化的更深的心智的集體智慧與智慧的聯合，就是生生不息的意識基礎。

　　這並不意味著個體永遠不再需要從其他人那裡獲得幫助。我們都能「從朋友那裡得到一些幫助」。特別是在某些情況下，個體不願意

或者無法安全地向自己的經驗開放，這時就應當尋找合格的指導者。但是，在當前的觀點看來，指導者應該主要聚焦於改善個體內部的關係，請記住，每個人都是自己最好的療癒性臨在。這一重點使得每個人都可以發展出一個生生不息的自我，活出一段意識的偉大旅程。

## ●總結

催眠是一種創造性流動的體驗，傳統意識的束縛在其中被鬆開，創造性無意識的量子經驗被放大。這對人類的意識而言，既是自然的，也是不可或缺的。每當通常的身分過濾器不穩定或者被釋放時就會發生。催眠解開了現實過濾器的束縛，於是新的身分地圖得以創建。它有許多的形式和價值，這取決於它和人的關係，並且也因為它與人的關係而決定了它是正向的還是負向的催眠。這使得我們可以將症狀視為負向的催眠，將生生不息的催眠視為一種正向的背景，將問題轉化為資源，同時也創造出正向的未來。

# 三種心智，三個層面：生生不息催眠的模型

到目前為止我一直在強調現實是建構的，催眠作為一種自然的方式能夠解構或者重新建構現實。現在我將要提出一個總體模型，透過它來發展並創造性地探索生生不息的催眠。這個模型區分了三種意識過濾器──身體的、認知的以及場域的心智。每一種心智可以透過三個不同的意識層面加以經驗；(1)大腦右半球的**原始意識**；(2)左半球的**自我意識**，或者(3)整合這兩者的**生生不息的意識**。我們將會看到，在這個生生不息的層面，新的經驗維度如何出現，從而產生一種能夠發生轉化性改變的創造性意識。

## ●生生不息的自我的三種心智

體驗性的知曉會透過很多媒介發生。生生不息的催眠工作區分了三種不同的在人類意識中交互運作的「心智」：關於身體的**身體心智**，關於我們所歸屬的更大環境的**場域心智**，以及關於智力的**認知心智**（見圖表3.1）。讓我們簡要地逐一考量。

| |
|---|
| 1.身體心智 |
| 2.場域心智 |
| 3.認知心智 |

圖表3.1　生生不息的自我的三種心智

## ●身體心智

**身體心智**是所有哺乳動物共有的動物性智慧。這種具身化的意識是透過感受、行動、非語言的覺知以及情緒，在與世界的關係中瞭解自己。哺乳動物的心智中有過去和現在，但沒有未來意識。比如你的寵物和年幼的孩子，有奇妙的意識的潛能，但是沒有自我意識，無法思考自我或表徵自我。它不僅與個體的歷史同頻，也與祖先的歷史同頻。帶有直覺、原型和直覺性的知曉，是所有轉化性改變的基本元素。它也知道如何感受、療癒和維持人類生命非凡的平衡，在體內也在外圍。

這是無意識心智的第一個基礎，以歷史意識具身化的攜帶者的形式運作。（第二個基礎是還沒有活出來的量子場域的可能性。）所以當我們想要轉換某種意識狀態，身體的心智是一個很好的起點。它是發展生生不息的催眠的核心平臺。第五章將致力於講解讓身體心智放鬆以及進入共振的身體狀態的方法，在這個狀態中，創造性過程有紀律的流動成為可能。

## ●場域心智

第二種類型的心理過濾器是**場域心智**。它是環繞在我們周圍的非局部化（系統的）智慧，是我們所生活的環境。在任一時刻都有許多

不同的場域在運作：文化、家庭、個人歷史、政治等等。你可能在心理學的場域中工作，或者沉浸在你的「家族催眠」的場域，這些我們意識的環境也許是正向或負向的，但總是很有影響力。

在社會心理學領域有一個發現叫做「基本歸因謬誤」（Ross, 1977），提供了一個很好的場域影響的例子。這些研究發現，我們在解釋他人的行為與解釋我們自己的行為時有顯著的差異。我們通常會對他人使用**特質性解釋**（「他大喊大叫是因為他是個易怒的人」），但是對我們自己則採用**情境性歸因**（「我大喊大叫是因為那人是個混蛋」）。對於這一效應的最好的解釋是，我們通常見到的大部分人都是在有限的環境中，所以我們假設他們在各種不同的環境中都有一樣的行為。但是我們對自己的瞭解要廣泛得多，瞭解我們在一個情境中的行為與其它場合會非常不同。我們知道這些場域對我們的行為和經驗會有強烈的影響，所以當場域改變了，我們也會改變。於是，「場域讓我做了這些」並不完全是句錯誤的陳述。

場域的理念對於人們而言帶有各種各樣的意義。最基本的意義是，它們是很多種背景——既有內在的也有外在的——我們生活在其中並且瞭解自己。而且我們常常並沒有有意識地覺察到它們對我們有多大的影響，它們構成了另一種類型的無意識心智。

所以生生不息的催眠的第二個主要的焦點，就是感受場域過濾器的設置，同時探索可以如何將它們轉變為創造性的模式。第六章將會詳述如何發展生生不息的場域，其中具有正向的資源與支持，可以指導、鼓勵並幫助你踏上旅程。同時也會探索如何發展出正念的場域，把它作為轉化性工作的安全背景。

## ●認知心智

在生生不息的催眠中我們聚焦的第三個過濾器是**認知心智**。這是在「腦袋裡」的有意識的智慧。它用語言描述及象徵來「重現」自己和世界，如畫面、地圖、計畫、意義、信念及可能性。它以敘事和故事、順序和價值觀的方式思考。它有潛力從各個不同的視角，帶著許多不同的價值觀來看待這個世界，儘管它常常鎖定在其中一個很小的子集中。在傳統的催眠中，通常以「表意識心智」為催眠引導的物件，讓其溶解或至少是放鬆一會兒，於是催眠師的「表意識心智」可以重新為個體的身體心智設定程式。但是，就如我們將會看到的，在生生不息的催眠中，認知心智轉變為一種更高的意識，被邀請成為催眠過程中一個主動的部分，與其他的心智互相交流。

在第七至九章中詳述了各種我們用來轉變認知模式，並以此來支持生生不息的催眠的方法。我們進入到開放、好奇、創造性接納、平衡，以及能夠在任何時間點創造出多種解決方案及可能性的思考中。

透過這些心智的濾鏡或者過濾器，我們經驗並建構著現實。它們構成了「心智的狀態」，指導著我們的身分，以及我們在生活中可以成為什麼人。所以，要掌握人生我們就要有能力以一些巧妙的方式設定並調整這些設置。實際地講，發展生生不息的催眠是將這三種心智提高到一種高水準的創造性流動中的過程。這將會把我們帶入生生不息的催眠模型中的第二組核心區別。

## ●意識的三個層面

我認為有三種存在的狀態。一種是自然天真的表達。另一種是當你暫停、分析、思考它……最後一種是，經過分析，就出現了一種狀

態。你能在其中再一次的活著，但是帶著更多的能力，更多的控制，更多的靈活性。

　　　　　　　　　　　　　　　　　　　　　　　　喬瑟夫・坎伯


　　三種心智可以有不同的形式，取決於運作的意識層次。如圖表3.2所示，有三種意識層次：原始的、自我的以及生生不息的。

---

1. 原始的層面：缺乏自我意識的整體性

2. 自我的層面：缺乏整體性的自我意識

3. 生生不息的層面：具有經過分化的整體性的自我意識

---

圖表3.2　人類意識的三個層面

## ●原始的層面：具整體性而沒有自我意識

　　與最基本的層次相連接的是原始世界的核心能量與形式。它有「具整體性而沒有自我意識」，一個非局部化意識的偉大場域，沒有線性的秩序或意識的控制。在這之中，時間是迴圈的而非按編年順序排列的。元素具有週期性的迴圈：夜晚／白天，呼氣／吸氣，主動／被動，等等。它實質上具有無限的能量和無邊際的資源，就如人們在年幼的人或者動物身上所能看到的。一切都與原始意識連接著。

　　大自然就是這樣：一切都是一個生態性整體中的一部分，創造性無意識是另外一個例子，它是一種固有的詩意智慧中的完整模式，引導並創造心理生活的平衡。這種「黃金時代」意識的力量就在於它的完整性：在它之中，「一切都與一切連接著」，是一個更深的整體中的部分。因為我們的個體意識是從這個海洋中升起，為了休息、整合

和療癒，我們必須與它連接。以這樣的方式，催眠（無論是透過催眠引導、音樂、儀式還是症狀發展起來的）是一種對原始意識的深深的回歸，是一種必要的心理—生物性狀態，我們在其中放下建構的分離性，回歸到我們本來的整體性，並與非局部化的意識場域連接。

但是，原始意識本身並不是特別的生生不息；它的進化速度（或再生性的改變）很慢。它創造出無限多個版本的自己，只是非常緩慢地超越自己來成長。在古代烏龜與野兔的賽跑故事中，烏龜就是原始意識。（註：有趣的是，我目前為止已經在17個不同的文化中詢問過他們有沒有這個故事，17個答案都是肯定的。所以，它似乎是一個全球性的故事，而且比起任何時代，這個故事在當代似乎特別的重要。意識心智的「速度」呈指數形式的增長，但是創造性無意識的緩慢的靈性成長卻沒有得到培養。）（但是我告訴我的個案，總是要記住最後誰贏得了比賽！）

以一種意味深長的方式，這種初級心智反映了大腦右半球的神經心理學構造。那就是，現實是透過右半腦的過濾器建構的。就如Ian McGilchrist注意到的：

> 右半腦產生了一個個體化的、改變的、進化的、互相連接著的、內隱的、化身的世界，在活著的世界中活著的存在，但是事物的本質永遠無法得到充分的把握，永遠無法完美地了知，並且它與這個世界之間有一種特定的關係。（2009：174）

儘管這種原始意識的優勢是系統性整體，以及無邊無際的能量和資源，缺點是缺乏自我覺察，無法「停止時間」去分析一個情景，或者把一個部分從整體中獨立出來，或者快速地產生多種不同的地圖。

它由內而外的改變，（非常）緩慢地進化為一個更偉大的複雜性。

　　我們在原始層面的身分是關係性的，並且是**非局部化的**，一個更深的整體性的存在，沒有固定的參考點。在這個層面有區分，但是沒有孤立分離的個體。分離的自我，其中非局部化的身分被局部化身分取代，這發生在自我的層面。

## ●自我的層面：具自我意識而沒有整體性

　　在歷史上最令人驚奇的進化飛躍之一，便是自我意識的產生。這種象徵性的自我表象能力使得意識的第二個層面得以產生，我們將把它稱之為**自我的層面**。在這個層面，你可以從時間中走出來，創造出想像中的世界，在其中運用各種類型的象徵，運行無數多的模擬的關於現實的可能性。這一轉變的歷史性成果令人震驚：語言、藝術、意識到未來的可能性、技術、城市以及其他超越時間的奇蹟。

　　這一偉大的進化飛躍也有其陰暗的一面。或許是因為自我意識在意識的歷史上仍然相對較新，我們似乎一次只能認同意識的一個很小的部分（並因此對它有慈悲與連接）。所以，我可能最終會認同我的物理性的軀體的「我」，或者作為我的團體的「我們」，相對於意識中其他部分的「它」或者「它們」。在這種選擇性的認同中，自我的層面以整體性作為代價，擁有了自我意識。我們最終將不可分割的原始意識的整體性分成了無盡的二元對立：自我與他人，好與壞，我們與他們——然後再也沒有整合到一起。所以，原始的部分是以整體性為特徵，而自我的部分則是以分別性為導向的（將整體分為部分）。

　　為了表達得更清晰，這種區分和分離的能力具有極大的優勢。我們可以透過很多新穎的方式來重新組合各個部分，從而能夠創造出新的整體。我們可以安排線性的順序，這就允許有意識的計畫、常規，

以及思想的所有獨立範疇，所有這些都使得改變可以在一個顯著增長的層面發生。這是我們所實施的方式產生了問題。首先，這通常會中斷我們與自然世界的聯繫來進入象徵的世界：典型的有意識的自我層面的思考往往伴隨著**神經肌肉鏈結**——肌肉的緊縮和呼吸的抑制，於是造成一種與鮮活的世界功能性的解離。第二，我們以一種不認同場域中的其他位置的方式來認同我們自我的位置。第三，我們缺乏靈活性並且無限期地維持這些一邊倒的自我位置，不允許不同位置之間節奏性的轉換，而這會允許我們獲得一種更整合的視角。**換句話說，我們為了實現自我意識而將我們自己與生命的整體性分開了。**

用生生不息的催眠的語言來說，這代表著意識心智與更深的整體性的創造性無意識的解離。用神經心理學的術語來說，這是受意識的左半腦主導的基要主義（fundamentalistic）的企圖，用來影響它的認知，來當成是唯一有效的路徑。

McGilchrist（2009）詳細說明了右半腦是如何創造出一個系統性整體的「統一規劃」，然後左半腦可以如何用它令人印象深刻的語言技能、線性及邏輯技能來把它變為現實。當兩者彼此合作，非凡的創造性整體就將會是其成果。不幸的是，左半腦有能力忽略右半腦，並且經常如此，好像它是唯一存在的現實。而這將會是災難性的，因為左半腦功能性的隔離有其顯而易見的缺點。比如，它對身體（進而對自然的世界）只有部分非直接的體驗，只能代表它自己的位置（既有視覺上的也有認知層面的），而且它更喜歡沒有生命的事物。無需明言，這個一面倒的模式在當今的世界簡直太盛行了。

總結自己的研究，McGilchrist寫道：

左半腦的世界依賴於指示性語言以及抽象，這會產生清晰度和操

縱事物的力量，這些事物是已知的、固定的、靜態的、孤立的、缺乏情境的、外顯的、總體而言是自然的，但是終究是沒有生命的。然而，受到左半腦所調配的知識是一個封閉的系統。它有完美的優勢，但是完美最終的代價是空無。（2009：174）

在實地演練時所產生的問題是，自我意識被其更深入的系統智慧的平台解離並隔離了。這些自我意識的解離形式是沒有必要的，儘管這非常具有誘惑力。就像是一種上癮或者基要主義的意識形態，一旦我們被勾住了，就很難再放下。我們不再感到自己是一個更偉大的非局部化意識的一部分，而是成為一個孤立的、靜止的、自我封閉的本地位置。不同的觀點被切斷，證據被忽略，結果陷入了一種前所未有的局限，而且是不平衡的現實之中。對很多人而言，只有當他們「否極泰來」的時候，新的選擇才成為可能。

## ●生生不息的層面：具自我意識而沒有整體分化

儘管「身心」解離在自我的層面顯現得更大，在生生不息的層面裡，原始及自我的層面得到協調，進入到更深的整體性中。用神經心理學的術語來說，兩個半球彼此合作打開了一個更高層面的創造性意識，其中蘊含著全新的潛能。就如我們很快會看到的，這意味著一個身心整合的意識，其特徵為中正的正念、關係性的連接、正向意圖以及創造性地投入。身體、場域和認知心智在一個更高的層面組合出模式，允許轉化性的體驗和行為得以發生。

讓我們以身體心智為例。它的模式在原始的層面是直覺性的，圍繞著哺乳動物的保護、飲食、性與歸屬的模式來組織。儘管原始的身體意識沒有自我意識，但具有生態性的智慧，在能量層面很有活力。

當一個有機體餓了，會吃；累了，會睡覺；感到好奇，會去探索；需要連接，會尋找群體。圍繞著平衡、關係性的身分以及與活著的世界的連接來組織。儘管沒有太多的轉化性的改變發生，但是在原始的層面，身體意識連接著偉大的「生命的迴圈」。

當意識進入到自我的層面，隔離的自我意識以很多形式出現：可以維持意圖、可以追求目標、分離的局部化身分可以是首要的、可以用符號來揭示或隱藏。在這個表象性的世界中，身體常常變得更加孤立並受到抽象化對待（作為一個「東西」或者「愚蠢的動物」）。這就使得行為可以得到更緊密的控制、重複及重新組織，以迎合特定的目標。我們可以始終如一地以某些方式行動，並且在我們需要或者想要的時候改變行為，因此而形成一種有意識的生命。

但是誠如我們所知道的，自我控制會導致一種脫離身體的異化經驗以及神經肌肉鏈結。負面的自我價值，如恨或者貪婪會把身體囚禁到陰暗的狀態中，如偏見、苦澀、抑鬱或恐懼。於是，如何巧妙有技巧地將自我意識與整體性的世界進行直接連接和整合，讓這個它成為一個更深的智慧的僕人，這就變成很重要。

而這個整合在生生不息的層面是有可能發生的。在這之中，意識是具身化的、開放的、具有正向意圖，能夠流動性地保持並參與到多重真相及位置中，並且與創造性的意識連接。比如，想像一位偉大的領導者參與到一次令人生畏的挑戰中。你會希望他／她既與自己也與他人有所連接；既有勇氣又有慈悲心；以很多創造性的方式思考；傳達出一個統一的願景，並且確保其完成。在這個生生不息的層面，身體的意識是中正的、連接到更大的場域、能量充沛並且微妙細緻，並且具有深深的創造力。你能看到一種「光芒」從這種領導者身上散發出來，一種微妙的能量，能讓人冷靜並受到鼓舞和鼓勵。當我們見證

到一位非同尋常的表現者——無論他／她是在任何一個領域——我們見到的就是這種生生不息的狀態。

只有當原始的層面與自我的層面和諧相連的時候，這種生生不息的層面轉換的情況才會發生。當這兩者沒有相連，就會發生Wilber（2001）所說的「超然但未脫離連接」的過程。這裡有一個例子，「心智凌駕於身體」之爭，脫離身體的智慧試圖把它的意志強加於身體心智上。（這個「心智凌駕於身體之上」的態度是傳統催眠過程的基礎，也是大部分「正向思考」的方法的基礎。）這樣的關係模式是基於神經肌肉鏈結而不是創造性的流動，因而無法實現創造性的意識。

當三個層面（和心智）能夠互相流動，生生不息的催眠就有了可能。這種整合的狀態將意圖與自發性進行平衡，將自我意識（「我」）與原始意識（「我們」）進行平衡，將接受性（「陰」）與主動性（「陽」進行平衡。整體場域的整體性體現在其每一個分化的部分中。特別在我們想要或者需要有創造力的時候，它非常有用。儘管分離的自我位置基本是保守的，尋求對於過去的重新整合，然而生生不息的狀態允許全新的現實得以浮現。

許多創造性的意識來自於這種正念的微妙場域，它正是在這個生生不息的層面敞開著。這種非反應性的、無內容的意識所具有的元智慧（meta-intelligence）能夠嫻熟地抱持並結合身分場域中不同的部分。在第五章中描述了這種正念場域在身體的層面是如何被體驗為一種微妙的「身體的身體」，抱持著物質性身體所有的不同狀態和模式。當我們處在創造性的流動中的時候會有這樣的體驗：一種微妙意識的延展的場域流經身體並圍繞著身體。第六章描述的是在這個生生不息的狀態中開放的「場域的場域」，於是它可以將問題吸收到一個

連接著許多資源的創造性場域中去。第七至九章描述了生生不息的「心智的心智」，它能創造性地吸收並參與到體驗性的模式中去。與之相關的例子有米爾頓・艾瑞克森令人驚歎的有效技巧，在那個過程中，創造性地接納並轉化個體的模式，同樣，合氣道的方法也是如此，融合到攻擊當中並將其重新導向，而不是與對方交鋒。

在每一個例子中，創造性意識的非二元狀態都在發展，允許每一種經驗與好奇心、創造力以及最佳的表現狀態相遇。主觀與客觀在更深的部分統和，允許一個場域中不同的部分整合為創造性的整體。

## ●生生不息催眠的「宇宙」意識

創造性意識新生的特性是生生不息的催眠的核心。最重要的特性可以用縮寫字母組合COSMIC來描述，見圖表3.3。讓我們簡要地逐一考量。

---

Centered中心點

Open（and mindful）開放（並具正念）

Subtleawareness微妙的覺知

Musicality音樂性

Intentional（posiitve）（具正向的）意圖

Creative engagement創造性參與

---

圖表3.3　COMIC意識

## ●中心點

　　中心點指的是一種身心合一的感覺，一個整合的身體心智與認知心智，向一個超越的場域開放。中正在表演藝術與武術以及其他高水準的表演中是一個關鍵的體驗性區別。它圍繞並經過在身體中聚焦的「一點」來統和不同的身心能量與動作。就如我們將會看到的，中心可以在中線上不同的位置，肚臍、太陽神經叢或者心。透過將覺察歸於中心，個體就能以一種創造性的並且正念的方式移動和思考。

　　當個體面臨重大的挑戰時，很容易被捲入到問題中。中心點允許你「下沉」到所有情境的下面，感受到一種簡單的、深深的臨在和連接。這使得你可以帶著一種冷靜的、非反應性的覺知思考、行動和感受。當你感到根植大地，在你的中心感到安全，你就能夠在不帶神經肌肉鏈結的狀態下創造性地流動。因此，中心點是生生不息的催眠工作中一個基本的前提條件。

## ●開放（並具正念）

　　在生生不息的狀態中，一種延展的非二元的覺察會打開，創造出一種與世界「合一」的感覺。這不是一種奇怪難懂的體驗，而是每個人生命中富有意義的部分。比如，回憶一個你真的感覺到自己與世界連接著的時刻——也許是在大自然中，和愛的人在一起，或者體驗藝術。當你同頻到那個記憶中，注意一下你對自我的感覺在哪裡終止。大部分人會回答沒有任何終止的地方，它無限地向外打開。這並不意味著你是一個未經分化的意識球；相反，你感覺到自己是更大的一個東西中的一部分，超越你個體或者自我的邊界。這是我們所謂的生生不息的場域意識的最好的例子。

在佛教傳統中，這個狀態被稱為**正念**，我在這裡將其定義為一種**非反應性的、內容自由的微妙意識場域**。也就是說，你可以和某個東西在一起，沒有扭曲並降低意識的「搏鬥、逃跑、僵硬或崩潰」的神經肌肉模式。你可以觀照負面的念頭或者感受而且不被它們打擾。你可以開始覺察到自我不同的部分在玩著它們自動化的遊戲，並且同情地分析某個特定的條件模式。正念的狀態允許你可以同時感到自己既是**某個經驗中的一部分**也是**其外的一部分**。也就是說，你可以與某個東西在一起而不是成為它，既是觀察者同時又是參與者。這事實上是一種非常生生不息的組合。

## ●微妙的覺知

當我們向正念打開，我們就開始與**微妙的能量及意識**同頻。在自我的層面，意識與肌肉結合在一起，相對粗糙；也就是說，大部分意識心智的思考涉及到神經肌肉鏈結。在生生不息的層面，經驗以一種更優雅更嫻熟的感覺流經。這在美學的體驗中很明顯——比如，閱讀一本好書、烹飪、進行某項很擅長的運動、聆聽或者演奏音樂、身處大自然中。意識變得更細微、更少僵硬、更加分化、富有智慧。

我曾經在一次柏林的工作坊中談到這個現象，一位學員舉起了手。他說作為一個腦外科醫生，他常常需要和自己的團隊一起連續工作10小時或者12小時。他們通常會在手術期間聽古典音樂或者討論哲學，他剛剛意識到了原因：那些美學的實踐創造出一種微妙的覺知，而那是一位腦外科醫生在從事精巧複雜的工作時所需要的。

有一種發展微妙覺知的方法，就是透過**邊緣調頻和共振**。邊緣系統是舊哺乳動物腦的一部分，它創造出歸屬感。我們在舞蹈、團體運動、音樂或者深度的關係連接中感受到邊緣共振。在那些時刻，成員

之間有流動的感受。邊緣共振技能強化表現的品質也能提升幸福感：我們不僅確實會表現得更好，而且做起來感覺很棒！這種邊緣共振的體驗就是一種微妙覺知。

邊緣共振在各種有生命的臨在中都可以共用——人、動物、樹等等。就如我們將會看到的，它也可以延伸到內在經驗中——比如，一種焦慮的感覺——以提供安全與轉化的形式。對於微妙能量和資訊的覺知讓我們得以瞥見光及超自然的量子的世界。

## ●音樂性

音樂是一種溝通——它對我們講話，而不是談論事物。它不提及（第三方）：它是一種「我與你」的存在，而不是一種「我與它」的存在。

Ian McGilchrist

如今，音樂的原始角色已經在某種程度上消失了，我們有一個特殊的作曲家和演奏家群體，而我們這些除外的人都退化為被動的聆聽。個體必須要去演唱會、或者教堂、音樂節，才能重新獲得音樂的集體興奮感與連接感。在那些情況下，似乎有一種真實的神經系統的連接。

Oliver Sachs

在生生不息的催眠工作中有一個核心的前提假設：音樂是人類的第一種語言；特別是當我們想要獲得一種非局部化的創造性意識場域時，音樂尤其重要。音樂性在大部分的文化（催眠）儀式中都很顯著——透過歌唱、唱誦、祈禱、擊鼓、舞蹈，或者講某種古老的語言。

　　音樂性在母親與年幼的孩子們之間連線性的對話中，也是首要的（Malloch and Travarthen, 2009）。比如，母親指著一隻動物玩具，以一種有愛而且有樂感的嗓音說道：「馬！」孩子用類似的手勢高興並且友善地重複：「馬！」母親微笑著，再一次以一種誇張的帶著樂感的聲音表揚孩子。這個「稱謂和重複」的音樂劇是孩子們進入人類的疆域時最基本的邊緣舞蹈。

　　音樂性在親密的伴侶、人和自己的寵物、或者文化群體成員之間的連接溝通中也是一樣的居於中心地位。所有這些「親密的場域」都需要運用敏感的非語言模式，來共振性地觸碰身體，創造一種關係性的連接，並將內在的自我向一種歸屬感打開。

　　有許多的證據顯示，在人類的進化過程中，音樂是第一種語言（Dunbar, 2004）McGilchrist寫道：

　　語言技能的進化是漸進的，如果正確的表達這個詞，它是從右半腦音樂（歌唱出來的語言），到右半腦語言（詩歌的比喻性的語言），到左半腦語言（散文式的指示性語言）。

　　音樂有可能是語言的祖先，而且很大程度上起源於右半腦，人們可以預期右半腦出現了一種與他人溝通的方式，促進社會凝聚力。（2009：105）

　　因此，當溝通的主要功能是為了創造整合的整體，音樂性就非常重要。儘管這一點在傳統文化中是基本的，但是在當代社會中，語言主要是用於控制與操縱（一種左半球的活動），於是這就讓我們脫離了創造性意識的音樂性。在生生不息的催眠中，語言和行為是與呼吸、節奏和共振連接在一起的。非語言的模式——在人們的內在及人

與人之間——被認為比實際上的語言更為重要。透過這種方式，創造性的無意識被喚醒，語言再一次地變得「神奇」。

在沒有音樂性的情況下，從創造性無意識中浮現出來的東西往往是負面的。**症狀潛在的核心——攻擊、恐懼、解離、放棄——都有一些共同的模式，即神經肌肉鏈結、缺乏**音樂性**而且沒有正念。**就如我們將會看到的，將這樣的體驗帶入到一種生生不息的音樂共振的空間中，就打開了正向轉化的大門。你能想像自己帶著焦慮跳華爾滋或者帶著抑鬱唱歌嗎？也許對於正向的改變而言，音樂性還不足夠，但它很可能是不可或缺的。就如偉大的愛林頓公爵所觀察到的：

如果沒有那種搖擺的感覺，那它就毫無意義。

最後，音樂性並不需要樂器或者正式的表達。我們在這裡談的是基本的共振、節奏和存在於每一個瞬間中的鮮活的意識。它既存在於靜默中，也存在於聲音中。與這種更深的音樂性同頻會讓我們回歸到生命最基本的創造性流動之中。

## ●意圖（具正向性）

在最佳流動經驗的研究中，Csikszentmilhalyi（1991）發現，為了進入那種狀態，你需要具有未來導向的、正向的目標。不只是一個最終的目標，還有一系列的可測試的子目標作為踏腳石。矛盾的是，處在「流動」之中需要很多的目標設置、計畫和練習！這是可以理解的，因為意圖是意識的驅動力和組織者。如果你有一個清晰的、共振的意圖，以一種中心點的方式被保持著，你的創造性無意識就會開始圍繞著它組織。如果不是，你很可能就會迷失於一些低水準的流動或

者催眠意象之中，或者更糟糕的情況是，也許會被捲入到存在於這個世界上的一些負面的能量中。

就如我們將在第四章中所看到的，發展並維持一個簡潔而共振的正向意圖對生生不息的催眠工作而言非常重要。這個簡單的任務往往並不容易，許多人開始的時候要麼採用一個負面的目標（「我想要擺脫X」），要麼不知道自己想要的是什麼。因此，我們會去探索如何發展並抱持一個正向的意圖，以這個正向意圖以及其他正向的連接為基礎，來「信任無意識」。

## ●創造性地參與

現實建構的二階段理論強調，某個體驗的意義、形式與延續來自於人與它的關係。因此我們有必要理解這個過程。我們一直在強調「搏鬥、逃跑、僵硬、崩潰」的神經肌肉鏈結的狀態會如何導致負面的結果。生生不息的改變就是我們所謂的**創造性參與模式**。

其中一個模式叫做**創造性接納**，是第七章的重點。它的理念是，掙扎著對抗某件事，試圖改變它，通常會造成焦慮和抗拒。透過以一種中心點和好奇的方式來歡迎它，新的可能性會自然的浮現。米爾頓·艾瑞克森為這個原則提供了無數天才般的例子。比如，一個住在封閉式病房中的精神病人相信自己是耶穌基督。艾瑞克森做了自我介紹，確認耶穌是一個木匠而且是一個願意幫助別人的人，然後邀請「耶穌」加入了木匠隊，請他參與醫院大樓的建設。病人非常地投入工作，根據艾瑞克森的觀察，病人變得忙於與他人建立連接，不再擔心自己是不是耶穌這件事了。就如我們將會看到的，創造性地接納並不是一個負面順從的過程，而是主動地對於某種模式可以以何種不同方式展開感到好奇。

　　創造性參與的第二種模式是我們將在第八章中探索的**互補性原則**，透過一種兩者／而且（both/and）的思考方式將對立面編織到一起，進入創造性的整合中。在每一個問題的內在都有一種衝突，或許可以表達為，

　　我想要X，但是與之相反的卻發生了Y。


　　在生生不息的催眠中，我們會去探索在對立面之間有節奏的轉換是如何打開一個超越兩者的空間的。比如說，你想要請某人出去約會，但是因為太害怕而不敢去約。在生生不息的催眠中，你可以去到一邊，找到它的正向意圖和形式，然後去到另一邊，然後再「同時抱持兩者」。就如我們將會看到的，這會產生非常有意思的新可能。

　　第三種創造性的參與模式在第九章中得到了探索，即**無限可能原則**，這個原則表達的是每種經驗模式幾乎都有無數種方式可以被理解、體驗和表達。所以如果你卡在了一種負面的模式中，你可以轉換到催眠狀態，放下內容，去感受潛在的能量和模式，然後對各種可能的不同的體驗保持好奇。

　　所有這些生生不息的特性，都是生生不息的催眠中整合性意識的各個部分：中心點、開放和正念、與微妙覺知同頻、音樂性、正向意圖以及創造性地參與。當你在投入到某個挑戰性的經驗中，先花些時間發展出一個生生不息的狀態，正向的結果很可能會隨之出現。

## ●崩潰vs.突破：問題及解決方案是如何發展的

　　生生不息的狀態在人生經歷不可避免的危機時特別重要。在這些時候，我們自我的過濾器讓我們失敗，我們蹣跚著走向一個門檻，它可能將我們引向崩潰或者突破，而這取決於我們如何與它相遇。圖

3.4展示所有涉及到的總體順序。

我們先從「假設大部分的時候我們都是在自我的層面經歷生活」開始，一種「日常生活」的社會角色身分，例行公事，每日一播的肥皂劇。但是在有些時候，這個自我的身分會不穩定。創傷可能會發生，長期的壓力會慢慢累積，或者也許你意識到了，自己就是無法繼續以相同的方式在工作裡或者個人生活中。讓人變得不穩定的事件也可能是幸福的事件：成為父親或者母親，完成了某個長期的目標，或者踏上了一次非洲徒步之旅。

在所有這些場景中，你都是在新的領域。你舊的身分地圖不起作用了，於是失去了自己「正常的」定向，墜入到原始的意識中。這是有道理的，因為在這裡，所有的能量都是用來療癒或者創造新的現實。但是「不知道」會令人感到迷茫，甚至害怕。在這個點上，你去做什麼會決定你是體驗到在一個問題中崩潰，或突破到一個新的、創造性的解決方案。

---

1.自我身分主宰，直到……

2.身分不穩定（創傷、重大壓力源、生活變化、意圖的不穩定因素）

3.自我狀態崩潰，原始意識放大

    4a.如果原始意識參與到神經肌肉鏈結中（搏鬥、逃跑、僵硬、崩潰），症狀（「負面的催眠」）開始發展，直到……

    4b.在原始意識與自我之間建立創造性流動

5.新身分得到建立

6.新身分穩定，直到……

---

圖表3.4　身分的不穩定是如何導致崩潰或突破的

如果反應是「搏鬥、逃跑、僵硬、崩潰」這樣的神經肌肉鏈結狀態，那麼負面的體驗和行為就會展開。儘管這些以壓力為基礎的反應是可以理解的，在有些情況下（比如創傷）是不可避免的，持續處於卡在其中的狀態會導致麻煩。甚至更努力地嘗試否定這些體驗（透過解離、麻木、投射）會深化自我暴力的惡性循環，你對自己的體驗越負面地反應，它就會變得越糟糕。

為了轉化苦痛，很重要的是，要建立起創造性流動與原始能量的創造性無意識之間正向的關係。這就要求去往一種生生不息的意識狀態。本書餘下的部分會聚焦於怎樣做到這點——你可以如何做到歸於中心、放鬆和覺知；你可以如何與一個超越問題的空間同頻，因而不再被鎖定在其中；以及你可以如何以一種正念的、有創造力的並且是轉化性的方式參與。這些是身體心智、場域心智和認知心智的一些生生不息的形式，其中的每一種都能令你踏上生命偉大的意識之旅。

## ●總結

「三種心智，三個層次」的模型，產生一種發展生生不息催眠的實際方法。我們要將創造現實的身體、智慧和關係性場域的過濾器調整到生生不息的層面。在生生不息的層面，自我意識與系統性的整體統和，令轉化性的意識成為可能。生生不息的狀態的特徵是中心點、一種敞開的正念的狀態、微妙的覺知和能量、音樂性、正向意圖，以及創造性地參與。在這種狀態中，問題可以被轉化為資源，並且可以活出生命偉大的旅程。

‖第四章‖

# 生生不息催眠的四個步驟

千里之行，始於足下。

中國諺語

所有的大師之所以傑出，是在於他們有力量在一條連續的道路上
增加了第二步、第三步，或許還有第四步。許多人都邁出過第一步。
每增加一步，你都為自己的第一步增加了巨大的價值。

艾默生（Ralph Waldo Emerson）

有一次，我與一位著名的小說家談論他是如何寫書的。他有一種
主要的「接收」故事的策略，就是找一個安靜的地方，安頓下來，閉
上眼睛去感受圍繞在他周圍的溫和、黑暗的場域。他會好奇地等待，
緩慢而確定的，各種不同的人物會從黑暗中的各個方向浮現出來，在
他面前的空間中開始互動。他會把這些事「謄寫」下來作為書的基
礎，然後在寫作的過程中加入其他的策略（如編輯）。

如果是以這樣一種創造性的方式工作，表意識心智必須與創造性
的無意識處在和諧的夥伴關係中。表意識心智負責設定意圖，創造並
維持恰當的條件，接收來自於創造性無意識的溝通，然後翻譯為在世

界中的傳統的語言和行動。你的創造力如同你的基本狀態一樣地美好運作，而表意識心智為創造和維持那種狀態負責。

這一章節描寫了如何發展並維持這種「紀律性的流動」的狀態，用於生生不息的催眠工作中。在圖表4.1中有四個基本的步驟，首先如何發展（並維持）一種生生不息的狀態；如何把定義目標的工作中所有重要的部分都納入進來，並且節奏性地把他們連接在一起；如何把各個部分整合為整體，創造出新的身分地圖；以及如何把「轉化」（trance-formation）轉移到日常的世界中去。我們將會逐一探索。

---

1. 準備（一個生生不息的狀態）

2. 歡迎各個部分的身分並將他們編織到生生不息的催眠中去

3. 整合與轉化

4. 將學習轉移到真實生活中

---

圖表4.1　生生不息的催眠的四個基本步驟

## ●第一步：準備生生不息的狀態

我總是喜歡在開始工作之前就把它做完。

米爾頓・艾瑞克森

---

1. 正向意圖（生生不息的認知）

2. 歸於中心點（生生不息的身體）

3. 資源（生生不息的場域）

---

圖表4.2　準備步驟：三種正向連接

為了「信任無意識」，你首先需要發展出必備的情境。這個準備步驟的一個簡單的形式包括建立起圖表4.2所列的三種正向連接：正向意圖、中心點和資源。在三位一體的心智模型中，這些連接分別是處於生生不息的層面中的認知、身體和場域心智，每一個發展的順序和方式都是不同的。我會概括一些簡單易懂的範式，介紹自我評估量表，與這些連接展開的工作的時候，這是一個非常有價值的技巧。

## ●與正向意圖連接

為了在生生不息的層面運作，你需要與正向意圖有一個強大的連接。否則，無意識很容易就會漂浮到自由聯想之中，或者捲入到某種負面的潛在情緒中。

在生生不息的催眠工作中，一個正確形式的意圖滿足三種條件。首先，它是正向的，具體細化到個體想要去做或者體驗的某件事。人們往往會從負面的目標開始：「我不想要有這種感受」，「我想要擺脫那種體驗」，「我想要停止這種行為」。儘管這是可以理解的，但是將主要的注意力交給某個負面的意象常常會在不知不覺中強化它。因此，通常更好的做法是確認個體事實上想要的、與之相反的情況：

你想要有什麼感覺？

你想要做什麼？

你想要發展什麼？

**通常來說，目標清楚而具體會很好：**

我想要寫這本書。

我想要每天鍛煉。

當我和父母講話時，我想感覺冷靜。

　　然而，有的時候目標也可以是一個總體的意圖。比如，戴夫正在經歷無比痛苦的中年危機，他離婚了、換了工作，家人去世。透過這些危機，他很驚訝地發現自己已經變得如何地不幸福、不健康。他決定每天都要用一句「咒語」來自我催眠：

　　我想要變得健康和幸福。

　　在一周內，他發現自己的飲食發生極大改變；又過了幾周，他戒了酒。然後他發現自己每一天都很好奇，想知道什麼能真正地帶給他幸福，結果發現是閱讀、靜心，以及日常的鍛煉，並且致力於這些活動。對他而言特別有意思的是，這些變化是如何「自發地」從他的創造性無意識中浮現了出來，由他每一天的自我催眠暗示所激發。

　　正確形式的目標第二個條件是，意圖要簡潔。我通常在陳述意圖時用的規則是五個字以內。如果用字太多，意圖的品質和清晰度往往會下降，被解釋故事的類型所弄混，「我因為Y想要X，但是我害怕Z可能會發生，所以……」這些故事的功能往往是比較低程度的催眠引導，將人們的注意力從基本的意圖那裡帶走。所以，儘管在某些層面，故事或許是重要的，但是通常將他們與主要的意圖「我想要X」區別開來也很重要。

　　當我和個案一起工作的時候，我通常會以一種頑皮但是嚴格的方式實行這條規則。我請他們以這樣的形式陳述正向意圖：

　　我在生活當中最想要的是X.

　　然後他們可以用五個字，或者更少的字語來表達X，我會舉起

手，用手指計算他們已經用過得字數。當個案用字超過了五個字的限制，我會頑皮地發出一聲「嘿」來告訴他們，他們超過限制了。許多人對於簡潔陳述目標的難度感到很驚訝，但是他們發現這樣做真的幫助他們澄清了意圖。

正確形式的目標的第三個條件是共振。它指的是，講述目標的時候必須打動說話者傾聽者（們）內在的某個部分。沒有這種體會感，就沒有身心連接，而話語也就沒有力量改變生命。所以當我用生生不息的催眠與人們展開工作時，我會緊密地追蹤我自己以及我的個案身體內部正在發生的情況——不僅是在設定目標的過程當中，而是在整個過程裡。如果一個人說了一些顯然很重要的話但是我沒有任何共振的感覺，我會說一些類似於以下內容的話，來告訴他們：

我感覺到你在說一些很重要的話，但是我沒有感覺到與它有任何更深入的連接。我想要邀請你慢下來，做一個深呼吸，去感受一下你正在談到的內容，然後再告訴我一次。

在我感覺到共振之前，我會持續地這樣做，共振是創造性無意識啟動的訊號。與身體共振的連接，會把我們帶入下一個正向連接。

當然，對於個案來說，體會到身體的感覺也是同樣重要的。Gendlin（1978）發現它最能有效地預測一次個案是否有幫助。也就是說，當個體在談論某個問題或者目標時，如果他能體驗到一種身體的共振，那麼這個談話就會是有幫助的；如果沒有體會到，談論它就是沒有幫助的。身體共振意味著身心連接，正是這讓語言富有魔力。

## ●連結中心

　　正向意圖是**生生不息的認知心智**的特徵，而中心點則是**生生不息的身體心智**的核心元素。在下一章節中我們將詳細探討中心點——和它的各種功能以及如何發展並運用它。而現在，我們可以把它總體的定義為一種與幸福的核心感受的身心連接，這種感受比任何短暫的體驗都要更深。有一種啟動中心的方法是透過回憶正向的記憶，因為這類體驗通常都包括了感覺到中心點。一般的做法是，首先引發總體放鬆的感覺，然後說：

　　而且你可以繼續吸氣、呼氣……放鬆、打開……吸氣、呼氣……你可以開始允許一個正向的回憶浮現到你的腦海中，知道這一點真好……在你人生中的某個時候，你感覺到深深的連接……深深的完整……深深的自信……不需要努力回憶，只要自然發生……呼吸……回想，讓你的無意識開始記起一段經歷，那時你感覺到真的深深的連接著……也許是在大自然中的體驗……或者是當你和某個你很愛的人在一起的時候……或者當你成功地完成了某個挑戰性的任務。只要讓一段正向的回憶浮現到你的意識當中……（暫停）。當你想到了，你可以點頭來讓我知道……（繼續，直到個案點頭）。

　　當你想起這樣一個經驗的時候，讓你自己同頻到感官的細節中去——你當時在哪裡，還有誰在那兒，各種不同的細節，等等……當你這樣做的時候，你可以讓自己的身體再一次完全地去感受那個體驗……每一次呼吸都把那個體驗更強烈地帶回到當下的時刻……於是你可以現在開始感受這些感覺了……當你在這樣做的時候，你可以開始注意到，那個深深的經驗的核心在哪裡，中心在哪裡……於是如果

你要從這個核心的感受出發講話，從這個核心的感受出發走路⋯⋯從這個核心的感受出發思考⋯⋯這個中心在哪裡？（暫停）當你在感受著它時，讓你自己用一只手，或者也許是是雙手，溫和地觸碰你的中心⋯⋯當你的觸碰的時候，讓你自己感受到你的中心與你之間的連接⋯⋯一個非常正向的連接⋯⋯

下一章會詳細講述其他連接中心，以及在需要的時候檢查並強化連接的方法。而現在，重要的是歸於中心給了我們一種穩定的、無內容的連接，它在念頭、感受和知覺的「底下」。它讓覺知平靜下來，澄清了覺知，允許我們以一種整合的方式與某些東西在一起。因此，與其他正向連接在一起，我們認為它對於生生不息的工作來說是一個必要條件。任何重要的工作都只應該在建立中心點之後再開始進行，同時在整個個案的過程當中都要追蹤，確保良好的維持。任何時候當個案失去了中心，在它重新歸於中心之前，其他的工作都要擱置，因為以沒有中心點的方式來展開催眠工作是不明智的。

## ●連結資源

第三種正向連接是與**連結經驗資源**。「資源」指的是任何可以把你帶回源頭（或者中心）的東西。榮格曾經說過，每個人都需要瞭解自己的「聖人群組」中都有些誰。他這麼說的意思是，要瞭解在你的生命中，誰真的愛你、支持你，並且關心你。你可以透過覺察帶著這些正向的臨在，從而抵消或者「打開並超越」任何負面的臨在。它們可以當作成是提醒者、保護者、嚮導、支持者、顧問、榜樣，等等。

為了辨別資源，這裡有一些或許可以使用的基本問題或建議。

● 在你的生活中，誰真的愛你、支持你？（他們可以是活著的人，不再活著的人，祖先、靈性的存在、寵物、朋友、家庭成員、老師，等等。讓自己花一些時間去注意到，什麼或者誰浮現到了腦海中。）

● 當你真的需要重新與自己連接的時候，你會做什麼？（比如，做飯、聽音樂、閱讀、出去散步。）

● 當你需要感覺安全的時候，你會做什麼？

● 就你所擁有的目標（一個或多個）而言，花一些時間讓你的無意識浮現出任何在這個過程中可以支持你或者引導你的人、經歷或者象徵。

　　透過這個方法，可以辨別出一些經驗資源，有效地幫助個案對某個正向的場域打開，支持並引導這段旅程。

　　很重要的是要意識到，每個人都有一些資源。如果某個人無法找到任何資源，很可能是由神經肌肉鏈結的狀態所引起的，可以透過放鬆或者專注來克服。對有些人而言，你必須挖得更深一些。我曾經和一位女士展開對話，她童年時遭受過可怕的虐待，不相信自己的內在有任何正向的東西。我問她，在她小時候，當事情變得真的很糟糕的時候，她會去哪裡。她提到自己會躲到家裡附近的森林裡。隨著我們進一步的探索，她想起一顆很特別的樹，她會爬上去，有段時間樹上有一窩雛鳥，她與它們有非常親密的連接。森林、那棵樹還有樹上的那窩鳥成為在她的療癒工作中最棒的資源，幫助她學會了如何先與資源連接，然後再向任何其他的東西打開（比如她的目標或挑戰）。

　　一旦資源得到確認，它們就能在催眠場域周圍的空間中去感受到——比如，坐在你身邊，站在你身後，或者安住在你心中。這種空間

的想像打開了一個充滿了正向連接的更大的場域的覺知，可以將問題與挑戰邀請到其中。這就允許個體與一個創造性的空間保持連接，而不是墜入到神經肌肉鏈結中。

## ●用自評量表評估並追蹤連接

生生不息的催眠工作的成功與否，重點在於這些正向連接的存在：意圖、中心點以及資源。我們必須仔細的注意到，如何在每種狀況中良好培養這些連接。這不是一次靠速度贏得勝利的賽跑，所以花上必要的時間，恰當地設定並維持好這個狀態。這三個連接為「讓事情深深地發生」提供了合適的土壤和正向的約束。

圖表4.3　正向連接量表

這些連接並不是全或無的現象，而且它們會有巨大的波動。為了在一次個案中獲得並追蹤它們的程度分數，一種簡單的自我評分量表會很有幫助。其中一種版本是1至10的量表，可以用於評估一個體驗過程的當下（或者想要的）程度分數。比如，圖表4.3呈現了一個「正向連接量表」，可以用於追蹤中心點、正向意圖和資源的程度。在整個個案過程中都使用這個量表會非常有幫助。當聚焦於一個連接（歸於中心點）可以用這樣的暗示：

在一個1-10分的量表中，1分表示最低，10分最高，讓一個最適合的數字浮現在你的腦海中，代表此刻你對於X的體驗程度。

注意到這裡的邀請是「讓一個數字浮現」而不是「你認為是數字幾……？」這會鼓勵分數來自於創造性無意識。無論出現的是哪個數字，請理解，我們是有可能精確地知道在任何時間點、任何維度個體所處的位置的。然後，這個量表可以用於暗示**改變的強烈程度大小**：

你覺得這樣會不會很有意思，就是去探索一下你能夠如何增加（或者減少）一點點這個數字——只需要達到足夠讓你的無意識開始做出一個有意義的改變的程度？

通常最好暗示去做小改變：它們更容易實現，同時也不會讓某個情況極端化，變得「全或無」。假設這個人對此感興趣，這個過程可以是**邀請無意識增加強弱程度**：

所以當你準備好了，讓你的眼睛閉上……然後做一個很深的深

呼吸……當你閉上眼睛的時候……讓你的創造性無意識帶你去到任何一個體驗中去……正向的記憶、人、象徵、顏色、歌曲、其他的覺知……那能讓你發展出一種與X更深的連接……只需要更多一點點……只需要足夠多到可以允許你的無意識轉換到一個具有更深的創造性活動的水準中。

這個簡單的量表方法會非常有幫助。觀察這個準則，就是提供**創造性改變能力的一種狀態品質的功能**，這給了我們一個直接的方法來測量並追蹤狀態重要的維度。

當然，除了這三個正向連接之外，這個技術還可以用來追蹤其他相關的參數——比如，你在多大程度上相信自己值得擁有某樣東西、催眠的程度、安全感、目標的完成度、憤怒或者恐懼的程度，等等。這些資訊對於成功地引導一個創造性的過程而言都是起主要作用的。

在運用量表時，我們通常尋求**最優**而不是最大的數值。因此，對於某些活動而言，7的放鬆程度或許比10更好。就實際的目的而言，我們能看出在某個重要的維度上打分很低（比如，在「連接中心點程度」上是1分或者2分）表明還沒有準備好做重大的工作。相類似的，在任何挑戰性的工作中，數值可能會波動（比如，當個案觸及到困難的體驗時，很容易就會變得失去中心）。透過觀察神經肌肉鏈結的跡象（比如，肌肉緊張以及呼吸抑制）。量表問題可以用於查明中心點的程度（或者其他參數），如果需要也可提升狀態的水準。

自我評分量表可以貫穿於整個調整個案期間，或在一天中的某個時段來使用。這個工具允許你可以監控狀態水準，經過調整到最優水

準。這樣的回饋在創造並維持生生不息的狀態是非常有價值的。

## ●第二步：歡迎自我身分中的各個部分並將其編織到生生不息的催眠中

一旦透過三個正向連接做好了生生不息的狀態的準備，催眠的工作就可以合適地啟動了。第二步有兩個主要的部分：

1. 邀請自我身分相關的部分進入到一個生生不息的催眠場域中
2. 將自我身分各個部分編織到生生不息的催眠中

## ●邀請自我身分各個部分進入一個生生不息的場域

生生不息的催眠不是由人為的、標準化的暗示所創造出來的，而是透過個體的身分中各個相關的情緒性的組成部分所創造的。這就保證了催眠的語言將會是個體用來創造並維持他們的身分的語言，因而讓改變更容易也更持久。（當催眠使用的是一種「外語」時，所謂的「心理免疫系統」會排斥它，認為它不屬於本系統。）

一些相關的組成部分包括：

1. 目標
2. 問題
3. 資源
4. 負面的部分（批評、恐懼、障礙）
5. 與自我身分關聯（工作、家庭、愛好，等等）

有一個核心的前提是**每一個部分都是系統作為一個整體不可或缺的、重要的部分**。創造力與成長是整體的特性，而不是部分的。這一點可以在系統中觀察到，如音樂團體、運動團隊、家庭、婚姻，以及

商業團隊中。只有當困難的各個部分都和諧相處時，創造力才會出現。在問題狀態中，關鍵的部分彼此衝突、脫離連接，因而創造出一種更低的自我身分狀態，而這會造成問題。記得我們將神經肌肉鏈結轉化為創造性流動的指導性原則，我們開始感興趣的是，各個部分可以如何得到歡迎、正向地參與其中，以及與其他部分建立連接。由此產生的自我身分狀態將會是一個生生不息的場域，會引發解決方案以及創造性的反應。這是生生不息的催眠工作的核心。

乍看之下，似乎不可能或者不適合邀請所有相關的部分都加入到解決方案的團隊中。負面的部分似乎如此具有破壞性、毫無優點，似乎唯一的希望就是採取任何必要的手段來去除它們。當一個人找到生生不息的催眠工作的時候，很可能個體內在的系統暴力已經嘗試過各種不同的方式，也都產生負面的結果，所以真正的希望是在於轉化不同的部分，把它們帶入到一個更深的系統性整體中。記得經驗的雙階段理論，它說在一種經驗模式的核心層面，那裡是沒有任何固定的意義的，並且具有成為任何形式的潛能，我們將催眠視為一種重新建構負面部分的方式，找到其中的正向價值，然後打開一個生生不息的場域，在那裡，各種不同的部分都已成為一個合作性的團體。

在催眠眾多偉大的價值中，有一種是作為一個經驗性場域，能夠抱持並整合多種彼此矛盾的價值觀。我們注意到這個過程中的第一步，就是如何基於中心點、正向意圖以及資源場域來創造一個生生不息的狀態。第二步是邀請相關的部分進入一個互動性的場域。比如，漢克經歷了一次痛苦的離婚，但是現在，在幾年之後，他開始和一位女士約會。事情進展得很順利，但漢克開始產生恐懼，害怕會再一次受到傷害。對於生生不息的催眠工作而言，這些部分就是：

1.目標：「我想要經驗一種親密關係」

2.問題：「但是我感覺不信任和恐懼」

3.資源：作為一個企業家在職業上的成功，女兒，凱蒂，與海洋的連接

4.負面的部分：痛苦的離婚記憶，批判性的聲音「再也不要信任任何人」，害怕財務損失

我們經過了準備階段，使漢克可以連接中心、正向意圖和資源。我們簡單地回顧了一下以上這些部分之後，我提議進行一個催眠的過程，他將會透過將手臂（手心向上）移動到四個不同的位置來探索各個部分之間的關係。當右臂慢慢地移動到肩膀的位置的時候，他會同頻到自己的目標；當右臂下降一英尺左右，他將同頻到自己的資源。對於左臂，移動到肩膀的高度將啟動這個問題各個經驗性的部分；當左臂下降一點，就會觸及到負面的部分。注意到，這是一種簡單的方法，用來在場域中創造四個相關部分的位置。（不需要在每一次催眠的過程中都納入所有的部分，只需要納入最相關的部分。）

## ●創造性地將自我身分各個部分編織到生生不息的催眠中

一旦相關的部分都有固定的位置，就可以將它們編織在一起，來共同發展生生不息的催眠。比如，我對漢克的建議是，他建立好三個正向的連接以後，就慢慢抬起右臂到肩膀同高，與目標同頻：

當你允許自己的手臂移動到肩膀的位置的時候，讓它幾乎就好像是自己漂浮著一樣……你可以開始同頻到所有關於你的親密關係這個目標中各個經驗情境……呼吸……放鬆……讓不同的畫面、感受、念頭出現、消失……都與那個關於親密的目標有關……未來的親密關係的畫面……感受和願望……

將這些再仔細說明，然後將注意力導向「問題的部分」：

當你的右臂下降的時候……你可以讓你的左臂慢慢地提升到肩膀的位置……沒錯……慢慢地提升到肩膀的高度……隨著你的左臂上升，你可以開始同頻……歡迎……允許問題的不同部分被感受到……恐懼……**我不想要**……擔心……然而甚至就在這些問題的部分出現的時候，你還是可以感受到你的中心……記得你的正向意圖……同時為問題的所有不同的部分騰出空間……

注意到這裡，當問題的部分受到邀請的時候，潛在的正向的催眠空間仍然在持續發展，所以**在生生不息的催眠中，對於任何負面的內容，總是有一個正向的保持空間**。讓我重述一遍，成功與否取決於這個正向環境的存在，所以主要的注意力要放在發展和維持它上，特別是當我們觸及到負面基調素材的時候。

透過這種總體的方式，每個部分都可以被邀請到催眠中去。在每一個部分就位時，下一步是要創造性地在它們彼此之間編織連接，事情變得有意思起來，因為創造性的無意識得到邀請，去探索各個部分，開始創造新的連接。對於漢克，我暗示他的無意識開始移動他的手臂，引導這個流動，明白在哪個時間哪個部分需要關注。於是，他待在目標這裡（右臂上升）大約30秒鐘，然後轉移到了負面的部分（左臂下降）大約20秒鐘，然後去到資源那裡（右臂下降）等等。透過這種方式，他的創造性無意識引導著這個過程，我跟隨著他所回饋的每一個觸及到的位置，同時鼓勵他的無意識對於親密浮現出更多新的理解，以及更多整合的親密方式。

## ●編織自我身分各個部分時的生生不息催眠的元素

　　將各個部分編織到生生不息的催眠中去是一種美學實踐。存在著許多美學編織的例子：將各種成份融合到一起組成一道美味佳餚；一個故事中不同的故事與主題的展開；裝修一幢房子；創造一個動態的商業組織或者運動隊；一個美麗的花園。在這每一個例子中，核心的挑戰都是將毫不相干的部分編織到一個整合的整體當中。當它發生了，就會出現一些很特別的情況：打開一個美麗的美學場域，將意識提升到一個更高的層面。這就是我們在生生不息的催眠當中想要做到的：創造一個空間，讓所有不同的自我身分組成部分，都能在其中整合為一個更深的整體。

　　在這個過程中，以下的原則特別有幫助：

1. **大腦邊緣系統的同頻。**生生不息的催眠總是涉及到表意識的兩個層面。第一個層面是潛在的、情境性的正念覺知；第二個層面是這個工作裡的不同內容。邊緣系統的同頻和共振提供第一個層面的意識，使第二個層面的意識可以創造性地流動。

2. **正向的歡迎。**每個部分都得到正向的歡迎，並被吸收到這個過程中去；儘管可能會有不可接受的行為，但是沒有「壞的部分」。在生生不息的狀態下（中心點、正向意圖、資源）完成這個工作，就能夠同時提供所需要的好奇心和安全感，從而能一致並且高效地完成。

3. **美學的空間。**歡迎每一個部分進入場域，並不是簡單地將它們亂作一團地全部扔進去的過程。為了實現整合各個不同的部分這一目標，各個部分需要以不同的方式獲得美學上的平衡——

比如，它們有多大程度的分化，在各個部分之間轉換的速度是多少，以及相應的強度水準。往往會有一個部分也許比其他的部分更加處於主導地位，因而讓創造性的流動成為可能；或者可能會有兩個部分過分地糾纏到了一起。

因此，生生不息的催眠的實踐者必須要有做飯的女主人或者團隊經理的技能，為求各個不同的部分感知到一個恰當的位置，於是它們可以在生生不息的催眠中找到一種經過分化的完整性。當然，這需要與每一個部分的連接，同時以特定地方式與它們溝通，從而讓它們成為整個團隊的組成部分。

4. **音樂性**。在第三章中，我們談論過音樂是人類的第一種語言，也是生生不息的狀態中不可或缺的部分。將語言編織到催眠的場域中，就是將聲音、寂靜、聲調、節奏、呼吸、重複、共振和其他非語言模式組合成的音樂模式。特別關注到的是詞語是如何流經身體的，以及如何喚醒身體心智中的感官智慧。

我常常使用的一種訓練方法（將在第六章中探討）是讓學生們互相做催眠引導，用一種完全是編造出來的沒有意義的音節。對於由各國學生組成的團體，我會鼓勵人們在做催眠的時候，隨時用個案聽不懂的語言來催眠。對於說話方和接收方而言，這些實驗都讓他們經驗到了令人驚訝的強有力的體驗，因為它們顯示出可以如何透過非語言模式來引導深深的催眠。

甚至當人們使用的是可以理解的語言時，處在催眠中的人卻往往不是在有意識的層面聆聽。很常見的情況是，有一個人從我引導的一次催眠中重新定向，對我說了一些這樣的話：「那很棒……你說的話我一句也沒聽，但是我感到有這樣一個能量的臨在，讓我可以進入到那些奇妙的地方。」這並不是說語言不

重要，而是在催眠中我們讓自己對語言意義的分辨處於次要地位，首要的是更深的能量以及創造性無意識的模式。

5. **細化象徵**。最終，對於象徵經驗性的細化可以用來促進催眠。在意識心智與創造性無意識的心智之間有一個基本的差別，那就是前者把模式看成一個符號，只有一種固定的意義；而創造性的無意識將同樣的模式視為象徵，有多重的（甚至是互相矛盾的）意義。為了打開創造性無意識，進入到生生不息的催眠的流動之中，我們因此會頑皮地反復表現某些詞語，讓意義轉換、玩笑，以及其他遊戲詞語的方式。比如：

你可以成為那個體驗的**一部分**（a part of），同時也**遠離**（apart from）它。現在，你可以**知道不**（know no）也可以**知道是**（know yes），你知道……

你可以**成為它**（be it）……感覺它的**節奏**（beat）……**成為它**（be it）……感覺它的**存在**（being）……**節奏**（beat）……**過去的存在**（be-ing be-fore）……**因為**（be-cause）當你穿過催眠的時候，蜜蜂在童帽中（bee in the bonnet）。

　　這裡所採用的態度是，愉快地見證每一個詞語、畫面、象徵、感受和動作流經身心的覺知，好奇地觀察在任何一個時刻，甚至是在一個詞語或者句子的中間，也有許多條道路可以選擇。只要關係足夠融洽，有足夠的信任，把每一個詞語或畫面當做一個象徵，可以用無數多種的方式展開，這會促進頑皮和好奇心，同時也放鬆了字面的、線性的、身體解離的、神經肌肉鏈結的過程。

## ●第三步：整合與轉化

　　將各個部分創造性地編織到生生不息的催眠中去的目的，是為了允許自我身分當中新的部分得以誕生。這是在一種轉化性的整合中發生的，而轉化性的整合則是發生在任何美學進程的巔峰——比如，當一個團隊進入到了「最佳狀態」，當音樂漸強升到頂點，或者當懸疑劇中各個不同的部分達到令人興奮的高潮。這樣一種超然的轉變打開了一個超越語言與歷史的意識空間，一個新的自我身分可能會出現。

　　這一步是準備階段時需要注意的工作要點以及「催眠編織」階段創造性的工作的頂峰。當自我身分的各個相關的部分都在創造性地遊戲之中，體驗漸漸增強，就好像是一段樂曲。其中包括加速的節奏，以及在各個部分之間加速的轉換，還有越來越高的強度。所有這些都必須在和諧的關係中完成，意識的心智與創造性的無意識參與到互相的影響之中。這裡有一段從漢克的催眠工作中的節選：

　　你體驗到了目標……**我想要親密**……變化著的面孔和害羞的感受……**不要太快**……所有的資源……你的工作……**海洋**……一種對於批判性的聲音的好奇的變化著的理解……變化……移動……增加……一方面……另一方面……過一會兒，當我一下次說「現在」，你可以讓自己下沉到更深一層的催眠之中……在那裡，所有這些體驗性的模式都可以整合到一起，成為一種新的正面的自我身分……一種新的瞭解方式……去信任……去體驗親密……讓你自己下沉到更深處，去體驗那份整合，現在……！

　　最後的這個詞語（「現在」）拖長尾音，聽起來就好像是吹來一

陣「改變之風」，吹進了這個人的世界中。很有意思的是，很多人報告說，這是他們的催眠體驗中最強有力的部分之一。在整合的這個時刻，它提供了一種穿越空間的「催眠滑行」的感覺，打開了許多很深的體驗。

　　通常要給個案五分鐘左右的時間來整合。〔註：偶爾，這個整合的過程不會發生。個體或許會突然間睜開雙眼或者表現出緊張、或者有意識地思考的跡象。這通常說明沒有做好恰當的準備（如，個體還沒有感到足夠的放鬆或者舒服，或者有一個重要的自我身分部分還沒有被納入進來）。簡單的詢問和觀察通常就能揭示出問題的源頭，從而打開解決它的方法。〕為了不將個體從很深的內在過程中帶出來，在這個時間中少用語言表達。為了確保所保持的場域，一些籠統的催眠暗示（如，就是這樣，這樣很好……只是讓它發生……新的未來）也許可以溫和地點綴，作為背景性的支持。大約五分鐘之後，就可以將注意力轉到最後一步，回歸到日常的世界中。

## ●第四步：將學習所得轉化到現實生活中

　　這最後一步的目標是要確保在催眠中創造出來的改變能夠進入到這個人的日常生活之中。不要假設這樣的轉移會自動發生。圖4.4顯示了這個步驟的基本元素，以及將催眠的改變導向到現實生活中。

| | |
|---|---|
| 1. 標記出關鍵的學習點 | 5. 重新導向 |
| 2. 想像正向的未來 | 6. 反饋 |
| 3. 承諾／誓言 | 7. 整合反饋 |
| 4. 感恩 | |

圖表4.4　連接催眠改變至現實生活中

為了舉例說明，我們來看看我和漢克是怎麼做的：

## ●標記出關鍵的學習點

所以你享受了所有今天你在這裡體驗到的感受……讓自己花一些時間來回顧不同的體驗……你關於親密的目標……恐懼……所有你擁有的資源……只是去注意到，你今天在這裡已經開始了什麼樣的改變……當你注意到這些改變的時候……在今天的這些體驗中，如果有一件或者兩件事情是你最想要記住的，那會是什麼事？是需要讓你自己安靜地記住它們……把它們呼吸進來……在你的內在給他們一個空間（給他一分鐘左右）。

## ●想像一個正向的未來

當你感受到了這些新的學習，讓自己花一些時間感受自己正在向未來打開……向明天，下個星期……下個月……並且向那樣的未來打開……你可以享受看到自己在那個未來中……看到你自己……感受到你自己……享受自己在親密關係中的體驗……整合……實現……體驗親密……（這裡還可以進一步的細分化）。

## ●承諾與誓言

當你感受到那個正向的未來的時候……看到自己已經在那個未來裡面了……讓自己感受在最深處，你最想要向自己做出的承諾是什麼……關於你的生活……關於你的未來……什麼樣的簡單的誓言……什麼樣的簡單的承諾……而且你可以以一些簡單的方式來感受到這些……我最深的承諾是……給自己的承諾……給你的世界……是什麼？……當你感受到它們……讓自己感受到它們在你的中心深深地共

振著……你也許會想要觸碰一下你的中心……（暫停）感受你的中心……安靜地說出這些誓言……每一天練習……每一天都記得……在這個世界中，你想要活出的最深的生命。

## ●感恩

然後最終，在收尾之前，花一些時間來感受一下，有沒有任何你想要表達的感恩……對你自己……對任何在你生命中的人或者存在，它們給予過你支援……愛……機會……過上這奇妙的人生……讓你自己去感受任何人……包括你自己……是你想要真誠地表達感恩的，它們支持著你做出現在的這些正向的改變……你可以想像那些人，觸碰你的中心，然後簡單地說……謝謝……謝謝……謝謝……

## ●重新導向

然後當你準備好了……讓自己溫和地開始為這個體驗做一個收尾……或許你會想圍繞著自己的身體包裹上「第二層皮膚」……給它保護……給它祝福……帶上所有這些親密的學習，當你回到這個世界，在接下來的幾天、幾周、以及幾個月……

（聲音和共振開始轉向清醒狀態的「音樂性」）然後當你準備好了……讓你的創造性無意識把你帶回到這個房間……一次呼吸的轉換……一次溫和地重新定向……睜開雙眼……完全回到當下。

重新導向的這個步驟應該清楚地完成，但方法要溫和。往往會需要幾分鐘的時間才能完全恢復，尤其是從一個真正深沉經驗中來的時候。

## ●回饋

然後可以引出催眠後的回饋，除非個體覺得自己需要安靜地待一會兒。（在自我催眠的情況下，記下備忘錄，或者以其他的方式記錄下那些經驗會非常有幫助。）

注意一下哪些部分似乎對催眠過程有　明，哪些部分似乎干擾了催眠的過程，這或許會有所幫助。比如，漢克分享說，我的聲音共振在他聽來就好像是在自己的內部，給了他一種深刻的「自己不是獨自一人」的體驗。他也描述了在問題（恐懼）與資源（他的女兒）之間有節奏的移動，而這真的很有幫助。每一次當他感到害怕，他的女兒甜美而又傻乎乎的樣子就會把他從一些「恐懼的催眠泡泡」中「彈出來」，這些恐懼似乎真的很年幼，而「催眠波」則給了他一種放鬆的方式，甚至在他面臨恐懼的時候。他很驚訝地發現，「恐懼的泡泡」是那麼深、那麼年幼，同時也對於能覺察到這些感到很感恩。

詢問有哪些**干擾**會揭示出一些諸如內在的批判性對話或者無法放鬆的經驗。每一次催眠都是一位很好的老師，告訴人們自己全部的需要和風格是什麼，所以所有的回饋都應當帶著感恩的心情去接受。比如，批判性的聲音也許會作為一個重要的自我身分的組成部分，然後在後續的工作中納入進來。

回饋也會揭示出，往往最有意義的體驗永遠都不是透過引導者的暗示所引發的；或者一個看起來很小或者微不足道的細節，結果是催眠中最重要的一個部分。這些都不應該令人感到驚訝，因為**在生生不息的催眠中，意識心智的主要任務就是發展並維持一種恰當的條件，讓創造性無意識來帶路**。這就要求過程中的每一步都要仔細的關注回饋，同時願意接受回饋的指引。

## ●將回饋整合到下一輪的循環中

這樣的回饋也會引導後續的工作。比如，漢克同頻到與年輕自己的「恐懼泡泡」的連接，這引發了後來在重新連接並轉化成更年輕的自我時進一步的重要工作。總之，在生生不息的催眠工作中，意識心智成為創造性無意識謙卑而專注的學生。

## ●總結

我們在這裡探索了生生不息的催眠工作的四個基本的步驟：(1)建立正向連接、中心點以及資源的準備步驟；(2)歡迎自我身分的各個部分，並且創造性地將它們編織到催眠的場域之中；(3)轉化和整合；（4）將催眠中的學習整合到現實生活中。這四個步驟有無數種變化，隨著個體持續地經驗、引導和塑造，讓工作得到展開。但是在創造性的編制之中，四個步驟說明了此工作深處的潛在結構。

因此，當情況進展地不順利的時候，它們也為如何繼續提供了一份地圖和評估的工具。如果一個人感覺無法放鬆或者感覺不安全，這說明在準備步驟中核心的正向連接的存在不充分。或者，如果出現僵局，說明沒有囊括某些相關的部分。所以如果你遇到了困難，這四個步驟能允許你去感受在哪裡以及為什麼出現困難，並且建議改善的方法。

第二部分

# 生生不息的催眠法

‖第五章‖

# 「進入中心」
# 生生不息催眠中的身體同頻

你的身體比你最深的哲思還更具有智慧。

尼采

在物質世界裡，包含我們的身體，都是觀察者的回應。我們創造了身體，正如我們創造了世界一樣。

迪帕克·喬布拉

生生不息催眠是一種較高的意識狀態，其特質是一種微妙的正念覺知場域，涵括了所有我們創造的日常經驗的傳統意識內容——包括思想、行為、身體、社會以及所有物質環境。在這樣的狀態中，一種創造性的流動會產生，有如一個在巔峰狀態的運動員，或一個進入深沉凝定的冥思者。時間消失了、憂慮不見了、專注加深了，而一種隨機的、巧妙的智慧會油然而生。

要達到這個較高狀態的主要方法之一，是透過我們的身體，或可稱之為我們的第一個「無意識心智」。身體攜帶並同頻了我們所有意識的歷史，不只是個人的，也包括所有人類的。它知道如何療癒，如

何直覺思考──即Gendlen（1978）所稱的「體會」（feltsense）以及如何關係同頻並和獨特的感受參與其中。

　　不幸的是，身體的智慧卻常會受制於自我意識的神經肌肉鏈結，將身體變成一種被剝削的工具、一種可以規劃的機器、或一種愚蠢又可以被脅迫的動物。在一個日常的工作天裡，我們的身體被早上的鬧鐘驚嚇醒，迅速的被灌入咖啡因並趕忙出門，然後開始充滿擔憂和緊張的一天；到了晚上，它又進入了一種被食物、電視或酒精麻痺的懶散狀態，然後被拖到床上進入夢鄉。身體和心靈的解離變成至高的統領，對身體潛在智慧的信賴與感知世界裡的直接體驗性連接均蕩然無存。那麼，如果大多數人都覺得每天如行屍走肉、恐懼、憤怒、沮喪，又有什麼好奇怪的呢？

　　好消息是，我們每一個人都具有提升到一個生生不息的層面的能力。在那個層面裡，我們的身體會經驗到一種很微妙的、具有療癒力和智慧的能量。大部分的人其實都記得這種身體「流動」的經驗──比如當我們從事於一種美學的活動，像讀到一本好書、聽到一曲美麗的樂章、在大自然中散步，或只是溫柔的擁抱著一個你所愛的人。在這樣的時刻，我們的身體不再是一個自以為是的笨蛋，而是一個充滿了敏銳的智慧，能夠有意義的思考、行動和感受的個體。

　　在催眠的工作裡就是這樣子。在一個傳統的（西方的）催眠過程中，通常接受催眠的身體是下垂而僵硬的，這種身體狀態雖可以讓一個人不受制於其自我的控制，卻常又被催眠師的自我控制來取代。事實上，接受催眠的身體仍和其創造性的本源是分離的。而在生生不息的催眠裡，我們解開神經肌肉鏈結，打開一個量子場域，它「超越而又包含」我們物質性的身體及其經驗。圖表5.1a解釋了在自我身體的層面上，神經肌肉鏈結如何使我們的身體局限在傳統意識之中，脫離

與創造性無意識的連接。這樣的結果就是，人們卡在憤怒、恐懼、解離或倦怠中。圖表5.1b中，我們在生生不息的層面上，有一種精妙體被打開了而這個精妙體就和我們創造性無意識中的量子場域，以及物質身體的意識同時被連接上，因此創造了一種所謂的「身體的身體」現象產生，而使我們的物質身體在本質上有可能同時支援許多不同的狀態。〔註：參見Dale（2009）精彩的綜述性文獻，關於精妙能量／資訊在東方、西方及整合性醫學中的歷史和應用現狀。〕而正因為它是一種微妙的能量，而非物質性的，意味著它是未曾受傷也不可能受傷的。你如何去傷害一道光呢？正因為如此，這樣微妙的場域就為我們提供了一個用於意識轉換的生生不息的絕佳背景。

圖表5.1a　自我的身體自我限制。個體被神經肌肉鏈結鎖進肉體當中，無法觸及量子場域的創造性流動。

精妙體

傳統世界

量子場域

圖表5.1b　生生不息身體狀態裡的「身體中的身體」。個體的中心點向創造
　　　　　性無意識的量子場域敞開，創造出一種精妙體，能自由流動於兩
　　　　　個世界之間。

如果你覺得這一切太過於深奧難懂，就讓我再重申一次，在任何
時候，當我們處在最佳狀態時，這種具身化的整體感和光就臨在著。
在這種最佳狀態中，我們會覺得有一種「更大的臨在」被打開、環繞
並充滿我們，我們必須帶著意圖和臨在，同時接收這份智慧。

在這章節裡，我們將探討如何在生生不息催眠中發展並利用這個
精妙體。我們會先探索身心進入中心點的基本原則，看看它如何帶給
我們專注的穩定，並與一種比我們的思想或行為更基本的觀照臨在連
接。它是一種直覺的頻道，這也說明了，我們將運用不同的生命元素
整合為一種有力量的表達所不可或缺的基石。然後我們會接著探討生
生不息催眠中身體狀態的不同層面。接下來，我們的重點將會放在如
何藉由不斷提高放鬆、專注、音樂性、開放以及身體感覺的層次來達

到這種創造性的狀態。而所有這些討論的核心原則都是——心靈狀態創造我們的現實，所以我們必須藉由達到最高的心靈狀態來創造我們最棒的生命經驗。

## ●生生不息的原則：中心點

有形的步履舞出一個圈，似有似無。

無形的奧秘定出中心點，無所不知。

羅伯特 佛斯特〈奧秘知其妙〉

中心點是一種身心的合一，所有經驗和表達的層次都整合成一個寧靜而有力的正念狀態。我們可以輕易地在表演藝術中發現它的特質，比如舞蹈表演、武術和運動中，同時它也是創造性地領導，穿越挑戰和克服情緒困境所需之最佳表現的核心要素。高效狀態的表演者都知道如何進入中正，也就是在思想的「底層和前面」找到這種非認知性的覺醒點，利用它來穩定、放鬆、並引領創造性的行為。而中心點正是生生不息催眠的核心維度。

中心點的第一個基礎是身體狀態。你會在身體上感受到這個肉體上的中心點，當你和它同頻時，將使你覺得所有的動作都是連接著的，並圍繞著這個中心合而為一。在從事武術或舞蹈這種以動作為主的活動時，它會出現在我們肚臍的下方，剛好也是我們身體真正的中心點（如果你用尺來量的話）。對其他的活動來說，中心可能在心輪，或胃部，甚至是第三眼的位置，所有這些脈輪中心點都沿著脊柱內部的管道排列成一直線，使身體保持左右平衡。

中心點是物質性的，同時也是心靈性的。它不是取決於肌肉的緊

張狀態，而是由一種微妙的覺知自動調整到身體的中央。它能跳脫神經肌肉鏈結，讓一種放鬆而專注的意識在身體中自由流動。

## ●中心點的價值

圖表5.2列出身心進入中心點的重要價值，接著讓我們來逐一討論。

| | |
|---|---|
| 1. 穩定的專注力 | 5. 通往創造性無意識的大門 |
| 2. 平靜的警覺 | 6. 負面經驗的「庇護所」或聚集器 |
| 3. 不帶評判的體驗 | 7. 允許認知／經驗的分化／整合 |
| 4. 連結生命力（氣） | |

圖表5.2　中心點的價值

## ●穩定的專注力

我們需要多方的穩定力來讓催眠工作可以順利進行，而最普遍的方法就是把我們的神經肌肉鏈結固定在一個需要調整的情境裡。我們常常會緊緊抓住一個僵化的信條或觀念（基要主義教派）；或是我們需要個案是以確定的方式存在；或者我們會去假定過去的經驗也一定代表著未來即將發生的事。儘管我們似乎對於為什麼某些人行動的方式總是顯得僵硬化而感到困惑，但是想到這滿足了我們對於穩定的需求，那麼也就不足為奇了。

中心點是一個絕佳的穩定器，因為它是不帶任何情境的，不需要將我們的神經肌肉鎖定在某個情境上，所以你可以向創造性無意識開放，同時帶著穩定而有意圖的注意力，讓創意之流產生許多可能性。

而這些正是催眠工作特別需要的。催眠工作是要釋放被自我身分

過濾器所定義的意識心智，向一個寬廣的創造性無意識網路開放，讓你可以「從任何一處去到任何一處」。透過中心點，即便處於極深沉、湍急的意識之流中，你仍可以保持穩定的覺察與自我連接。

## ●平靜的覺察

中心點能夠同時幫助你安定，又提升你的覺察。當你主要的注意力都安處在身體的中心點時，你不會盲目又緊張地向每天生活中的「肥皂劇」來作回應。這樣的「一點」專注，讓你能和每一個變動的當下作連結，同時帶著放鬆和創意來隨機應變地處理任何事物。

## ●不帶評判的體驗

在這個非二元性的覺察中心點，你不會掉入「善惡兩極」的價值判斷中，而能更直接地感受事物。當然你還是能夠保有辨識力和保持意圖，如同那些高效表現者的中心點一樣。在這樣的狀態中，你不會失去理性和判斷，而是更能直接地同頻於每個片刻的整體裡。

## ●連結生命力

中心點的身心合一狀態，將會使得自我覺察從自我的捆綁中超脫出來，回歸到自然和心靈的原始場域中。這會產生更多**氣的創意之流，以及產生更多**的生命意識裡的一種微妙生命力。而這個過程會強化我們的快樂、健康、療癒以及任何你在這個世界中想要做的事情。

## ●連結創造性無意識的大門

中心點的第五個價值是打開一個微妙的、通往創造性無意識和所有祖先的原型資源之門。當我們不是在中心點的狀態時，我們的神經

肌肉鏈結會把我們鎖在自我的有限歷史中，只有我們過去的經驗。然而中心點卻打開了一個通往創造性無意識量子場域的轉換管道，在那裡，無窮盡的新資源都可以被取用。

　　當我們把中心點想像成一個通往創造性無意識的透明大門時，要仔細地分辨兩個不同的層次。第一個層面是所謂的「空」（不帶任何情境）的管道；第二個層面是在某個特定情境裡的所給予的時間所流經的管道。當我們不在於中心點時，第一個管道就被關閉了。而當在中心點時，我們就可以把注意力安放在第一個管道上，與覺察的第二層面的內容保持正念和創造性的關係。像這種類型的關係，就是催眠和冥想中一再被鼓勵的核心理念「讓它發生」，也就是帶著好奇心來觀照當下的所有一切，因而能產生一種更帶整合、更智慧的回應。

## ●「庇護所」或聚集器

　　中心點的主要（不帶任何情境）空間也能為我們脆弱的、未經整合的經驗提供一個「安全的地方」或「庇護所」。其理念是：要轉換任何經驗，必須先為它提供一個家。我們會看到，在處理問題或創傷經驗時，常被問到的一個核心問題：

　　　在身體的哪一個部份，你最有感覺？

　　這可能先要運用一些基礎的身心安頓方法──包括呼吸、放慢、緊張部位的放鬆等等，以此來連結身體覺察。而這種感受通常都會位在身體的主要中心點，包括心、太陽神經叢，或是胃。〔註：對於身體中心的感受（feltsense）與肌肉反應的情緒內容之間有一個重要的區別。前者是初級的體驗性反應，而後者是對前者的次級反應。

所以，我的胃部可能會出現一種恐懼和脆弱的感受，然後我或許會以讓肩部緊縮、咬緊牙齒的方式來作出反應。我通常會以這些次級感受（如，肩膀緊縮）來回答關於體會的問題。為了與核心的感受連接，我們先要放鬆肌肉鏈結。〕就如我們將會看到的，這種身體感受通常可以慢慢地得到發展，讓我們的負面情緒情境——比如恐懼——也被保持在一個安全的身體的中心內。當那些負面情緒和經驗與一種更正向、更友善的人的臨在相遇時，它們通常就會開始自動轉化。

中心點也可以被用來作為原型（或其他正向）資源的庇護所——比如說，一個療癒性自我或更高的力量。打開生生不息催眠的其中一個價值是，它會提供和正向資源場連結的管道。當一個艱難的經驗產生的時候，我們可以連結到那個資源自我，並且把它放進中心，讓這個意識來保持、接收、轉換所有那些艱難的經驗。舉例來說，有一位叫做瑪麗安的女士想嘗試整合她各個不同年齡的經驗——從非常年幼的時候到青春期——在這個期間裡的情緒特點是：從來沒有感到有人看見自己，總是需要照顧其他人。她覺得不願意、也沒有能力去照顧這個受傷的自我（這就是她想要療癒和釋放的部份）。所以我就建議她，允許一個「更高的意識」作為資源出現。當她被一種深刻的、慈愛的、打開雙手的「聖母」臨在所撫觸的時候，我建議她邀請這個療癒的臨在進到她的心輪當中，允許她受傷的自我被這個臨在擁抱並療癒。這是一個非常具有力量的過程，她發現她可以臣服並信任這個創造性意識中更深的部分。

## ●認知／經驗的分化／整合

中心點允許不帶任何情境的正念覺察本身與覺察的情境分離。也就是說，你可以「和某樣東西共處，但是不需要成為它」。如此，你

便可以正念地注意到所有負面的思想、形象、感覺,而不需要反應認同。這個分化可以允許我們有技巧與這些內容建立轉化性的關係。舉例來說,要是有一種恐慌地感覺出現時,你可以觀照它、打開一個空間來歡迎它,同時帶著好奇心,以一種轉化性的方式來和它共處。

所有以上這些身心進入中心點的建議都是生生不息意識的重要層面。當我們把身體意識和認知意識和諧統一時,它會把兩者都提升到這個生生不息意識層面,使以上那些正面的品質都可以開始出現。當你進入中心點時,你會感受到一種精妙體以及它高超的邊緣同頻的能力,能夠從創造性無意識中接收、保持連接、追蹤微細的意象並置身在一個絕佳的流動中。在催眠工作裡,這個狀態允許你維持意圖、放鬆、身體感覺、獲得資源,從而令你能夠實現目標。

## ●進入中心點的方法

圖表5.3列示了在生生不息催眠裡中心點的三種方法:身體的調整,正向記憶,與負面經驗。我們會依序地來解說這三種方法。

| |
|---|
| 1. 身體同頻 |
| 2. 正向記憶 |
| 3. 負面經驗 |

圖表5.3　中心點的三種方法

## ●透過身體同頻進入中心點

最簡單進入中心點的方法,即是透過一個簡單的身心整合過程,讓我們可以透過以下五個簡單的步驟來啟動這個過程。

1. **往下沉，深入。** 花一些時間，找到一個你覺得最舒服的姿勢，你能夠在這個姿勢下保持放鬆並帶著覺知……當你這麼做的時候，讓你自己不斷地往下沉，並且進入更深……。

2. **將專注點從思考轉到呼吸。** 當你開始不斷往下沉，並且進入到更深時，將你的覺察從思考轉移到呼吸上…….單純注意著呼吸的流動……如何的進……如何的出……如何的進……如何的出……就像海浪一樣。

3. **放鬆你的肌肉。** 當你允許你的呼吸單純的進和出時，你就會慢慢地發現你的肌肉也開始放鬆……從緊張狀態中釋放出來……使你的呼吸能自然地流進……自然地流出。

4. **透過中心軸呼吸。** 當你放鬆身體的肌肉，只是跟隨著你的呼吸時，去觀察你如何可以讓呼吸順著脊柱上下移動……吸氣的時候，讓呼吸在你的脊柱裡往上移動，一直到你的頂輪，然後繼續一直向上到達天空……當你呼氣的時候，去感覺呼吸正緩慢的穿過你的脊柱，穿過你的身體往下移動，一直到臀部，到膝蓋，到腳跟……再一直往下沉，沉到地球的中心。

5. **放鬆並讓你的臀部往下沉。** 〔註：我們可以這樣說，當男孩變成男人，當女孩變成女人，他們的意識會透過臀部下沉。在那之前，他們都活在自己的頭腦裡，感到自己需要取悅別人，讓別人感到印象深刻，並不真的知道自己的力量所在。當他們的重心下沉，一種平靜的根植大地就打開了。〕當你感到這個精微之流隨著呼吸上下流經你的脊柱時，你可以把你的肌肉再放鬆一些……特別是帶著好奇心看著你如何能把臀部整個放鬆，並且降得更低更低……現在你的臀部已經完全的放鬆，完全的敞開，並且向下沉……你可以享受到一種很美麗的身體感覺的

感受，同時你也會感覺愈來愈寧靜、愈來愈活在當下。

所有以上的這些步驟，都可以依個人的需求來做更精細的解釋和修正。當我們透過身體的調整來進入中心點時，也可以把以下的這些對話加進去：

從這個地方讓自己去感受你身體的中心軸、你的中心在哪裡……如果你想要跟你的內在連結……如果你想要從那個內在知曉的地方說話，你的中心會在哪裡？……是在你的心輪嗎？……在你的肚子嗎？……還是在你的太陽神經叢？……只要去感受這個核心的地帶在哪裡。那個會給你一種很深刻的存在感的中心……當你感受到那個地方的時候，把你的手放在那裡……非常輕柔的……帶著覺察的……讓你自己來感覺手和覺察要怎麼樣放在那一點上，可以幫助你更加深於中心點……更多的同頻……

同時，我們還可以評估並監測中心點的強度，如我們在上一章中所談到的自我評估表。在這個表格裡，1代表最低分（「毫無或幾乎沒有」），10代表最高分。問你自己：在1到10的分數中，根據直覺選一個數字來代表你現在中心點的程度。

在面對一個富有挑戰性的任務時，你可以在事前或者過程中運用這個量表。當你覺得這個數字很低的時候，代表你在過裡還需要更多專注在中心點。最主要的概念是，當你進入中心點時，所有好事都會發生；而當你遠離中心點時，所有優勢也將離你而去。

## ●透過正向記憶進入中心點

想進入中心點，也可以連結過去正向經驗。比如過去一個非常深刻的，和你自己以及世界連結的經驗。為了完成這個自我催眠的過程，你可以從我們在上一段所描述的五個步驟開始，再加入以下內容：

現在允許自己開始一段正面的回憶進入到你的腦海……一個你覺得和生命深刻地連接著的時刻……深深的完整……深深的自信……也許是你在大自然中的一個經驗……或者是當你和深愛的人在一起時……或是當你成功達成一個具有挑戰性的工作時。現在就讓這個正向的記憶回到你的覺察裡。當這個記憶重現的時候，輕輕的點一下頭，讓我知道（可以再多加延伸說明一直到個案點頭）……很棒……我要謝謝你的無意識心智，把這麼棒的記憶帶回到當下的經驗中。當你感受到這個舊時記憶時，讓你自己專注在其中並享受每一個感官的細節，將它們吸入，幫助你同頻回到當時的狀態……你會注意到當時是在什麼地方……誰在那裡……你覺得有趣的感覺和細節……讓每一個感官覺察帶領著你在身體裡重新經驗它們……讓每一個呼吸都把這個經驗更深的部份帶到當下此刻，使你能夠開始再一次的感受它們。

經過這樣的邀請之後，你可以詢問你的個案，他／她所經驗的是什麼，而這個經驗在他／她身體上最能產生共振的地方是哪裡，以及目前的感受強弱程度。找到這些經驗的情境，可以提供給接下來的催眠工作非常有用的資訊。舉例來說，如果個案的記憶是在森林裡散步，那這個情境就可以被加入催眠之「歌」中，在催眠裡不同的時段

播放（當我們需要更多正向的生命資源，或需要進入更深的催眠狀態時）。我們也可以請求個案把手溫柔的放在身體的這個中心部位來深化它的強度，並藉由呼吸來發展出一種更大的協調感。自我評估的方法也同樣可以被用來修正或確認個進入中心點的程度。

## ●透過負面經驗進入中心點

進入中心點的第三個方法是透過負面經驗。所有人的生命中都存在著負面經驗，因此當一個人在有意義地探尋內在自我時，願意並且能夠有效地運用這些負面經驗來達到正向目標，包括中心點，是非常重要的。

通常一個人的負面經驗會被神經肌肉鏈結鎖在中心點內，從而關閉了創造性生命之流，迫使他遠離中心而活。我們上面提到的經驗建構的雙層次理論在此也同樣適用：當一個生命需要新的資源（在自我狀態中無法獲取）時，創造性無意識會啟動它核心的原型模組，並透過中心的傳輸管道將其傳送出來。當它們進入到世界之中，與人性的臨在相遇，或是與個體的臨在或者是別人的臨在相遇。如果相遇的方式是負面的，這個核心經驗就會帶著負面的形式和含義被固定在身體的中心內。（要記得，在創造性無意識中，任何核心能量或模組都有其無盡的含義，但是卻會因人類和它連接的方式而形成某一特定的形式）。在這個情況下，一個人會覺得和他的核心分離，並害怕去完全放鬆或開放，因為那就會有某種可怕的（往往是原始的）命運降臨。這也是為什麼世上有這麼多人都遠離他們的中心而活的主要原因。不幸的是，這就意味著每一次個體投入到他們生命中的那些區域中去的時候，那些未經整合的負面經驗常會自動開啟。所以重點是在我們要能看到，這些負面的經驗被困在中心，關閉了我們所打開的管道，把

我們嚇得遠離核心意識而活。

因此，如果我們願意並且能夠有技巧地處理我們被鎖在中心的這些受困的能量，巨大的轉變就可能發生。當我們這樣做的時候，最重要的就是去瞭解，**這個主要的連結是通往我們毫髮未傷（也不可能受傷）的生命核心。**所有這些負面經驗的表象——恐懼、痛苦、憤怒的內容——事實上都是過去被制約的負面人性關係歷史的重現。但是此內在能量也意味著有一種未受制約的靈性之光正在核心裡活動著（如果不是這樣的話，世界上就不會有受苦這件事，而只剩下對外在世界的不公義完全被動的屈從而已）。所以我們訓練自己，不被表面的情境所「催眠」，而是與內在正面的生命力共振。

---

1. 這很有趣

2. 我敢肯定這是有意義的

3. 有一些東西正試著要療癒或覺醒

4. 歡迎

---

圖表5.4　與負面經驗互動的「關係咒語」

我們需要不斷地用正向並且充滿敬意的好奇心對待每一個和我們身體中心連結的經驗，不管是正面的還是負面的。圖5.4中列出四個在這方面很有幫助的核心「關係咒語」。（我所指的是，一個字或一段話，當我們在心中不斷重複默念時，會以轉化性的對話方式來明我們）。〔註：mantra的詞源詞根來自於梵語的man，意思是「思考」或者「與心靈有關」，而tra意思是「器械」或者「工具」，字面意義的翻譯就是「思考的工具」，或者一些可以改善心靈品質的東

西。〕以下是一位女士如何透過「恐慌」來進入中心點的簡單案例。

亞莉珊卓：我總是很難放鬆，我覺得如果我放鬆的話，會有一種**恐慌**的感覺產生。

紀立根：（深吸一口氣，放慢一些）：這很有趣……我敢肯定這是有意義的。（輕輕的眨了一下眼）所以當你放鬆的時候，這個所謂的這種恐慌的感覺就會跑出來……是這樣嗎？

亞莉珊卓：是的。

紀立根：很有意思……我很好奇……妳是在身體的哪個部份特別感覺到你稱之為**恐慌**的這個感覺？

亞莉珊卓：（手觸摸著她的心和胸口）這裡。

紀立根：（停頓了一下，呼吸，在身體上尋找並感覺跟亞莉珊卓的心輪相應共振的地方）謝謝你讓我知道它在哪裡〔註：用「他」或者「她」這樣的成為往往很有幫助，可以將未經整合的負面經驗的意義從非人性化的「它」這樣一種傳統心理治療的語言轉換為人性化的「你」。其理念是，每一種負面的能量都代表著一個被詛咒的靈魂存在或者個體的一個部分，透過賦予其人性的價值，可以把它轉化為正面的形態。人稱的轉換在這個方面裡會有幫助。但是如果對某個人而言這樣說話過於奇怪（使用這樣的語言說話也確實需要技巧），也可以有其他的替代方式，例如：「你有一個部分感到「X」或者「你內在有一個臨在感到充滿了「X」的感受（如，憤怒）。運用第三人稱也將此經驗性的部分與自我觀察區別開來，於是可以更容易地找出一種完全而好奇的關係。」……假如是以1到10的數字來說，1代表最低，而10代表最高，你覺得這個**恐慌感**大概是多強？

亞莉珊卓：大概8。

紀立根：8……很有意思……我現在想和在你內心的那個感受說

話，歡迎（溫柔的聲音）……歡迎。我很高興你加入了我們（停頓一下）。當我說這句話的時候，妳注意到什麼？

亞莉珊卓：似乎很矛盾。有一部分似乎冷靜下來了，而另一個部分卻覺得更擔心了。

紀立根：一個部分更冷靜，而另外一個部分更擔心了。**我敢肯定這兩個部分都是有意義的，我也相信它們都有很深的完整性**……現在，當我說這句話的時候發生了什麼？

亞莉珊卓：好像又更平靜了一些。

紀立根：很棒，現在又更平靜了一些。（深吸一口氣，緩慢下來，安靜的和個案同頻）不管現在在妳的心和胸部感覺到的是什麼，我很誠心地邀請它來到我們的談話當中，因為我敢肯定對妳來說它有非常大的完整性和重要性。所以再一次的……**歡迎**……現在正在發生什麼？

亞莉珊卓：我內心覺得很寧靜……

紀立根：很棒……謝謝妳和我分享這些……也許妳會想把手放在心上面……就這樣子慢慢地花一點時間來**享受這份寧靜，深深地往妳心的中心呼吸**……我能夠感受到妳在那兒擁有這麼多的智慧……這樣的纖細敏感……這麼多的愛……它們需要得到理解……保護……傾聽。在妳心的中心擁有這麼多美麗的智慧，你不覺得是一件很棒的事嗎？

亞莉珊卓：是的。

這個簡單的案例說明了如何去利用中心點和正向的好奇心，把負面的身體經驗核心轉換成正面的形式。當然，這需要技巧性的去運作它，也需要高度的敏感性和靈活性。舉例來說，有時候你只能夠花一點點時間去碰觸這個負面經驗，然後就要把注意力轉換到正面的焦點

上（比如一個愉快的經驗，使我們的心不至被過份負擔。但是溫柔而小心地把心朝向正向的內在核心調整，會讓我們的心中的蓮花再一次朝存有的世界開放。

在所有的生生不息催眠工作裡，關係性的同頻和溝通中的音樂性共振是最重要的。不論你是為自己還是為別人做，設定意圖都是要同頻地加入臨在核心之中。它這樣所產生的邊緣共振，就成為我們在每一個當下的主要內在指引。當共振增加，就朝這個方向前進；當共振減少，就放掉這個方向，再去感受另一條更好（更共振）的道路。

## ●生生不息催眠的身體狀態

只有經由我們身體感覺，透過感官系統才能夠覺察出我們的真實存在，「真我」的臨在才能夠被喚醒。

喬治・葛吉夫

我們可以把生生不息的身體心智的精妙體，看作是一個量子場域，充滿了各種不同品質的能量在其中共舞。圖表5.5列舉出生生不息催眠達到最佳狀態的五個基本身體元素。

| | |
|---|---|
| 1. 放鬆 | 4. 開放 |
| 2. 專注（集中注意力） | 5. 身體感覺 |
| 3. 音樂性（節奏和共振） | |

**圖表5.5 生生不息催眠身體狀態**

　　第一個元素的重要性也許是不言而喻的：如果我們沒有辦法達到相當程度的**放鬆**，創造性的意識是不可能出現的。在與一些優秀運動員的訪談中有一個有趣的現象產生；當他們被問到在一個激烈競爭之前或是在過程中時，在他們心裡都在想些什麼，大多數人都回答，當時他們心中什麼也沒想，只是盡量地放鬆、試著進入某一種節奏感中。這裡所謂的放鬆，當然不同於我們通常在酒吧裡看到的酒客，或癱在電視機前看電視的樣子。生生不息的放鬆比較類似一個創造性的表演者，是一種非常中心點的放鬆，帶著高度的覺察。

　　第二個元素是**經驗性的專注**：為了具有創造力，我們需要非常集中注意力。但很不幸的是，催眠常常被誤認為只是一種放鬆，所以很多人常會覺得只要把自己完全地放鬆到流口水，好事情就會發生。並不是這樣的。一個生生不息催眠的過程需要在放鬆和專注之間找到一個很好的平衡點。**創造性意識的主要特點是能在沒有神經肌肉鏈結的狀況下思考**，放鬆且專注地打開這種創造性流動的經驗。〔註：有一點很有意思，米爾頓‧艾瑞克森的小兒麻痺症導致他在青春期的最後幾年，最能吸收知識的時間裡癱瘓了，於是迫使他學會了不帶肌肉緊張的放鬆思考。對大多數人來說，這樣的方式指的是「無意識心智」，我相信，對他而言是主要的心智或者有意識的心智。〕

　　生生不息的催眠也具有音**樂性**，各種不同層次的節奏、共振、流動性和頑皮，在生生不息的催眠中，你必須能夠創造性地流動於各種不同經驗的可能性裡頭。固定在單一的觀點角度裡，絕對是催眠進行時的致命傷。你需要時時保持靈活、悠游於催眠經驗的迂迴曲折中。

　　保有頑皮的感受是十分重要的，如果沒有很好的幽默感，要在嚴肅地生活中生存下來就太難捱了。如果不帶著玩耍的心情，是很難產生創意的。有趣的是，米爾頓‧艾瑞克森大概是我所知道最頑皮的人

了，特別是他在治療的時候。他很喜歡開玩笑，也喜歡玩弄文字，更喜歡藉由各種驚奇和轉折將意識帶入一種高度的創意遊戲當中。他常常說，大多數的病人前來尋求治療都是因為他們太過於僵硬，所以我們的主要工作，就是幫助他們不再那麼僵硬。所以，流動性和頑皮性是這個過程中非常重要的元素。

生生不息地身體狀態中的第四個元素就是**開放**。也就是說，我們身體的注意力是向外放射的，注意力不會在任何地方停滯。這剛好和大多數人在有意識的思考時的神經肌肉鏈結運作方式相反。在表意識思考的時候，我們的身心通常都會集中到一個專注的物件上。但是，透過讓外圍場域變成為主要地位時，我們就不會被鎖定於任何意識的情境之中，於是我們就可以保持與創造性無意識的連結。

最後一個元素是**身體感覺**。為了將創造性流入負面情緒經驗，感受到安定並且連接大地是很重要的。特別是當你流經不同的思維體系，將自己朝向過去各種經驗性圖像之流開放也很重要。打開身體感覺讓你可以覺察所有發生的事，而不至被神經肌肉鏈結所困。

## ●身體狀態混搭模型

我們的身體是我們的花園，而意志是園丁。

　　　　　　　　　　　　　　　　　　　　　　　　　　莎士比亞


健康是放下嘗試著不去愛身體的後果。

　　　　　　　　　　　　　　　　　　　　　　　　　《奇蹟課程》

　　包括中心點的五個元素，是生生不息催眠狀態的身體基礎。一個創造性狀態的產生，就是這五個元素：放鬆、專注和諧共振、開放，和身體感覺的最佳組合。為了達到這個目的，我們在第四章所介紹的一種自我評估的方法，也可以運用到這個過程中，我稱為**身體狀態混搭模型**。在圖表5.6裡，每一個表象範圍都代表了一個參數，可以從1到10去做調整。我們可以運用在第四章裡所介紹的自我評估方法。任何其中一個元素（比如**放鬆**）都可以藉由識別目前的臨在和希望達到的水準，來要求我們的創造性無意識幫助它從前者轉換到後者。

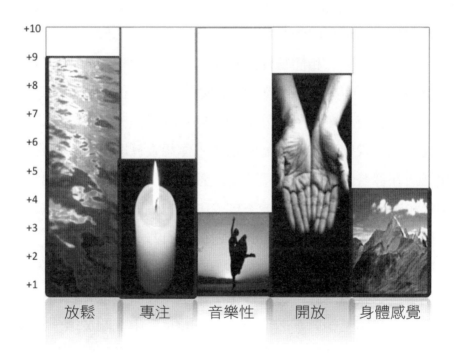

**圖表5.6　身體狀態混搭模型**

　　再說一次，小小的改變（通常1到2個點數的增加）通常比一個大的改變更有好處。我們寧願要最佳的狀態，而非最大的數值。所以在我們從事某些工作時，放鬆分數6~7比10要好。同樣的，當我們面對一個比較需要高挑戰性、比較嚴肅的工作時，頑皮的指數達到10又可能太高了。所以，每一個人都可以找尋某件工作最佳狀態的指數。

　　對生生不息催眠工作而言，身體狀態混搭模型可以用不同的方式來運作。圖表5.7教你在生生不息催眠中靈活運用這四個步驟。


## 第一步：準備

　　我們將從三個正向的連結準備工作開始。這三個正向連接是：中心點、正向的意圖，和體驗性的資源。這三個連接的次序可以隨意調整。舉例來說，有些人可能從目標開始，有些人從中心點開始，另外一些人可能從資源開始。另外我們可以在這三個不同的連結之間轉換——比如說，我們可以從意圖開始（「你想要什麼？」），然後到中心點（「在你身體的哪個部位感受最強烈？」），然後再回到意圖，像這樣子來回轉換。重點在於不要受限於一個固定、僵化的模式，而是依據每一個人不同的狀況而展開它獨特的方式。

　　當一個教練跟個案工作的時候，兩個人都需要進入到這種生生不息的狀態。也就是說，不管教練指示個案做什麼，他／她自己也必須同時覺察到身體上相對應的部份。在下一章節中，關於這一點我們會做更深的探究。這樣的作法會把催眠帶向一個互動的關係場域，使引導催眠者在過程中能平等地扮演觀察者和參與者的角色。以下是一個很直接的例子來說明這個過程。個案是一個想要改善婚姻狀況的男士。在短時間的社交寒暄後，我們就開始催眠的準備步驟。

第一步：準備

    a.中心點

    b.設定意圖

    c.邀請資源

第二步：透過個案的資源來發展生生不息催眠

    a.選擇一個維度，比如：放鬆，並且確認目前的程度（1—10 量表）

    b.建議在強度上少許增加

    c.邀請個案閉上眼睛，瞭解它是怎樣發生的，（透過意象或記憶等。）

    d.當分數增加時，建議做一個簡短的、探索目標的催眠

    e.在第二個維度重複以上的步驟

第三步：轉化

    a.圍繞著目標創造性地編織經驗

    b.整合

第四步：回到外部世界

    a.未來導向（想像自己實現了目標）

    b.誓言／承諾

    c.感恩與感謝

    d.重新定向

    e.回饋

圖表5.7　身體狀態的自我評估

紀立根：那麼我們現在可以開始進行了嗎？

亞倫：聽起來很好。

紀立根：好，現在讓我們都花一點時間去安頓下來，並進入我們的內在……讓我們找到一個很舒服的姿勢，放鬆但是保持覺察……伸直脊柱，放鬆肩膀…做幾個深呼吸……往下沉並且進入更深……將我們的社交表現的面向轉化至內在的核心……就是這樣……非常好。

接著從內在非常深的連結處，讓你自己與今天這個催眠裡想要達成的最有意義的目標同頻。我建議你用以下這種形式──「在生命中我最希望得到的是____」然後用五個字或者更少的詞語來描述這個目標。

亞倫：（停頓了一會兒）我希望成為一個幸福的人。

紀立根：很棒，你想成為一個幸福的人……（停頓、呼吸、在身體上同頻）。現在，你已經覺察到你渴望的目標。那麼你可以去想一想，在你目前生活中的哪個方面裡，這個目標是最具有意義的。可能會有很多個方面，但去尋找那個最重要的、最能夠幫助你產生幸福的領域。

亞倫說（簡短停頓）：我的婚姻。

紀立根：很棒，很好……（停頓，調整共振）。當我聽到你這麼說時，我的內在感受到一種很深的共振，你似乎也有相似的感覺……是嗎？

亞倫：是的。

紀立根：太棒了。謝謝你和我分享這個你生命中如此重要的部份。

亞倫：不客氣。

（當我們接觸到一個共振點後，約三十秒鐘靜默的同頻發生著。

當我們感受到關係場域連結時，這個簡單的停頓會深化我們共用的催眠場域。）

紀立根：現在我們要進行第二步，我要請你把你的眼睛閉上，花一點時間找到你內在最深的核心，你在那裡能夠創造婚姻幸福的因素。現在你可以暫時放下對於婚姻的思考，只要讓自己閉上眼睛……**很好**……呼吸……**非常好**……放下……**非常好**……讓你自己沉入過去曾和內在智慧深深連結的一個經驗中，帶著正向的意圖，很棒的感覺……讓自信和智慧的經驗流向你……當你感受到的時候，可以做個深長的呼吸，把眼睛張開，讓我知道你找到了什麼……

（30秒鐘的靜默後，亞倫做了一個深長的呼吸，並睜開他的眼睛）

亞倫：這很有趣，我想起了和我母親的一段對話。我母親去年才過世。那時她病得很重，但我們有非常棒的連結和對話。

紀立根：哇哦，聽起來是一個很強而有力的經驗……讓我們再針對這個做一個深長的呼吸……（短暫的靜默，同時進行關係同頻的呼吸）很棒，謝謝你……在你所回憶起的片段中，發生了什麼事？

亞倫：我母親告訴我，我能做任何想做的事，能成為任何想成為的，只要它們能讓我幸福……（眼淚慢慢的滿出來）

紀立根：非常好，謝謝你和我分享這些……現在帶著這個記憶，花一點時間來做幾個深呼吸……感受這個記憶重現在你身體中最深的部份……同時去覺察你身體中最能感受這個經驗的核心部位……單純的呼吸……單純的覺知……現在這種充滿自信而又正向的感覺位在你身體的哪個部分？

亞倫：（撫摸著他的心）這裡。

紀立根：是的，我能看到那個非常深的經驗現在正聚焦在你的心

輪。現在，把你的手放在心上面久一些，試著找到方法持續地深化它……深化你和身體中心點的連結……很棒……非常好……

（當亞倫專住在他自己的中心經驗時，我也緩慢下來、打開我心中的一個空間、同頻共振、更深地和他連接。）

現在從1分到10分，你覺得你此刻中心點的程度有幾分？

亞倫：10分。

紀立根：10分……太棒了……那麼順便問一下，你覺得你現在感覺你和你的目標，也就是在婚姻中找到更深的幸福這個目標的連接和承諾達到了幾分……

亞倫：大概5分……（停頓）哇，這有點讓人驚訝。我以為會更高一點的。

紀立根：大概5分……很好！現在它是5分，誰知道等一下它又會變成幾分呢？但是不管怎麼樣，知道你能感受到和內在經驗相關的程度……不論何時、何地……你不覺得是一件很棒的事嗎？

亞倫：是的，真是這樣……

紀立根：現在你會不會有興趣往內再走深一些，來發現你可以如何和目標再多連接一些——可能1到2分——足夠讓你感覺到進入內在更深處，你覺得這會是一件有趣的事嗎？

亞倫：是的……

紀立根：好……當你準備好的時候，閉上眼睛，做一個深長的呼吸……很好……一個很棒很深的呼吸……把一切都放下……當你放下一切的時候，你可以讓內在創造性自我開始把任何意象、記憶、人物、地方、象徵、顏色傳遞到你到意識中……這些會幫助你去跟你的目標做更深的連結……也許到6分……或者7分……只是單純地去觀察你的內在自我，它是如何來呈現你去達到這個目標。

（亞倫開始微笑）

你覺察到什麼？

亞倫：很奇怪，我感覺像個孩子一樣在玩耍。大概是九歲或十歲的樣子。然後我看到我哥哥告訴我說，我應該更嚴肅一點。我回想起來是我當時在想，不要，我還想玩……（微笑更深了）**我需要玩**……然後我就繼續在院子裡和我的狗玩耍。

紀立根：當你幫你自己調回到那些記憶的時候，你能夠感覺你目前關於意圖的強度嗎？

亞倫：8。

紀立根：8……太棒了……現在你已經發現，當你需要增加對目標連結感的時候，你可以請求你的創造性無意識來幫助你。你看，現在它正在幫助你，幫你帶回一個很長久以前早就被遺忘的一個快樂記憶，在這個記憶中，你知道你需要玩……現在你的意圖程度是8，那你和中心連結的程度怎麼樣……你母親說「你可以做任何讓你自己快樂的事」……你覺得現在和你的中心連結的程度是多少？

亞倫：10。

紀立根：10……太棒了……現在，我們除了要慢慢發展和中心以及正向意圖之間更深的連結之外，我還要確認你也同時和這個世界中所有能幫助你生命旅程的資源都連結著……當然，資源可以有許多不同的型態……現在閉上眼睛，做一個深長的呼吸……進入中心點……感受你的目標……請求你的創造性無意識將所有能幫助你在這奇妙人生旅程中找到婚姻中更深刻快樂的資源，帶入你的覺察中。這個資源可能是一個家庭成員……或是一個朋友……或是一個老師……也可能是大自然中一個特殊的地方……一隻動物……一個靈性的存在……祖先們……去覺察什麼東西出現了……你開始覺察到了什麼？

亞倫：這很有趣。我首先看到的是夏威夷的海浪……（微笑）……看著這些海浪，我感受到一種很棒的自由和快樂……我也不知道為什麼……它就這樣跑出來了……

紀立根：很棒……夏威夷的海浪……你玩衝浪嗎？

亞倫：（微笑）是的，這是會讓我感到最快樂的事情之一。

紀立根：很棒。現在你的創造性無意識正在幫助你把快樂的夏威夷海浪帶進你的婚姻中……這不是很有趣嗎？（微笑）

亞倫：（微笑）是的，真是這樣。我也不知道為什麼，但我感覺這很重要。

紀立根：很棒，你覺得夏威夷的海浪很重要。還有別的嗎？

亞倫：是的，我開始覺察到一些我太太和我在我們第一年中的記憶。我們經常會有一個很長的、很棒的關於我們人生的談話……我們想要做什麼……我們想要在一起並支持彼此人生的旅程。」

紀立根：很棒。所以現在你和你太太在早期的關係也到這兒來拜訪你，太棒了。我也想跟它們說：**歡迎……歡迎……亞倫和伊莉莎……謝謝你們來加入這個旅程。**（停頓）當我這麼說時發生了什麼事？

亞倫：我覺得它們的存在更加深了。

紀立根：在這個場域當中，你在哪裡感受到他們？是在你身體中嗎？在你的頭頂嗎？在你後面？去覺察在哪裡你感受到這些重要資源的臨在。

亞倫：這很有趣，我覺察到他們在我的右肩膀上。

紀立根：好，很有意思。（看向亞倫右邊肩膀的方向，並且輕輕地揮揮手）歡迎，謝謝你們出現在亞倫的這個旅程中，來引導亞倫，幫助尋找婚姻中更深刻的幸福。現在你感覺那些資源的存在有多強？

亞倫：大概8或9。

紀立根：8或9……很棒……現在在結束我們的準備步驟之前，我想請你把你的眼睛再閉起來，再做一個深長的呼吸……往下沉……進入你的覺察和存在的最深處……

然後首先與你的目標同頻……**我想要有一個幸福的婚姻**……**我想要有一個幸福的婚姻**……**我想要有一個幸福的婚姻**……然後，去覺察你和中心連結的程度……**很好**……**非常好**……

當你感受到和核心目標的正向連結時，也讓你自己感受到和中心的連結……（亞倫用手撫摸著他的心）……**很棒**……從你的心輪中呼吸……同時覺察在1到10的尺度上……享受你可以自由的移動這個尺度的感覺……單純的去感覺你和中心的連接……很好……

當你感受到和你的目標及中心有一種深刻的正向連接時，也同時讓你自己去感受生命中不同的、能夠支持你的資源……包括鼓勵……保護……正面的例子……所有能幫你實現這個想要深刻幸福婚姻的意圖……然後去覺察誰出現了……也許是夏威夷的海浪……也許是你的母親……也許是年輕時候的你……帶著好奇心去找到那些能夠提供支援的創造性資源……非常好……很棒……

最後，花一點時間自由地在這些正向連接中去移動……**目標**……**中心**……**資源**……一直到你能感受到他們都交織在一起……成為你人生旅程的一個很棒的基礎……

然後，從那個整合的整體中，花一點時間來覺察在這個過程當中，什麼是你最重要的學習……什麼是你能帶到未來人生旅程的基本學習……

從這個覺察的當下……或許你願意來做出一個簡單的誓約……一個神聖的承諾……關於你將如何來參與你的婚姻……小時候，我

們通常會發負面的誓⋯⋯比如說我們不想成為誰⋯⋯不想發生什麼事⋯⋯長大後，發現我們可以做出正向的誓言、正向的承諾是一件很棒的事⋯⋯我們將會怎樣去過我們的人生⋯⋯我們會在關係中如何自處⋯⋯如何和別人相處⋯⋯所以現在，花一點時間來感知你現在被呼喚著要去做出的是什麼誓言⋯⋯然後再花一點時間來對你自己和生命中的其他人表達感謝⋯⋯那些曾經支持過你旅程中重要的部分的人⋯⋯當你準備好的時候，做一個深長的呼吸，然後回到我們這個外在的世界來。

（亞倫睜開眼睛，微笑著）

紀立根：嗨，歡迎回來⋯⋯

亞倫：謝謝！

亞倫事後分享了他是如何的在這個過程中經驗了一些非常深刻的連結。他對於過程中所呈現的意象表示驚訝（比如夏威夷的衝浪），也被早期婚姻關係中的那些親密的回憶深深感動。

我們在這兒這麼詳細地解說這些準備步驟，因為它們是生生不息的改變中很重要的前期工作，能夠發展並維持這三個重要的連接通常可以保證令人滿意的結果，雖然有時候這些連結也很容易斷掉。因此，持續地觀察並維持這些連結是至關重要的。再一次，我們需要不斷地在兩個層面上追蹤：其一是過程中的情境（也就是如何創造出我們所想要的改變），其二是這個過程發生時的潛在狀態。任何對這個潛在狀態的干擾都會降低它的效果，而這正是我們進行生生不息催眠的主要目的：打開一個創造性的狀態，我們能在其中正向地應對困難的挑戰。這也是為什麼我們把更多的注意力放在這個潛在狀態的品質，而非其情境上。

## 第二步：透過個案的資源來發展生生不息催眠

一旦這些準備步驟完成之後，生生不息催眠就可以更進一步，把我們身體狀態混搭模型中的各種元素來做優化。我建議我們從放鬆開始，因為它會為其他元素奠定一個基礎。在大約一小時的催眠過程中，我們通常只有一點時間來進行另外一個元素。我們會根據當時的情境來選擇哪個元素對個案最有利。舉例來說，頑皮可能會對一個非常嚴肅的個案很有用。而對另外一些比較衝動型的人，專注的練習可能比較適合。當然，我們也可以詢問個案覺得哪一種元素對他們對狀態的說明最有幫助。

身體狀態元素優化的過程與我們剛才所進行的準備步驟非常類似。

紀立根：那麼亞倫，讓我們再次把注意力放回到如何幫助你的婚姻找到更多幸福這個很棒的主題上。

亞倫：好的。

紀立根：現在再花一點時間讓自己沉澱下來……往內走……讓你自己再一次感受所有那些正向的連結……中心點……對了……和幸福婚姻的正向意圖連接……很好……和你的生命資源連接……海浪……沙灘……美好的回憶……夏威夷……其他更多的……當你和這些都連接好時，你可以輕輕地點一下頭讓我知道……

（亞倫大概在二十秒之後輕輕點了一下他的頭）

紀立根：很棒，謝謝你。現在，在我們正式開始去尋找更多的婚姻幸福之前，我要確認你是在你的最佳狀態，和最好的你以及你能成為的人連結著……去達到那個最佳狀態的重要元素之一，就是深深的放鬆，放鬆到足夠讓深刻的學習經驗進來。這能理解嗎？

亞倫：是的，理解……

紀立根：很好，為了找到你最佳的放鬆狀態，讓我們從你目前放鬆的程度開始。就用我們剛剛用過得1到10分的衡量尺度，1代表最低，10代表最高。現在，我希望你做的是，跟你自己的內在狀態同頻，去觀察你的放鬆程度，讓那個能夠代表你目前放鬆程度的數字出現在你心裡。讓它自動地呈現，你不需要花任何努力去思考它……

亞倫：數字6在我心中出現了……

紀立根：很棒，6。知道你可以在任何時間、任何地方瞭解自己放鬆的程度不是很棒的一件事嗎？

亞倫：（微笑）是的，真的很棒……

紀立根：你認為如果我們能把你的放鬆程度再增加一點點，會不會滿有意思的？也許1到2的數字——**足夠發展更深的放鬆狀態，從而讓你的創造性無意識開始正向的新改變。**

（亞倫點頭）

紀立根：不需要太多。（微笑）你可以把10分留到其他時間。目前只需要足以**讓我們進入生生不息的催眠狀態，使正向的改變能夠開始發展就好。**

亞倫：我想那會很有趣……

紀立根：好，現在，當你準備好的時候，你可以**閉上眼睛，做一個深長的呼吸……當你深深呼吸的時候，**讓你的創造性無意識開始帶進任何意象……記憶……歌曲……連接……感覺……象徵……任何能幫助你多放鬆一點點的東西……**只需要足以開始我們創造性的催眠—轉化……**

（三十秒的靜默，讓這個過程緩緩展開。在進行的時候，教練必須同時是觀察者也是參與者，並對這個共有的場域保持完全的覺察）

現在什麼數字出現你的心中，能夠代表你目前的放鬆程度呢？

亞倫：8。

紀立根：8……太棒了……知道你在任何時候、任何地方都能加深你放鬆的程度是不是很棒啊？……你注意到什麼經驗性的連結嗎？

亞倫：我感覺身體上有一種暖暖的感覺，我看到一隻獅子的形象躺在草原中……（微笑）我很驚訝，但是我感覺很深刻也覺得很有趣……

紀立根：很棒。當你要求你的創造性無意識來幫助你放鬆時，它帶出一種溫暖的感覺和一個獅子的意象。

亞倫：是的。

紀立根：這很有趣。

我們接著用頑皮的元素來重複這個身體狀態混搭過程，選擇這個元素是因為亞倫是一個過於嚴肅的人。逐漸地，透過他的創造性無意識所帶出的，在游泳池中潛水，和Do the Hunky Poky這個美國童謠的意象，他的放鬆程度從3增加到了7。（再次注意到，所有這種經驗性的催眠轉換都源自於個案自身的創造性過程。）

## 第三步：轉化

前面的兩個步驟(1)發展正向連接和(2) 身體狀態的優化創造了一個生生不息的催眠場域，在那裡，新的大腦地圖能夠被創造出來。在第三章中，我們曾談到這個狀態到「宇宙」（COSMIC）維度：中心點、打開（正念）、微妙的覺知、音樂性、意圖（具正向的）和創造性參與。在這個創造性的場域中，許多不同自我身分元素可以一再地被混合，成為一個新的自我身分曼陀羅。〔註：我相信這就是艾瑞克森的意思，他把治療性催眠描述為一種經驗性的狀態，個體在其中能夠認出並重新整合成學習經驗，從而更好地反映出他／她目前生活中

的需要和能力。〕其中一些最重要的元素包括：⑴正向的未來目標，⑵資源，以及⑶相關的記憶和信仰。是否所有元素都是正向的並不重要，因為生生不息的狀態會打開一個非二元性的、超越所謂「好或壞」的場域。不過，不同層次的能量要彼此平衡是很重要的，就像一首樂章、一本好書、一個舞蹈一樣。

以下是我邀請亞倫經驗這個轉化過程的案例：

現在，允許自己更多地釋放出來，進入一種創造性的狀態中……感受到你的中心……記起你的意圖……無窮的資源不斷地流進來……你能夠感受到你婚姻中各個不同的部份……你對它的瞭解……它的歷史……它所有相關的層面……這些都開始不斷地旋轉、旋轉……進入一首美麗的催眠樂章中……你耳中聽到的音樂……你眼中所看到的音樂……未來所展現的音樂……不同的音符與和弦……和諧的與不和諧的……形成新的和諧樂章……不同的記憶……每一個都代表了這首交響樂章中的一個音符…不同的感覺……每一個都代表了其中不同的音調……進入時間中……進入呼吸中……進入中心……進入很深的催眠狀態中……相愛的時光……恐懼的時光……美麗的珠寶……舊的創傷……都在時間之流裡浮游著……全都以不同的節奏閃爍著……展開來……折起來……再展開來……**重新**形成一個新的親密意象……現在和未來……

當你繼續不斷去感覺相關的意象時……記憶……信仰……需要……意圖……關於你的婚姻……每一個都反射出不同的光……每一個都彈奏著不同的音調……所以現在，你可以讓你自己再往內走得更深一些……深入到足以讓這個催眠型態把所有不同的經驗層次都整合起來……讓它們連結成一個新的圖案……一個新的曼陀羅……一個很棒的正向婚姻的新意象……做一個深長的呼吸，現在就讓這些意象開

始整合！

在這幾分鐘的整合時間中，所有溝通都是為了來支持整合發生的空間。任何溫柔的、支持性的建議都可以給出─比如說：「就是這樣」，「一個深深的整合」，「一個新的從內產生的圖型」等等。經過幾分鐘的整合後，我們就可以進入最後一個步驟。

## 第四步：回到外在世界

我們利用上述的第三個步驟來創造出新的自我身分地圖，以此作為創造正向未來的基礎。第四個步驟則是把這個地圖再向外延伸到世界中去。以下是亞倫如何完成他第四步驟的簡短案例：

## 未來的方向

當你享受著今天我們在這裡所創造出的新改變時……去感受一個新的、更正向的婚姻關係……現在，花一點點時間，讓你自己慢慢的走向幾天、幾個禮拜、或幾個月之後……繼續往下延伸……期待未來……你看到一個美麗的光正帶領著你往前走……你可以允許自己的一個精妙體，一個想像中的自我意象往前移動，穿過時間，進到正向的未來……也許是幾個月之後……你可以感受到這個未來亞倫的意象……你可以看到他……可以感覺到他……可以享受到他正在享受的他的婚姻……幸福的感覺……你也可以看到他沿著時間回顧，向你招手……向你連接……召喚你……指引你……和你一起走向甜美幸福的未來。

## 誓言和承諾

當你看到那個正向的未來……你感受到一個深刻的體驗性的改

變……你感受到一個幸福的婚姻對你的生命具有多麼深刻的重要性……現在，你可以花一些時間來觀察，你想要對自己說出什麼簡單又深刻的誓言……你想要對你的婚姻做出什麼簡單的承諾……在你內心深處……在你靈魂深處……一個簡單的、深刻的、正向的誓言……你想要如何活出你的生命……你想要如何經營你的婚姻……你想要如何在這個世界中成長。

## 感恩

　　現在去感受你今天在這裡學到了什麼……對今天、明天和未來的生命你瞭解到什麼……你瞭解到去實現一個幸福婚姻的可能性和對它的承諾……讓你自己單純地去感受有誰是你在這裡想要深深感謝的……對誰你心中帶有無比的感恩……他們幫助你活出幸福的婚姻……也許是你自己……也許是你太太……老師們……朋友們……去覺察有哪些人是你想要感謝的。

## 重新定向

　　當你準備好的時候，做一個很棒的、深長的呼吸……睜開眼睛……再次回到這個外在的世界來。

　　這是一個身體狀態混搭模型方法的案例，其中含有無窮變化的可能性。每一個催眠過程都是獨特的，每一個當下都可能帶出令人驚訝的、預料之外的發展—而這正是創造性過程的特質。重要之處在於，中心點和身體同頻是所有生生不息的催眠中不可或缺的部分，而身體狀態的混搭模型是一種非常具有效益的方法，它具有相當大的價值。當我們找到美學上所稱的「甜蜜點」（sweetspot），在那裡所有經驗的不同維度都完美又恰當的交織平衡時，特別的事就會發生，而這正

是我們在生生不息催眠工作中的目標。

　　而在使用身體狀態混搭模型和自我評估的方法時，我們的運作不用再被固定的執行步驟所限制。帶著正向的目標和資源，身體的共振可以成為我們主要的引航員，因為它會為我們指出身心（認知／身體）合一的程度。共振增加，就代表綠燈；減少，則表示我們應該暫緩或停止。共振的產生意味著一些重要的經驗被喚醒了，也指出語言是否恰當、新的方向是否有前景。這種身心的仔細調整，可以讓我們帶著一種受過訓練的直覺去「信賴無意識」。

　　當我們不再使用僵硬的控制時，每一種新的經驗都會獨特的展開。這不只發生在催眠過程中，也會發生在催眠之後。在催眠過程中所發生的改變，通常只是轉化過程的起始而非終點，因此我們要特別注意接下來幾天發生的事。有時一些正向的改變會發生，但需要進一步的關注、維持和細化。有時並沒發生什麼重要的事，那可能意味著合適的動機還沒有被發展出來，或者一些隱藏的信念還沒有被看到或轉化。有時也可能會發生一些很出人意外的事，代表有些問題需要先被解決，否則我們所期待的改變將很難實現。以我們的案例來說，亞倫在催眠之後和太太保持幾天非常甜美的關係，但接著，他又發現自己陷入和太太有關家事分攤問題的爭論，而嘗試去解決這個問題，為他們的婚姻展開了一個新的親密層次。

　　我們不應該期望催眠工作像萬靈丹一樣，可以立即將問題解決並帶來即刻的並且是永恆的開悟。相反地，它只是允許新的相關性結構和動機慢慢被發展出來，使一個人有能力面對他具有挑戰性的生命，並進入一種創造性的流動裡。在每一個階段中，我們都可以使用一些關係咒語（比如：「我敢肯定這是有意義的」和「歡迎」等）。透過適當的催眠工作，一種整合意識會越來越茁壯的成長並進入世界裡。

## ●總結

　　生生不息的身體狀態是創造性催眠工作的基礎。它可以透過身心的中心點、身體不同維度的放鬆、專注、流動、打開、以及身體感覺被發展出來。透過這些過程所產生的催眠狀態是一種「經過訓練的流動」的創意場域，其中原有的自我身分被釋放並形成新的身分。

　　正如我們在第三章中所特別指出的，生生不息的狀態是一種更高的意識，其中會出現一些新生的特性。它具有「包含又超越」自我的層面，在自我這個層面裡的身體主要是物質性的，它打開了一種微妙的「身體的身體」，可以以一種創造性的方式在許多可能的身體狀態間流動。這就是我們所謂的「創造性流動狀態」或「最佳狀態」。它也是生生不息催眠的一個主要成份。在這個更高的意識狀態中，蘊涵無窮新的可能。

‖第六章‖

# 「打開超越」：
# 生生不息催眠中的微妙場域

醫生，你說在巴黎的街燈周圍

並沒有光暈

我所看到的只是幻覺

因為老邁和苦惱所造成

我告訴你它是我花了一生才達到的視野

能把煤油燈看成天使

能軟化、模糊、最後完全放下

你如此遺憾我所沒有看到的邊線

……

我不會再回到那個宇宙

在那裡所有的東西都不瞭解彼此

麗澤‧穆勒─《莫內拒絕動手術》

我們也許可以把物質看成是由空間組成的一種異常堅實的場域……在這個新物理學裡，場域和物質根本沒有容身之處，因為場域

就是唯一的現實。

亞伯特·愛因斯坦

　　在上一章節裡，我們描述了如何將身體意識提升到一個生生不息的層次來發展創造性的催眠。在這一章節中，我們即將探討場域的意識如何能夠提升到一個生生不息的層次。我們會從概論開始討論，觀察兩個不同場域的覺知層次，而後再專注於打開較高層次的覺察場域，我們也將聚焦在打開蘊含著無窮可能性的量子空間的幾種方法。

## ●向一個生生不息的場域開放

　　在第三章節當中，我們看到生生不息的意識如何包含整個自我關係場域的自我意識，但自我意識至多只能認同並覺察場域中某些部份。這樣的差異在一個富有挑戰性的情境中特別重要。在問題狀態裡，一個人通常都會把注意力鎖緊固定到一個特定的物件上——一個念頭、一個人、一種感覺等。因此，你可能會被一種匱乏、負面的記憶，或在你面前的那個具威脅性的人所套住。當這種神經肌肉鏈結發生時，一點小小的困難也可能會衍發成無法解決的大問題，並且會一直持續，直到神經肌肉鏈結被鬆開為止。

　　放鬆神經肌肉鏈結的方法之一，就是將我們的注意力向外延伸、超越這個問題本身。這就是「開放場域」最實際的意義。在合氣道武術裡，一個主要的訓練原則是：

　　絕對不要把你的眼睛看向你的攻擊者。

　　因為如果你這麼做的話，你會把你的中心和心智都同時放在問題

上，而切斷了與所有其它事情的連結。因此，要把一個問題轉換為答案，就必須把注意力延伸超越這個問題的本身，向一個更寬廣的場域和資源打開。

頭黑先生（Tohei Sensei）是世界上最偉大的合氣道老師之一，他的學生和我分享過一個很有趣的例子。這個例子是關於一種高級的合氣道練習，叫做侖多力（randori）。在這個練習中，學生會被來自許多不同方向的攻擊者同時攻擊。在練習開始之前，頭黑先生會叫學生離開訓練場到外面去，然後他會在練習場的牆壁上貼上四張海報，每一張上都寫有不同的訊息。接著學生又被請回到練習場裡面來，然後這個侖多力的訓練就會立即開始。要透過這個測試，學生必須要能成功地辦到兩件事：第一，你要很有效率地響應來自各個方向的攻擊者；第二，你要能說出這四張海報中每一張的內容。顯然這需要學生發展出一種寬廣的外圍場域覺察，能夠不黏著於場域中不同的焦點，同時創意地回應。這和我們在生生不息催眠時也是相同的。

在EMDR「眼球轉動脫敏法」中也能找到類似的方法（Shapiro, 2001）。這個方法一開始是為了治療創傷而發展出來，但後來也被擴展延伸到其他領域（Shapiro, 2002）。在最初的版本中，個案會向創傷記憶的三個面向去做同頻─包括腦中的意象、身體的感覺以及跟負面的內在自我對話（比如：「這一切都是我活該」）。他們保持這三個情境，同時當治療師的手在他們的平行場域中移動時，個案用眼睛來追蹤治療師手部的移動。經過四十五秒鐘的循環工作，個案會被告知做一下休息，分享他們的覺察，然後通常會鼓勵他們帶著剛才的感覺繼續開始另一個循環。一般來說，在這個過程裡的一種經驗性的「彈出」會出現，個案會突然間從創傷場域的「負面魔咒」中解脫出來，覺得那些創傷已不再是當下發生的。它們只是一個記憶、一個惡

夢，但不管怎樣，現在已經結束了。

合氣道和「眼球轉動脫敏法」的案例有相似的模式。當個體遭遇巨大挑戰時，應該要把主要注意力投向超越這個挑戰的外圍場域裡，同時以一種節奏性、共振的模式移動（眼睛或身體）。這麼做，會將那個不小心把負面經驗鎖在裡面的神經肌肉鏈結鬆綁，同時向創造性無意識的加速學習過程來開放。這正是我們在發展生生不息的催眠中想要做到的，也是一般我們所謂「向場域開放」的真正含義。

如同身體中心一樣，場域也有兩個層面。第一個層面是我們持續不斷的經驗裡多重動態情境。我們的物質環境是一個「場域」，文化、社會環境、個人歷史、家族、工作場所，都是「場域」。在量子術語中，都屬於在我們自我身分空間中的「非局部化自我」（non-localselves），沒有固定的位置或是自我意識，但具有強大的影響力（Goswami, 1993）。在任何一個時間點上，這些場域中的任一個都可能在運作、指引或限制著我們的行為或經驗。圖6.1a顯示，當一個人處在自我緊縮的神經肌肉鏈結狀態，我們通常都是任由場域的擺佈。

當我們轉向一個生生不息的層面，我們便會進入到包含卻又超越這些場域的模式。它們仍然在哪兒，但我們卻不再受限。我們的意識向外延伸到創造性無意識，同時也遍及傳統的場域，使得我們有能力在一種創造性的流動中移動。英雄之旅的核心勝利，就是能夠超越——同時也轉化——重大的場域限制。這可能正是愛德蒙·希拉蕊在攀登珠穆朗瑪峰，尼爾森·曼德拉在挑戰種族隔離政策，或米爾頓·艾瑞克森在小兒麻痺症之後學習走路時的狀態。但是，它也很可能是一個平凡人在生命關鍵的領域中轉化——包括家庭「催眠」、專業挑戰、個人困難。突破的經驗，是每個人都能擁有的。

圖表6.1a 場域中的神經肌肉鏈結。在傳統場域裡的個體矛盾和分離，並切斷和創造性無意識的連結

在創造這些轉化性的轉換時，第二個場域的層面就被打開了，我稱之為生生不息的**場域裡的場域**。如同圖表6.1b所示，它是一種微妙的場域，「既包含又超越」我們傳統世界中的動態場域，打開一個新的意識層面。換句話說，我們能保持一個自己和所處情境的微妙覺知的正念場域，以多元方式悠遊其中，並且有可能去轉化它們。

圖表6.1b 在生生不息意識意識場域中。個體進入中心點，並向創造性場域開放，也向「包括又同時超越」傳統場域開放

　　這是我們這一章所要討論的核心的生生不息原則：生生不息催眠是一種非二元性的合一微妙場域，在這之中，所有具挑戰性的元素都能被整合到一個很深的創造性整體中，因而允許新的自我身分和技巧出現。圖表6.2列舉出我們即將在這一章節裡討論的五個方法：

一、能量球

二、能量球和原型力量

三、生生不息催眠作為一個量子場域

四、「第二層皮膚」作為一個生生不息的場域

五、凱爾特十字架

圖表6.2 創造一個生生不息場域的方法

## ●第一個方法：能量球

第一個技巧基本上是去感受在我們的兩手當中流動的微細能量。在傳統的催眠中，被稱之為「磁性手技巧」。個案會被要求向前伸出他們的雙手，雙掌面向彼此，然後會被暗示有一種磁力在他的兩個手掌中間產生。這個力量是如此的強大，會使他的手開始不自覺的晃動。雖然這個技巧蘊含了在生生不息的狀態中存在著一種微妙的能量流，但傳統處理方式卻通常被認為(1)這個能量流是催眠暗示所產生的；(2)個案所覺察到的這股磁力流是「在他人的控制之下」（催眠師的控制）。很明顯的，這兩個假設前提都不能夠支持我們對於個體的生生不息的觀點，即人們在身心保持時意識的創造性層面的過程。。

在東方的身心整合方法裡，可能可以找到更有助益的版本。在氣功和太極中，每一個修煉者都必須練習調整雙手中的微妙「能量球」。這並不是什麼由外界催眠師所控制的人工「幻覺」，而是與存在於宇宙間一種微妙的生命力或氣同頻。

相似的，合氣道裡面有一種訓練技巧叫做TaiNoHanKo。練習者進入中心點，將雙手向外延伸，像抱著一顆能量球那樣。當一個人受到攻擊，比如手腕被抓住時，這個練習者要繼續「讓能量球繼續活著」，同時也要試著把攻擊者的能量吸入球中。用更通俗的方法來說，它是一種身心進入中心點的過程，讓練習者去學習鎮定、力量和穩實的身體感覺。能量球狀態可以帶給你回饋，讓你知道自己是否仍然位於中心、是否把所有關係連結帶入中心。在練習時很容易觀察到：如果與攻擊者的攻擊瓦解了你跟能量球的連結，代表你已失去了中心（也就是失去了身心合一）於是你也失去了創造性潛力。相反的，如果你能夠維持住能量球，而且不管迎面而來的是什麼，你都能

把它們吸收進來，你就會因為這些連結而變得更強壯，更活在當下。

　　這也是我們在生生不息催眠工作中所面對的挑戰：面對問題或挑戰時，如何保持中心點、開放以及連結資源。能量球技巧是一個很棒的學習方法和很好的比喻，讓我們理解什麼是發展並保持一個生生不息的場域。圖表6.3顯示，如何在生生不息催眠工作中發展和運用能量球技巧。

## 介紹

　　現在讓我們花一點點時間，來探討一個基本又有趣的生生不息催眠的體驗性過程，它叫做「能量球」。它包括進入中心點，然後在放鬆與向世界擴展覺察的兩者之間找到一個平衡點。你會去探索如何感覺到自己抱著一個能量球，並把你想要調整的情境放入能量球中——它可以是你希望達到的正向未來，或是一個你想要療癒、轉化、或有不同理解的問題狀態。我們會看到能量球如何為我們提供一個庇護所、一個神聖的保持空間，讓你能充滿創意地去處理生命中的那個部份。我們接著會看到如何做更進一步的擴展，並且對於這個能量球裡的情境來進行轉化。

　　請不要把這個過程想像是一個我對你的催眠。我只是提供一些教練的暗示來幫助你在自己的內在找到那個創造性的過程。它也不是什麼超自然現象，或你被外在的什麼東西控制的經驗。相反的，它是一個你自己去找到平衡點的過程，去找到那個讓你在身心調整中的「甜蜜點」，在那裡你能夠打開一個空間，讓你能和生命中的任何事件共相處，並找到更具創意的新方法來處理它們。

　　讓你自己像一個藝術家或運動員那樣子思考，他們通常都是非常善於把神經系統調整到讓某些自然流動的東西可以流經過他們。所

第一步：準備

　　1.中心點

　　2.正向意圖：想要達到的目標或想要轉化的問題

　　3.資源

第二步：進入生生不息的狀態

　　1.伸出創手去感知「能量球」

　　2.專注於雙手之間的空間，「同頻」於其中的微細能量

　　3.將專注在能量球，並向其開放

　　4.遵守「讓球活著」的約定

第三步：轉化

　　1.把目標／問題的意象帶進能量球中

　　2.邀請「創造性無意識」來轉化這些意象並產生你所期望的
　　　狀態

　　3.緩慢的開放並進入能量球裡，把所有經過轉化的意象轉移
　　　到身體狀態的中心做整合

第四步：回到外在世界

　　1.誓言和承諾

　　2.感恩

　　3.回顧重要的學習

　　4.重新定向

**圖表6.3　能量球技巧**

以，你要把你的意識頻率調整到能夠允許創意過程流經你。你要是太於鬆散，就無法成為那個管道；要是太過緊繃，就會把所有的創意過程固定鎖死，所以你要自己去找到那個專注覺察的平衡點，在那裡，陰和陽合而為一，並打開一條充滿許多新可能性的自然道路。

## 第一步：準備

開始的時候，先讓你自己找到一個很舒服的地方，進入中心點、向下沉、往內走。你可以放鬆並保持覺察，並向你的外圍場域開放。站著或坐著都可以，保持脊柱挺直，不管你覺得什麼樣的姿勢最適合你。當你調整好身體，就把注意力從思維轉向呼吸，讓呼吸在你的脊柱上下移動，從天到地，往上走，再往下移，直到你感受到中心點。

當你感受到中心點時，你可以開始探索一些非常緩慢的、優雅的動作。伸出你的雙手到身體的中央，然後把手抬起來，打開、向外延伸到外面的世界去，非常緩慢，非常緩慢地移動，像太極動作，至少要比你平常動作的速度慢四到五倍，讓你的雙手自己找到移動的方式。中心點，向周圍的場域打開……重複這個動作至少四或五次，看看你是不是能夠感覺到與之相隨的細微能量。

當你繼續歸於中心並向周邊場域打開時，可以開始去感受你在今天這個工作中想要達成的目標。它可以是你想在這個世間擁有的——比如說，事業成功、健康、快樂、或享受一段親密關係。不管你所期待的未來是什麼，去感受你所期望的那個未來自我的意象。

或者，你有一些目前想要療癒、改變、或轉化的關係……一些你正在掙扎或困擾的事情……你想要改變自己的某個部分……或關於正困擾著你的某個人……不管它是什麼，去感受這個你想要去轉化的問題意象……

然後再回到中心……呼吸……向周邊場域開放並超越……感受創造性無意識的韻律……呼吸……中心點，向創造性世界開放並超越……

當你在這樣做的時候，你可以邀請並去注意，任何能夠幫助你今天的這段旅程的資源……人……地方……祖先們……象徵……能夠在今天、在這裡引導你、保護你、鼓勵你……

## 第二步：轉換到生生不息的催眠

在第二步裡，能量球已經開放了：

與這些資源連結，再進入中心點……非常緩慢地，從你的中心出發並打開雙臂……進入場域中……非常緩慢地……至少比你平常動作的速度緩慢四到五倍……像把一隻鳥從籠中釋放那樣……讓你自己帶著好奇心看著這些動作……讓它自動移動一陣子……就讓它依照自己的意願移動，從內在流動……你的意識心智指引著，然後創造性無意識打開……下沉……打開……釋放……

然後在某個時候，當你用雙手下沉到中心時，在這個時候，當你向場域開放……也將你的雙手往外延伸，兩個手掌，面向彼此……就好像你抱著一個能量球那樣。放鬆你的手肘，放鬆你的臉，放鬆你的肩膀，伸出手臂，臀部往下沉……讓你自己去探索，如何慢慢地調頻到一種愉悅的能量球的感覺……呼吸……你的一部份看著球的內部……另外一部份超越球向外延伸，看著並且感受到這個能量球在你的周邊覺察之中……

去發現……帶著非常溫柔的、微細的、幾乎感受不到的移動和調整……感覺能量球在你的兩隻手中間……一個光球……一個生命之球……一個無限可能性的球體……去發覺在球裡那個微細的振動……

許多觸感……顏色……維度……開放的空間……能量球……一個安全的地方..一個避難所……你可以慢慢移動你的手……緩慢地圍繞著這個球……溫柔地從兩邊抱住它……從上下抱住它……往內看進球中……另外一部份的你，向超越這個球的場域看進去……你感受到球的中心有一種脈動……當你吸氣的時候，球似乎脹大了一些……當你吐氣的時候，球似乎又往內縮了一些……球和你的呼吸，以及你創造性無意識最深的部份合而為一……放鬆……

這個對話當然也可以視需要而來稍作延伸或修改。你應當仔細地觀察身體和呼吸，因為任何肌肉的緊張都會阻礙流動，進而阻礙了體驗能量球所需要的微妙的覺察。我們可以加上一些簡單的暗示來放鬆身上緊張的部位；同時，可以調整帶著音樂性的聲調品質、頑皮性和節奏，來深化這個投入專注的體驗。

## 第三步：轉化

在第三步裡，這個未來的自我（或問題自我），會被放置在球的中間來進行轉化的過程：

當你繼續把首要注意力放在感受這個球時，讓球保持活著……和球完同頻……打開覺察、超越這個球……同時感受這個球是一個很安全的地方……一個庇護所……一個光和生命之球……許多不同的重要的臨在都能被帶進球中……比如說，在今天這個旅程當中，你要為自己選擇的特別目標……你希望能有創造性的、正向的連結未來自我（或問題）……但是，即使當你開始感受那個目標的時候，仍然要把你的首要注意力放在保持球的活動上……將首要注意力維持在球上，而非任何球中的東西……讓涵藏在球中的其他東西位於你的次級覺察中，你的週邊覺察……

記住這點，然後將你想要創造（或轉化）的自我的意象，移進球裡……讓它進去……溫柔地進到球的「中心的中心」……將首要注意力放在讓球活著……呼吸……放鬆……擴展……吸收……敞開……同時去感受在球的中心點，正是你想要創造或轉化的自我。

帶著好奇心來觀察如何能持續感覺這個球……讓它的光更明亮……更燦爛……一種流動的感覺……一個發光的經驗……當你持續的、不斷的保持你的球活著時，給出允諾，讓在球中的一切開始轉化……一個美麗的家……一片肥沃的田地……一些新東西正在生長……一個新的我正在誕生……當你保持球活著的同時……看向遙遠的未來，無窮地超越……感受所有在球中的存在更加整合……更完整……更快樂……更自由……更成為你未來的一部分……

接著當你準備好的時候，可以非常緩慢地、溫柔地，讓你的手進入到球當中，並且抱住那個寶貴的臨在……很小心地……充滿了關愛……溫柔地抱住那個未來自我……當你準備好的時候……優雅地移動，緩慢地，用手把那個**自我**帶到你覺得最適合安置的一個存在中心點……也許你的手會慢慢的移向心輪……或腹部……或許到第三眼的位置……不論是哪裡，就讓你的手帶著那個自我，進入中心……當它進入你的存在裡面時，你可以作一個深長的呼吸，讓一個更深的整合過程發生……

## 第四步：回到外在世界

在最後一個步驟中，我們要將這個體驗性的轉變引導到個案的日常生活中：

讓你的手溫柔地觸摸著那個中心點，你可以感受到並給予這個美麗的存在一個祝福……你可以跟著它一起呼吸……你可以允許它進入

你內在一個很深的地方……在和它一起呼吸的當下，去感受在今天這個旅程中你學習到什麼……去感受發展新的自我所需要的學習……你的生命……當你感受到這些學習時，也同時去感受有什麼諾言是你想要發出的……對你自己……對世界……對生命……對你要如何活出你被賦予的生命……對這些你想要做出什麼正向的承諾……

（安靜地停頓一會兒，讓個案做出誓言）

在這些誓言引領你的思想……你的行為……你的感覺……和你未來的日子時，也同時去感受你可以如何去打開一個通往未來之門……你能夠感受到你自己……向此刻打開並超越它……向一個通往未來的道路開放……讓新的自我隨著時間前進……允許你打開某個微妙體朝向那個未來前進……一直到你能夠看到它在那個快樂的地方……在那個快樂的時間裡……在那個完整的地方……向你揮手，引領你前進……像一顆美麗的北極星那樣引領著你……

當你感受自己跨過門檻、向這個正向的旅程做出承諾時……花一點點時間，去向那些曾經在你覺醒的道路上支持過你的人表達感激……向你自己……向所有人……那些曾經為你提供支援、愛和好榜樣的人……保護……鼓舞……向他們說**謝謝你**……**謝謝你**……**謝謝你**……

（靜默一會兒來表達感激）

接著，當你準備好的時候，作一個深長的呼吸，帶著你在這個旅程中所有一切正向的學習，回到這個世界中來。

能量球能讓一個人將認同於自我的層面，即認同於場域中某個特定的位置——如，感到抑鬱或憤怒——轉換到生生不息場域的層面。把主要的注意力維持在「讓球活著」這件事能幫助一個人不再崩跌回問題狀態中。透過與這個能量球的微妙體同頻，自我就得到了自由，

在體驗性的過程中創造性地流向轉化性的改變。

## ●第二個方法：能量球和原型力量

　　可以把**原型力量**加入能量球技巧來使其更加細化。原型力量包括溫柔、正向的勇猛和頑皮（紀立根，1997）。在前面的工作當中，我建議用這些能量作為創造性意識的核心資源，也就是最佳表現既需要陰的（接受性）技巧，包括溫柔、撫慰、仁慈和溫和等；又需要陽的（主動性）技巧，包括正向的勇猛、專注、承諾、嚴肅生活等；和一種能隨機改變形式的技巧，包括頑皮性、靈活性和生生不息等。在僵硬卡住的狀態之中，這些力量裡頭頭至少有一個是缺乏的，或者是受到其陰暗面的形式呈現的（神經肌肉鏈結）；所以透過將它們加入到催眠場域裡時，這些力量是可以是被轉化的。

---

1. 確認問題模式或期望達到的目標

2. 準備步驟

3. 發展能量球

4. 將目標／問題放進球中

5. （圍繞著球）第一次旋轉：加入溫柔的資源

6. 第二次旋轉：加入正向勇猛的資源

7. 第三次旋轉：加入頑皮的資源

8. 第四次旋轉：混合所有資源

9. 進入球中，並將整合的自我帶到球的中心

10. 導向到未來

11. 重新導向

---

**圖表6.4　能量球和原型力量**

　　圖表6.4列舉出能量球技巧的主要執行步驟。在這個過程裡是站著練習。第一個部份就如同我們前面所講過得，你開始準備步驟，發展你的能量球，同時把目標放進能量球中。這裡所加入的新環節是，緩慢地環繞能量球走四圈。在繞第一圈時，溫柔和仁慈的力量被加進到球裡的「自我存在」。繞第二圈時，加入正向的勇猛力——包括保護、支持、承諾等——被擴展進來。接著，頑皮的資源也被加進來。在繞最後一圈時，所有的資源被同時混合在一起。像前面的練習一樣，然後將球裡的臨在帶進個案的中心點，然後重新擬定未來的方向，來完成整個過程。

　　同時，也像前面所講的那樣，所有的動作都要非常的緩慢而優雅，至少要比我們平常動作的速度慢四到五倍。「催眠舞蹈」本身對於放鬆神經肌肉鏈結特別有幫助——透過身體姿勢、呼吸、思考模式和觀點等等——神經肌肉鏈結把我們的意識凍結在一個問題狀態裡。現在我們用緩慢到舞蹈環繞著挑戰，創造性的生生不息意識流就被啟動了，新的學習就會自然出現。

　　當一個教練在幫助個案進行這個過程的時候，教練要負責創造並且維持工作進行時的恰當條件。這也包括一個「保護」個案繞圈的空間。我通常會跟著個案一起移動，加入一些變化韻律和音調來打開催眠空間。任何時候，當個案可能會撞到東西時，我會用手輕輕的引導他／她到一個安全的地方。

　　我們和彼得一起探索了這個過程。彼得是一個深受拖延症困擾的男人。他正在創立一家新公司，十年來的第三個公司。他被那種無窮盡的細節和挑戰完全給淹沒了。他發現自己常常陷入焦慮和自我批判中。他的目標是希望把這個負面的狀態轉化到充滿自信和創造力的正面狀態。我們也像前一個案例那樣，開始了能量球的前面四個準備步

驟。逐字稿記錄的是準備階段完成後的部分。我邀請彼得打開他的能量球，並且把他那個「擔憂的自我」邀請進入球中。

## 發展能量球

你可以再一次閉上眼睛，彼得……再一次花幾分鐘來往內走……往下沉……中心點……**就是這樣**……釋放……**就是這樣**……和你的意圖連結……**就是這樣**……去真實感受這是你的旅程……這是你的時間……是一段離開你通常的時間的時間……進入一種特殊的時間……一種多重時間的時間……一種多元空間的時間……含藏無窮可能性的時間……這個時間……有很多的時間……很多的空間……很多經驗……能偶幫助你……指引你……進入你自己的……英雄之旅中……進入一個和你自己新的關係中……與新的事業有關……所以現在可以更多地放下一些……進入到更深的時間中……進入到更深的空間中……我的聲音可以與你同行。你可以運用它……把它當作一個靈魂的朋友……在你自己的英雄之旅中……

當你準備好的時候，將你的手臂往外伸展……手掌面向彼此……開始與你的能量球同頻。感受這個能量球……是一種美麗的感官知覺……在一隻手的感覺……另外一隻手中的所有感覺……**在兩隻手之間**的感覺……兩隻手之間的空間……超越手掌之外的空間……也許你會注意到有些不同的顏色變換著……調頻……旋轉……向那微妙、閃爍的光的覺知調頻……光芒閃爍著……一種顏色中蘊含了各種不同的顏色……就是這樣……就是這樣……就是這樣……當你有深深地感受到能量球時，可以點點頭讓我知道……（彼得點了點他的頭）就是這樣……非常棒……就是這樣……

## 將自我意象帶入能量球中

你現在不只感覺到能量球……你感覺到這個能量……在移動……流經過你的指尖……光透過你的指尖向外射出……你覺察到超越球之外的空間……所以你覺察到這個球在你的週邊視野中，在你前面，而且同時也在你的週邊視野中……當你準備好的時候，你可以把你今天帶到這裡的意象……你在工作上的困難……溫柔地釋放到……能量球裡面……你可能會好奇，這個能量球會如何把這些意象像海綿那樣吸進去……以一種……奇妙的……方式……於是它會有一個安全的地方……給你……

當你向這個球看去，同時……也向超越這個球的周圍空間看去……一種覺察……打開了……超越了球……所以現在不管在球內的是什麼……都變成次要的了……重要的是……這個向外……擴展的感覺……覺察……超越……球的……內部……你的一部分……在你的周邊視野中……可以看到……什麼在球之中……而且能夠聽到……我的聲音……會有一種很棒的看到的感覺……以一種……所有你今天能夠轉化……形成催眠的各種不同的方式……你的肩膀完全放鬆了……你感受到一個正在擴展的世界……你的心超越了這些意象向外打開……甚至就在你以周邊視野去覺察在球裡面的是什麼的時候……當你覺察在球裡的是什麼時，可以輕輕點頭讓我知道……

（他的頭在大概二十秒鐘之後點了幾下。）

現在我邀請彼得繞著球走四圈，每一圈都把一個新資源帶給他在球中「憂慮的自我」：當你準備好的時候……再過一會兒……我將會請你開始旋轉……圍繞著球轉。

（彼得非常緩慢的旋轉；催眠教練一直跟在他的旁邊，並且和他一起旋轉）。

## 第一圈：溫柔的資源

　　當你繞著這個球旋轉時……創造一個**更寬**……**更廣的空間**……就是這樣……放鬆……**更寬廣地打開**……非常好……就是這樣……非常好……當你開始繞第一圈時……把所有仁慈的資源送給自己……送到球中去……那個美麗的、仁慈的支持能量……從你的心中散發出來……溫柔……柔軟而甜蜜的支持……注意到你的呼吸中充滿了仁慈、支持和放鬆的感覺……觀察它是如何讓你的工作更有效率……更快樂……更有創意……在未來的日子裡……有這麼多可以期待的事……因為他們統統和從你的深刻自我中發展出的仁慈與支持連結著……在球中的自我……心的能量充滿了它、保護它、放鬆它……當它找到它自己……任何挑戰的關係……都可以變成很棒的時光……充滿……在一種無意識的層次上……充滿了美麗的仁慈感……

　　（彼得繞完了完整的一圈）

　　非常好……花幾分鐘，作一個深長的呼吸，然後感覺所有溫柔的資源都已整合到你的工作自我中……

## 第二個圈：正向的勇猛資源

　　準備好的時候，可以開始繞第二個圈……非常非常緩慢……

　　（彼得自動轉向另一個方向，我也陪著他。）〔註：這種自發的變化常會發生（特別是在頑皮的那一圈中）。轉圈有很多種變化的可能性。〕

　　就是這樣……看到你自己在這個球當中……從許多不同的的角度……從許多不同的觀點……許多新的瞭解……當你在繞圈的時候，把這些美麗而正向的勇猛資源帶給你自己……一種被保護的感覺……一種正面支援的感覺……**你做得到的**……**我會保護你**……**你做得到**

的⋯⋯你可以支持自己⋯⋯看到自己⋯從這麼多不同的角度⋯⋯在前面⋯⋯站到旁邊⋯⋯去感受這個充滿創意的超越世界⋯⋯把這些都帶給你自己⋯⋯正向的勇猛支持⋯⋯送給自己⋯⋯美麗的正向支持⋯⋯**我現在也和你在一起⋯⋯我和你在一起⋯⋯我會給你那個支持⋯⋯自由的飛翔⋯⋯非常輕鬆的⋯⋯非常自信的**⋯⋯去看並感覺⋯⋯他擁有這麼多的保護⋯⋯在需要的時候⋯⋯有這麼多的保護⋯⋯你能夠送出⋯⋯非常好⋯⋯當你完成第二個圈時⋯⋯你可以停下來⋯⋯作一個深長的呼吸，然後感知你自己把所有這些資源都整合起來⋯⋯那些意象⋯⋯充滿正向勇猛的未來⋯⋯非常好⋯⋯很棒⋯⋯就是這樣⋯⋯

## 第三個圈：頑皮的資源

　　當你準備好的時候⋯⋯可以讓你自己慢慢地⋯⋯自由地⋯⋯快樂地⋯⋯開始繞著球轉第三圈⋯⋯這一次⋯⋯帶進許多頑皮的資源⋯⋯（教練的聲音和動作變得更頑皮）⋯⋯有這麼多好玩的事情來享受⋯⋯（彼得的動作開始轉變，先轉向一邊，又轉向另一邊，好像正快樂地跳舞著）就是這樣⋯⋯繼續探索⋯⋯讓你的身體自由自在⋯⋯把這麼多好玩的頑皮統統送給你自己⋯⋯在工作時⋯⋯快樂的創意時⋯⋯從你的內心中帶出那種頑皮的感覺⋯⋯讓它狂野的自由⋯⋯所有各種不同的好玩的事⋯⋯所有那些歡樂的事⋯⋯所有不同的、奇妙的事情⋯⋯玩耍⋯⋯他可以發現⋯⋯然後享受⋯⋯繞著這個球⋯⋯玩耍⋯⋯能量球⋯⋯玩耍⋯⋯真正的去享受它⋯⋯像蝴蝶那樣飛翔⋯⋯移動⋯⋯帶著一種美麗的感受⋯⋯旋轉，不斷的旋轉⋯⋯玩的感覺⋯⋯所有的支持⋯⋯現在在你的後面（把手扶在彼得的背後，並且非常緩慢地往下移）⋯⋯在你的前面⋯⋯從所有的方向而來⋯⋯去感受這種玩耍的感覺⋯⋯感覺⋯⋯一種新的連結⋯⋯新的瞭解⋯⋯新的

可能性……新的經驗……就是這樣……非常好……就是這樣……當你繞完第三圈的時候，可以做一個深長的呼吸，把這些整合性的浪潮、快樂的浪潮帶入……身體的律動……改變的律動……穿過能量球不同的波浪……感覺……整合……當你感覺到自己已經在球當中時……你可以看到自己非常快樂，並和所有頑皮的精神連結……

## 第四個圈：整合所有資源

當你準備好時，就可以開始繞第四圈。這一次……你可以把所有那些重要的能量……包括溫柔……正向的勇猛……和頑皮……溫柔……勇猛……頑皮的支持……對你自己的……平衡……溫柔又勇猛的頑皮……把所有都帶進球中……旋轉……整合……讓那個自我……得到重生……看著他……從不同的方向看著他……他現在正和你在一起……他正在你裡面……他在你的場域之中……他屬於你……所以當你看著他的時候……當你感受到他的時候……當你為他提供第二層皮膚的時候……他就會在開始成長、改變、感覺自信、充滿創意……在那個對自己的愛的場域之中……

## 將整合的自我帶入中心

當你準備好的時候，讓你自己非常緩慢，非常溫柔地去碰觸球的內部……然後輕輕的抱住它，讓你的手慢慢地把它帶到你的身體中心……那個你的手最想去碰觸的中心點……可能是心輪……可能是腹部……只要信任你的創造性無意識的選擇……把它帶進哪一個中心點……（彼得的手開始向他的心輪移動）……就是這樣……非常好……呼吸……給他一個家……呼吸……當你的手撫觸著你的心的時候……去感受一個非常深長的整合的呼吸……把它帶進來……帶到你

裡面……有一個新的空間環繞著它（彼得的手觸摸著他的心臟，然後他做了一個深長的呼吸）就是這樣……就是這樣……就這樣讓那個整合把你帶到更深更深的地方……當你這麼做的時候，朝向正向的未來的一個很深的道路……會開始在這個空間中展開……一條美麗的、成功的、學習的道路……

　　最後五分鐘的過程放在注意主要的學習、做出承諾和誓言、感恩和未來的方向。彼得分享說他經歷了一個非常有威力的經驗，這個繞圈子的動作把他從僵化的固定位置中釋放出來，而一段非凡的「靈魂之旅」就此展開了。正像所有標準的生生不息催眠一樣，對他來說，最重要的經驗並非來自過程中溝通對話的建議。〔註：記住，生生不息的催眠是一種詩意的語言，在這個過程裡，個體把符號翻譯為他們自己理解的意義。這是艾瑞克森的工作裡的核心：他常常會在催眠一開始的時候就建議個案把他說的話翻譯為他們自己理解的意義，把他的的聲音翻譯為其他的聲音（如童年時候的一位老師），活著把他說的英語翻譯為個案自己的語言（如西班牙語）。我常說，當個案的反應與教練或治療師的暗示完全不同時，工作才真正開始。因為在這個時候，個體的創造性無意識位於首位。〕他描述一開始他看到自己是一個小孩，獨自在田野中哭著尋求幫助。而當那些資源一個一個加進來後，他看到父親出現，溫柔地抱起他，說著鼓勵的話。這個父子之間的療癒經驗，在後續催眠過程中得到更詳細的訴說。對彼得而言，這是最重要的一段經驗，因為他一直都覺得父親不愛他。

　　雖然每個原型力量都是創造性覺察裡的重要元素，大部分的人會覺得其中的一個力量幫助特別大。對彼得來說，頑皮是最重要的一個資源，在催眠進行中和結束後都是這樣。他跟父親的重新連結，釋放了一種快樂的頑皮。據他自己說，這是一種他早已遺忘的能量。重新

找到它，使他個人的快樂和工作的績效都有巨大的改善。

## ●第三個方法：以生生不息催眠作為一種量子場域

在超越對與錯的觀念的交界處，

有一個場域。我們在那兒見。

魯米

在我的一生中有一些最深刻的經驗，都是在接受米爾頓‧艾瑞克森的催眠的過程中發生。事實上它們是很難用語言來形容的，我會發現自己處在這些奇妙的空間中，充滿了無窮的可能性，沒有邊界或二元對立性。每一個經驗本身都是完美的，每一個時刻都有新的學習和發現。有的時候我發現自己在想，我是誰、在哪裡。然後我會非常驚訝的意識到，那個正在保持著我的場域就是艾瑞克森！而且他的存在是那麼清楚地「在我裡面」，在我曾經那麼小心建立、不讓任何人進去的、最深的自我裡面。我因此而觸發的焦慮會立即被安撫下來，（被艾瑞克森非語言性的存在所安撫）再一次友善地向我確認，我不需要擔憂，一切都很安全，而這就是一個無條件的接納的地方。

因為它的非正統性，很多年來我都沒有和別人分享過這些經驗，但是現在我分享出來，我感到很高興。它們已經成為我在生生不息催眠工作時的一種美麗參考架構。因為生生不息的催眠裡，主要是一種超越語言的經驗；人的存在和音樂性（質地、節奏和共振）是其中最重要的元素。在進行生生不息催眠工作時，要帶著很深的個人尊重去建立一個邊緣共振的音樂場域。這個場域能夠吸收任何模式，並允許轉化為人類最高的潛能。

## 練習

　　為了探索這些價值，在工作坊裡我常使用以下的練習。它運用詩意的語言以及非語言性的韻律和共振來展開一個生生不息的催眠場域。其中，一個人是當**探索者**，另外兩個人是當**引導者**。通常這個練習會做三次，在每一輪當中，每個角色會互換一次。每個引導者有三個主要的溝通任務，如圖表6.5所示。

---

第一個引導者：

　　　　1.確認並回饋探索者的目標：**你真的可以做到／體驗到X**

　　　　2.共振連接：把手輕輕放在探索者的肩膀上

　　　　3.祖父的鼓聲：boomboom碰碰

第二個引導者：

　　　　1.無意義音節引導

　　　　2.孩童歌謠／兒歌

　　　　3.點綴生生不息催眠的想法

---

圖表6.5　發展一個生生不息催眠場域

　　因此，在催眠開始之前，第一個引導者的首要工作是去確認探索者簡單的目標陳述。一般來說，目標應該都是正向、共振和簡潔的。比如，「我想要對我的未來有正面的感覺」，「我想要寫一本書」，「我想要幸福、健康」，這些會再作為「暗示」回饋給他們，形式如下：

　　你真的可以做到／體驗到X。

第一個引導者的第二個任務，就是在探索者的允許下，把手輕輕地放在探索者的肩膀上。這並不是要去操控或支配，而是同頻關係的共振〔註：我需要說明的是，當我在辦公室裡單獨和個案一起工作時，鑒於催眠工作需要一個無可挑剔的界線、以及對親密和脆弱的信任，我很少觸碰他們。但是在工作坊中，有許多旁觀者，可以作為一種「監護」，就比較可以觸碰。〕如果做得對的話，引導者和拍檔都會覺得**既在發出也在接收：發出**溝通，包括共振的放鬆，催眠的韻律，正向的好奇心，和溫和的感覺。**接收**（透過拍檔的呼吸）許多微妙的訊息和能量，來確保一個良好引導過程的進行。這種邊緣同頻提供了一種非常棒的媒介，用來感受如何在創造性無意識的關係性心智中做一個深刻的觀察者／參與者。

第一個引導者的第三個任務，是溫柔地重複說出一個共振的詞：碰碰。此刻引導者的聲音應該要像個爺爺（或奶奶）的鼓聲，能夠反應出含藏在催眠工作底層的音樂律動。如果它能夠和探索者的呼吸、心跳、或脈動調整到一致，就是最棒的。而這個鼓點的節奏有助於所有的溝通，包括呼吸、心跳，這些都是打開催眠場域的核心。正如所有的催眠溝通一樣，鼓聲的共振是希望溫柔地透過身體來創造一種邊緣連接。因此教練需要非常放鬆，心跳及呼吸要和諧一致，並與語言及律動同步。

所以在催眠過程中，第一個引導者會提供以下三種溝通：

1. 把手輕輕放在探索者的肩膀上
2. 與呼吸同步的鼓聲碰碰
3. 每三至四個碰碰之後，簡單地暗示：**你真的可以／X**

與此同時，第二個引導者也有三個不同的任務。第一個任務是用

無意義音節來唱出一種感官性的、非理性的、催眠性的歌。這裡只是用文字來表達音樂地聲音和歌詞中的共振是有些難度的，如：sha ba boom de la boom，dawa shooooon brawba……但是我們可以試著去聽聽爵士歌手的低吟，或小嬰兒的牙牙學語聲。

這個過程的目的是 明引導者和探索者暫時先放下對於用語言來表達含義的需要，而讓他們自己去成為創造性意識裡的音樂。剛開始的時候，可能會覺得有點傻，特別是在現代，我們的意識狀態和生命中的韻律深深分開的狀況底下，但是在催眠的形成過程中，這的確可以幫助所有的參與者。當我們全都願意暫時放下對語言的溝通時，一個全新的世界會打開。

第二個任務是片段性地轉換到童謠或兒歌上去。兒歌或童謠是從哪個文化來的並不重要，他們都同樣可行。其目的是達到艾瑞克森所稱的「早期學習組合」的入迷意識狀態。如生日快樂歌，英文字母歌，或「Itsy Bitsy Spider」，「Do the Hokey Poky」等歌謠。

第二個引導者的最後一個任務，就是經常性地加上一些催眠的「調味料」，把一些簡單的理念妝點進去。類似這樣的句子：

● 催眠是一個學習狀態
● 信任你的無意識
● 就是這樣，非常棒，就是這樣，對了
● 放輕鬆，再進入得更深一些
● 安全，資源，你自己熟悉的地方

在開始時我建立的架構是，催眠是一種體驗性的學習狀態，是屬於個人自己的創造過程，引導者在其中的角色是在這個旅程當中給予

探索者支持和鼓勵。因此，引導者除了要確認簡單的目標陳述外，還要儘量誘導出探索者的特殊興趣、期望和需求，以此作為「催眠暗示」的材料。接著，三個小組成員都可以花一些時間來執行準備步驟，包括中心點、正向的意圖和資源，也可以要求探索者準備好開始的時候作出點頭示意。

　　第一個引導者在得到允許後，可以輕輕把手放在探索者的肩膀上，通常要留些安靜的時間用於呼吸，建立起關係性的共振。接著，第一個引導者就可以開始第一個砰砰。如同所有的催眠溝通一樣，鼓聲需要是和諧的，並能跟身心產生一種深刻的共振和溫柔的能量。

　　當這個狀況發生時，第二個引導者就可以開始溫柔地說一些無意義音節。這兩個引導者必須是屬於同一個音樂團體，要能同步、平衡和諧，用來產生更一種更深刻的「音樂」。在所有生生不息催眠中，引導者都既是觀察者，能夠和探索者親密的共振，同時也是一個參與者，參與在同一個催眠場域中。這樣的雙重關係，同時提供了一種「內部的」和「外部的」視角，這對所有人都是很有幫助的。

　　主要目標是確認探索者能夠享受一個安全又正向的經驗。要是有任何神經肌肉鏈結產生的跡象（包括一種不自然的呼吸、憋氣、或是在前額或肩膀的緊繃），引導者就要慢下來，變得更溫柔，然後只需要強調這些簡單的暗示語，比如：**安全、資源、保護**等。通常個案必須要在覺得安全並在充滿資源的地方時，暗示才能產生深刻的經驗。

　　很難只用文字來表達這種互動的過程，這裡有一個例子。在下面的段落中，第一個引導者所說的話我們用正體，第二個引導者則用粗體。在下面這個例子中，探索者的目標是去經驗一個身體的療癒。

　　（第一個引導者把手輕輕放在探索者的肩膀上）Boomboom……**就是這樣**……Boom boom……jabaushimoo daba shiwas……Boom

boom……shiBAAAshiti daba jimuwa……**你真的可以經驗到深刻的身體療癒**……**就是這樣**……**更深一些**……Boom boom……sjaabiwaja jidurwas……Boom boom……A，B，C，D（英文字母歌）……Boom boom..E，F，G……**你真的可以經驗到深刻的身體療癒**……H，I，J，K，L，M，N，O，P……Boom boom……Q，R，S，T……shannnnaw bejubija……Boom　boom……

　　當處理得好的時候，催眠音樂會擁有許多有趣的特質，包括溫柔、頑皮、非線性、感官的、節奏性、非理性、引人入勝、以及童趣的。參與者通常都會共用一種很微妙的催眠場域，它允許自由、好奇心和創造性的探索。這個催眠場域並不在任何人的內在，相反地，**每一個人都在它裡面**。生生不息催眠並不是從一個單一點去衍發出來的，它是從同一個場域中，不同部份之間相互和諧的關係中升起的——正如任何美學經驗一樣。

　　生生不息催眠整合的創造力核心是它潛在的音樂性。在目前這個練習當中，我們把各種簡單的技巧編織在一起，來產生這種非語言的和諧：鼓聲、溫柔的撫觸與和諧的呼吸、歌曲、以及非理性的語言、簡單的核心暗示，以及日常的背景暗示（比如：安全、更深一些）。**正是這種節奏性的音樂場域使得創造性無意識轉化並整合個體主要的自我身分模式**。我並不是說語言不重要，而是一個好的催眠工作是一種身和心、語言和非語言、靜止和動作之間的創造性整合。我們在第八章中會看到，當相反的元素被整合時，轉化就會發生。而這種魔術只有在音樂意識的合一場域中，才有可能發生。

### ●第四個方法：以第二層皮膚作為生生不息的場域

　　另外一個生生不息催眠場域的例子被稱之為**第二層皮膚**。這是一

種在我們身體周圍打開的微妙場域。在自我的層面，我們通常只認同我們這個肉身，但在幸福和高峰經驗的狀態時，我們就會向外擴展、進入一個精妙體，它既提供界線又允許連結。

因此，生生不息催眠就是要去啟動那個精妙體，它不僅為我們提供了一個安全的聚集地，同時也是一個迭加的、具有多重可能狀態的量子場域。在這個場域中，這個物質身體——其動作、情緒、回應模式——可以以一種特殊的狀態自由地變化。換句話說，當你認同於一個具有無窮可能性的微妙意識時，你可以讓傳統意識中的某個具體內容自由而創意地移動。這個當然也正描述了最佳表現狀態，也就是當一個人能在各種不同狀態中自由遊走，找到並表達最佳的回應。當你很緊張而且是固定在物質身體中時，你就無法這麼做；如果你很放鬆，又與你的精妙體同頻時，你就能做得到。

在我們物質身體的周圍需要這樣一個第二層皮膚，最先是在「身體緩衝區」這個研究中被提出（Horowitz, DuffandStratton, 1964）。這個研究確認了我們直覺性的意識，即在我們的身體周圍需要去經驗到個人的空間。如果這個空間在肉體或情緒上被侵犯了，非常強烈的神經肌肉鏈結就會發生（包括憤怒、害怕、僵硬和崩潰）。有第二層皮膚的存在，使我們可以更具創意地來處理這些侵擾。

「第二層皮膚」並非與生俱來，它隨著時間的推進，慢慢發展、展開。當我們還是孩子時，我們的家庭和社區有義務來為我們提供這個第二層皮膚。每個人應該都看過孩子們無憂無慮的和他們信任的人一起玩耍，但當一個陌生人走進房間時，他們會突然停下來，而幾乎毫無例外的，孩子們會立即看向媽媽或爸爸（或照護者），有如他們的第二層皮膚來保護他們。如果環境可靠，孩子們會慢慢地長出他們自己的第二層皮膚，讓他們能帶著自信自由行走在世界中。

這第二層皮膚，就是「微妙體」的一個維度（Dale, 2009）。這種非物質性的存在都在許多不同傳統中引起注意。在運動心理學中，訓練「想像中的身體」，被認為是顛峰表現的重要元素。在催眠工作中，意動現象也一再被經驗到，比如手臂懸浮，或指頭訊號等，當事人覺得手（或指頭），似乎和自我身分分離了。還有，一個人在催眠狀態中，可以感覺離開了肉體或情緒身體、可以從一個安全的距離外觀看自己，這個有時候能提供對當事人有所幫助。我之前曾經提到關於幻肢的研究，其中提到當一個人被截肢後，常還會感覺它們仍在那兒，有時甚至覺得它們還會自己移動。在東方醫學裡，這被稱作「氣之體」，是一個人健康和幸福的來源，而當一個人很快樂的時候，我們能感受到一種閃亮的「光之體」向世界打開。

當然，這個第二層皮膚並不是所有時間都完全存在。忽視會使它變弱，創傷也會在它的罩子上挖一個洞。當這些發生時，一個人會覺得「暴露」而不安全。為了尋找足夠的界線感，他們可能會慢慢地退縮、進入孤獨或某一種癮頭，變得麻木，或發展出一種「身體的盔甲」，比如憤怒或解離。缺少健康的界線，他們會更容易受到虐待的風險。

基於神經肌肉鏈結的界線，通常導致的是負面的結果。恐懼會緊縮界線，憤怒會打破界線，僵硬會使你解離，冷漠會崩解界線（自己的和別人的）。合氣道的學生，通常都會被教導用一種更好的方式來保護生命──自己的和他人的──就是「中正，向場域開放」。意思是，即使是在一個不友善的環境中，你仍然要和你主要核心的氣（微妙能量）連接，並且讓它往外向世界延伸。〔註：日本人將這種生命力稱為「ki」，這個詞來自於中文的「氣」。因為合氣道是一種日本的藝術，所以我用的是「ki」這個詞。〕在有危險時它會打開，這看

起來似乎非常違背我們的直覺，但這裡練習的**是向世界打開，而不是把你自己交給另外一個人**。〔註：在童年時期，我們不可能區分向世界打開而不是向某個具體的人打開。在童年時，我們要進入世界中，必須透過某個照護者。不幸的是，如果照護者以一種負面的臨在與我們相遇，那會把我們凍結到一種無限期持續下去到神經肌肉鏈結之中。這個收縮的狀態中不僅有我們自己的生命力，還有一個意象／信念，認為把我們自己帶到這個世界中是不安全的。成長過程的一個部分就是意識到，我們不需要任何他人的允許才能進入到這個世界中，我們可以自己來完成。這使得我們能夠理解，儘管我們想要得到來自他人的支持，但是在旅途中會有一些路段，我們得不到支持。如果我們知道自己可以在這些路段中生存下來，這就能讓我們自由地進入這個世界。〕於是，你的注意力超越了這個攻擊者並向外延伸，並且打開一個臨在和自信的空間，這對你有幫助，希望對別人也會有所幫助。在把我們的精微能量向世界打開延伸（如同第二層皮膚那樣）時，我們的界線就會擴展，超越身體，進到一個場域裡。而這個延伸的界線，會允許我們達到合氣道中所稱的Ma——ai，我們把它粗譯為「空間的和諧」。這也是馬丁·包博（Martin Buber, 1923）所描述的一種「兩者之間的空間」，它允許我們和其他人來經驗一種「我與你的關係」。換句話說，你是在自己和他人之間感受到連結，而不是主要在你自己的內在感受到連結。這就使得一個人可以去感受到：「在這裡有一個空間，這裡很安全。這兒有一種開放能讓我去面對任何我所面臨的挑戰，同時把我的敏感性向這個連結敞開」。圖6.6列舉出簡單的操作步驟。

---

1.找到一個**挑戰門檻**（threshold challenge）

2.踏進這個經驗一會兒，然後去感知它的模式

3.踏進這個經驗，然後去感受它的模式

　a.準備步驟

　b.能量球

　c.把能量分佈到身體周圍來創造第二層皮膚

4.重新回到挑戰，並且循著第二層皮膚航行

5.未來導向

6.重新定向

---

圖表6.6　以第二層皮膚作為生生不息的場域

　　接下來是一個相關過程的案例，我們的個案叫做貝絲，她是一個企業主。在這個案例中，教練和個案都是站著的。

　　教練：午安，貝絲，你好嗎？

　　貝絲：很好，謝謝你。

　　教練：今天你想要工作的挑戰是什麼？

　　貝絲：我跟某些男人在工作時相處有困難。他們非常有攻擊性，當我跟他們相處時會自我封閉起來。我的目標是能夠在和他們相處時保持開放並充滿機智。

　　教練：非常好，這聽起來想是一個很棒的目標，讓我們花一點時間來呼吸……讓這個目標往下沉，得到你創造性意識的每個部份的接收和保持……

　　（三十秒鐘的靜默）

教練：很好，謝謝妳。現在我要帶領妳去走一個過程：首先妳要去感受在這個情境裡頭發生了什麼，然後退一步離開後，發展一個能量場域，或是在身體周圍的第二層皮膚，使妳會覺得既安全又能完全臨在。當妳發展出第二層皮膚時，我會請妳再次回到那個情境中，同時去注意有沒有新的改變發生。

貝絲：聽起來不錯。

教練：很好。貝絲，我首先要請妳做的是，當你準備好的時候向前一步，走到那個地方、那個關係裡一會兒，感受一下在你的身體裡發生了什麼事情。

貝絲：（向前走了一步，停頓）嗯，我覺得非常的不舒服……

教練：注意到這一點很好。還有什麼嗎？

貝絲：我覺得好像動彈不得，就像我父親過去教我的樣子。

教練：像你父親過去教你的樣子……很好，你現在就試著去感受在那個空間和時間裡的感覺，當你準備好的時候，退一步，退出那個空間，回到現在這個當下來。

貝絲：（向後退了一步，做了一個深呼吸，然後張開了她的眼睛）哇，這很有趣……

教練：是的，非常有趣。所以這就是那些舊有模式運作得不好並將我們卡住的地方。我們正是要在這個地方利用生生不息催眠來發展出一種新的自我身分地圖和新的資源。聽起來是個好主意嗎？

貝絲：是的，聽起來非常棒。

教練：好極了，催眠就是這樣一個地方：我們可以從表演中退一步出來、找到內在資源、再回到問題情境中去。所以，生生不息催眠過程有兩個基本步驟：第一個就是準備步驟，我們過去曾經做過得，也就是和你的中心、正向意圖以及所有資源連結。還記得嗎？

貝絲：是的。

教練：很棒，接著在第二個步驟裡，我們會邀請你去為自己發展一個第二層皮膚，它是一種保護性的能量場域，在其中你會覺得安全，同時讓妳去擴展妳的臨在並一直延伸到外在世界去。所以你可以一石二鳥，用一個技巧得到兩種利益。

貝絲：（微笑）聽起來很棒！

（教練帶領貝絲走過準備步驟，包括三個正向的連接：中心點、意圖和資源）

教練：當你感受到這三個連接時，點一下頭讓我知道。（貝絲點了一下頭）

教練：很好，謝謝妳。現在讓我們來看看要怎麼樣發展妳的第二層皮膚，把它作為一種新的資源。我們會開始先向能量球來同頻。今天早上，當我們運作能量球時，你覺得如何？

貝絲：非常棒，我可以感受到它。

教練：好極了，那麼讓我們來看看你是不是能夠再把能量球叫回覺察當中。好，現在先做一個深長的呼吸……穿過整個身體……想像在頭頂上方想像有一個光，或一個臨在，可能有幫助……往下移動……像瀑布那樣……進入你的頂輪……淨化你……清理你……並你帶入一個充滿微妙意識的感受中……帶著對自己的愛……和信心……把那個金色的光吸進整個身體中……穿過手臂……穿過腿……穿過指尖……當你感受到這個能量的時候，把雙手舉起來往外延伸，慢慢的……溫柔的……帶著很深的專注……放鬆你的臀部……放鬆你的肩膀……把覺察透過你的手臂向外延伸……一直到能夠感知到自己抱著一個能量球……讓自己真的去感受……恰好的距離……這個球有多大……它的材質……它的顏色……它如何和你一起呼吸……它的脈

動……將妳自己完全同頻到這個微妙的光場中……事實上，這就是妳的生命力的美麗臨在。

當妳感覺到的時候……可以點點頭……（貝絲點了她的頭）很好……非常好……當妳準備好的時候，貝絲，我要請妳溫柔地把手伸進球中，並把在能量球中所有的能量彙聚起來……用非常緩慢但充滿愛的方式，把它帶出來，安放到妳身體到每個部分……妳的皮膚……讓妳的手撫觸身體的每個部份，讓這個微妙驚人的第二層皮膚包圍到你的全身。

（貝絲開始在她身體外面大約三英吋的地方，緩慢地用手撫摸著整個身體）

就是這樣，妳現在已經開始創造你身體周圍的第二層皮膚，那是一個美麗的能量場，它會保護妳，並且允許妳安全地擴展到整個世界……當妳逐步撫摸身體的每個部分時……妳會注意到有些地方需要特別的關注……需要特別的保護……將這個包圍著妳的第二層皮膚向外延伸……美麗的感知……一個場域……它提供給妳……一個全新層次的安全感……一個全新層次的靈性智慧……一個全新層次的場域……給妳所有的思想……所有的模式……所有的感覺……被保護著……被支持著……在這個第二層皮膚中……所以它們是屬於妳的……而非任何別人的……所以它們就是**妳**的思想……**妳**的模式……**妳**的感覺……非常安全地被抱持著……在這個第二層皮膚中……它正在**妳**身體四周擴展著……使你能夠進入這個世界，你可以進入這個第二層皮膚內……它是一個**美麗的防護罩**……允許妳走進這個世界……也允許這個世界來靠近妳……穿過靈性的過濾器……穿過生生不息第二層皮膚的防護罩……一個透明的場域……一個妳能呼吸的界線……讓妳在裡面自由的呼吸，讓它變成妳的第二天性……第二層皮膚……

第二個自性……慢慢來，需要多少時間都可以。

（貝絲的手在她身體周圍不停地移動，她站在那兒，雙臂放在身邊，手掌向世界打開。）

當妳準備好的時候……我要請妳再一次往前跨一步……走進你那個舊的情境當中……但是帶著新的連結……帶著妳和第二層皮膚的連結……那些遠比妳與外在世界更基本的連結。（貝絲往前走了一步）很好……現在再往前走一步，進入那個和你自己新的連結裡……進入那個嶄新的、正向的和別人的連結中……現在看看妳的外在世界有什麼改變發生……看著那些具有攻擊性的男人……感覺你的第二層皮膚……正保護著你……帶著好奇心……中心點……覺察……

當你感覺到第二層皮膚的奇妙感覺時……妳會發現自己可以非常自信地在這個情境中游走……而那些全然不同的覺察幫助你**進入中心點**……**自信**……**放鬆**……**充滿了機智**……去感受那種完整感……在你的第二層皮膚中……所有不同的可能性……所有存在的不同方式……有一些可能帶著溫柔……（停頓一會兒，讓她去探索）有一些可能帶著勇猛……正向的……可愛的……戰士的勇猛……對你自己……對別人……（停頓）有一些可能帶著頑皮……是一種很棒的感覺，你可以在你的第二層皮膚當中，這麼安全的遊戲著……（停頓）和你的整體存在保持連結……在你之內，有一個全新的界線感正在產生……成長……療癒……在那個第二層皮膚當中……

（再停頓一下，加上簡短的溝通，詢問個案有什麼新的學習、做出誓言與承諾、向正向的未來延伸並感恩）

當妳準備好的時候……可以再溫柔地跨回一步……來到我們開始的地方……也就是妳的中心……（貝絲往後退了一步）……很好，妳做得非常好。妳為自己做得棒極了……現在花一點時間來享受那個新

的連結感……感激妳自己完成了一個很棒的工作……當妳準備好的時候，做一個深長的呼吸，然後睜開眼睛，回到我們現在的房間中來。

（貝絲做了一個深長的呼吸，同時張開了她的眼睛）

教練說：（微笑）歡迎回來。

貝絲：謝謝你……喔，這真是一個很棒的經驗。

貝絲分享了為自己創造第二層皮膚是一個多麼有威力的經驗。在其中，當她想到這些具有攻擊性的男人們時，她能夠感到完全的臨在，不受其擾。她在幾個禮拜之後發給我一個Email，告訴我她持續地練習擴展她的第二層皮膚，這些真正幫助了她自在而自信地面對她的工作。

以上是創造第二層皮膚的微妙場域的諸多方法之一。在探索其他方法的時候，要記住，只要你進入中心點，而且整合，這個微妙場域會自動打開。它是一個當你覺得完整而臨在時的自然產物。當我們因神經肌肉鏈結而緊縮時，就會喪失它。在本書中所教導的每一種方法，都是為了去實現一種創造性的完整，讓我們的第二層皮膚能夠再回來。

## ●第五個方法：凱爾特十字架

凱爾特十字架是另外一個創造生生不息催眠的正念場域的技巧。凱爾特十字架是在傳統的十字架中間交叉點的地方有一個圓圈。卡爾‧榮格（Carl Jung）和喬瑟夫‧坎伯（Joseph Campbell）兩人都建議，以神話學的象徵來說，十字架的四個方向代表了世界這個整體（場域），而這個在中間的圓則代表了（生生不息的）自我來到了這個世界。我們在這裡用這個凱爾特十字架，是用它神話學的意義，而不是宗教的象徵（要是這個十字架的圖像對你來說不合適的話，也可

以使用其他的象徵，像是生命樹。四個方向是美國美洲印地安人、西藏人和里奧納多‧達芬奇畫的維特魯威人等，都使用過的）

凱爾特十字架包含三個彼此相交的軸。(1)**垂直軸**，代表天／地，上／和下，意識／無意識，精神／靈魂，北／南等兩極。(2)**水平軸**，代表東／西、陰／陽、女性／男性等。(3)深度軸，代表內在／外在「我」的兩極來到這個世界（讓這個世界進入自我）。

凱爾特十字架可以用來沿著垂直軸和水平軸打開微妙覺知。把注意力專注在這個微妙場域中，會放鬆我們因神經肌肉鏈結緊縮而產生的注意和思考方式，同時打開一個空間，讓創造性過程從中心升起。圖表6.7為操作步驟。以下的案例是從一個團體工作中摘錄出來的。

## 介紹

現在讓我們沉澱下來，準備開始我們今天的工作。我要在這裡鼓勵你共同進入這個經驗，如同所有的催眠過程一樣，把它當作一個愉悅的實驗。你試試看是否能把身心頻率調整到最細緻的程度，像所有創意的表演者那樣。舉例來說，如果你是一個鋼琴家，正要彈奏一曲美麗的樂章，你必須去感受並調整所有的細節，包括你的坐姿、呼吸的方式、手觸摸琴鍵的方式、手從琴鍵離開的方式、由身體和耳朵感受到每一個音符的質地和其情緒意義。我們現在正在進行的也是一種相同的「意識的實驗」，去探索各種你能夠經驗並重新創造你的生命的可能性。所以不要把這個過程視為有人在催眠你，或某一種神秘的靈魂出竅經驗，而是把它當成一個自然的探索，如何與你的微妙覺察同頻，並用這種微細覺察來作創造。

今天我們會特別使用凱爾特十字架這個技巧，主要用於打開我們生命的四個方向，東南西北。而當你做動作的時候，要緩慢的移動，

第一個步驟：準備

    1.中心點

    2.正向的意圖

    3.獲得資源

第二個步驟：轉換到生生不息的狀態

    （重複的手部動作，非常緩慢、優雅）

    1.打開垂直軸

    2.打開水準軸

    3.打開深度軸，從中心一直延展到世界

    4.在三個軸線中移動，用非常緩慢又優雅的動作，向凱爾特十字架的生生不息微妙場域打開

第三個步驟：轉化

    1.把意圖帶到中心

    2.緩慢的、重複的，把想要達到的自我狀態帶到世界中

    3.當準備好的時候，完全釋放到場中，讓「超越形相」的深刻整合發生

    4.把轉化後的自我帶回中心，整合未來

第四個步驟：回到外在世界

    1.注意到重要的學習

    2.看到在未來的理想自我

    3.誓言和承諾

    4.感恩

    5.重新定向

圖表6.7　凱爾特十字架

大概比你平常的速度慢四到五倍。看看你是不是能將你的動作和呼吸同頻，同時保持住一種「超越的空間」，並對可能的愉悅發展保持好奇。當你設定好四個方向時，我會請你跟你的中心連結，不論你覺得你最適合的中心點在哪裡——可能是你的心輪、小腹或太陽神經叢，也可能是你第三眼的位置。然後我會請你來感受你的目標，也就是在這個世界上你最希望活出的方式，並且把這個目標帶進你的中心。接著，保持著凱爾特十字架去向四個方向打開，與此同時我會邀請你來打開卡爾‧榮格和喬瑟夫‧坎伯所稱的「第五個方向」，也就是你靈魂的臨在從你的中心點一直向外展開到世界中。你的手和手臂將會重複一些非常緩慢的動作，把一個在你之內的新的存在，帶到外在世界……把它提升到世界中，並引領它、鼓勵它、支持它。這樣做了一會兒之後，我們將會做一個整合性的經驗，然後重新導向。有任何問題嗎？

回答問題後，通常我們就會開始準備步驟，包括發展正向的連結、歸於中心、意圖和資源。接著我們會轉換到一種生生不息的狀態，來實驗並發展凱爾特十字架的三個軸，方法如下：

現在，你已經和你的中心連結……你的意圖……你的資源……讓我們來利用這些正向的連結為你自己作一些靈魂的工作……把你最深的內在完整地導向這個世界……

所以現在讓自己感受舒適、穩定、中心點、同頻並開放。身體坐直坐正……放鬆……開放……並且發展出一種經驗性的專注。像運動員或藝術家為創造性的表演做準備那樣感受你的放鬆過程。不是那種在看電視或坐在酒吧裡的放鬆，而是去感受一種經過精細調整的放鬆。這個過程不是為任何別人而做；所以它也不是要讓你對任何人展現你看起來有多棒，或者要去取悅任何人……它是為了來榮耀你內在

最深的靈魂禮物，與他們連接並且把他們帶到這個世界中來。所以現在放下覺得需要表演給任何人看的想法，而把這個過程當作一個生命本身的靈魂演出，你正身處在其中的神聖生命……

　　所以在你踏出表演給別人看的想法的同時，你可以踏進你內在的一個空間，在那兒，你能以一種最親密的方式感受到自己和創造的可能性……確定你的脊柱是挺直的，身體是放鬆的……呼吸……放鬆……與你的脊柱同頻……開始在你的脊柱內部呼吸……隨著你與內在的覺察同頻，身體的外在部份……你所有的肌肉……都可以開始放鬆……當你從頭腦轉移到呼吸……從表演到感受……當你找到一種和呼吸更基本的連結時，你的肌肉會開始放鬆……你現在什麼都不需要做，只需要放鬆……腦海中沒有什麼可執著的……釋放，放下。

## 打開垂直軸

　　當你釋放的時候，開始調整呼吸，讓它在脊柱上下移動……每一次吸氣，感受你的覺察沿著垂直軸向上移動……你的覺察往上提升……每一次呼氣，感受你的呼吸沿著垂直軸向下移動……這樣子做持續一陣子，調頻你垂直軸的感官覺察……往上移動……北方……到天堂……到天空……然後往下沉……一直沉到地上……地球的深處……去感受在這兩個不同能量之間的平衡……上升的……和下降的……也許像兩條蛇彼此纏繞著……像覺察的雙螺旋……吸氣往上……呼氣往下……

　　當你找到那個平衡點，也就是那個愉悅的、天和地的平衡點時，你可以試著去感覺你的中心在哪裡……你身體中的平衡點在哪裡……在那裡的兩個世界相遇……這個你覺得最能夠連結到的中心……可以是你的心輪……或者是小腹……或者是太陽神經叢……任何一個你

覺得最有吸引的地方……把你的手輕輕的移向那裡並撫摸那個中心點……感受它……和你的中心合一……和它一起呼吸……讓你能夠放下並往內走得更深一些……

當你感覺準備好的時候，可以開始打開你的凱爾特十字架的垂直軸，用一種非常溫柔的……非常緩慢的速度……比你一般移動的速度大概慢四到五倍……一隻手**向上舉起來**……在垂直軸上舉起來……另外一隻手，開始非常緩慢的，從你的中心**往下移**……把你的垂直軸一直往下延伸到地球的中心……就是這樣……一隻手緩慢地往上，順著垂直軸往上延伸……打開……溫柔的感知……探尋……感覺到有一條微妙的線被打開來……一直往上……穿過你的頂輪……一直延伸到天上去……另外一隻手，緩慢的把這條線往下拉……一直延伸到地球的中心……深入靈魂和它所有的次元……

去感受這個動作的品質……它的質地……它的輕盈……一個非常緩慢的……好奇的……感官的維度……你的創造性無意識開始甦醒……從某個時刻開始，你的手似乎開始自發地移動……某一刻，你還帶著覺察去移動它們……到下一刻，它們就似乎不需要意識的努力就能自發地移動……一直繼續這樣的移動，往上往下，至少三到四次……透過你的指尖去感受這份敞開……透過你的手腕去感受這份開放……有一種非常放鬆的流動穿過你肩膀的關節……這個動作如此輕盈，讓你能夠緩慢的，帶著感官的好奇，去發覺你怎樣可以讓你的手自發性地移動，而在某個時刻，它真的可以自發性地移動。

當你往上或往下移動到極致後，你的手可以再往回緩慢地移動。因為動作是如此緩慢並帶著覺察，有時候你甚至感覺不到它們在移動，雖然它們實際上是在移動，一直到它們碰觸到彼此……然後你可以開始重複這個過程……感覺你的指尖敞開，手腕敞開，手肘敞

開……一種優雅的太極的移動……所有不同的頻率場域……所有不同的波……順著垂直軸開放……往上、往下流動著……

## 打開水平軸

　　這樣運作一會兒之後，當你的手再往回移到中心點時，你就可以開始往外去移動，往右、往左，再順著水準軸，讓你的手緩慢的張開，非常緩慢的，比你平常移動的速度至少慢四到五倍……打開水準軸……把你的覺知無限的往東方去延伸……無限的往西方去延伸……一直到你完全的開放……感覺到有一種光穿過你的指尖流動著……一種由自我向宇宙閃爍的開放……吸氣……吐氣……讓你自己重複這個動作至少三到四次……延伸這個水準軸，向無限的週邊延伸開放……然後把世界再帶回到你的中心……感覺到這個宇宙的結構向你打開……穿過你……你和它對齊……往外打開……把它們帶回家……往外打開……把它們帶回家……

　　（這個步驟可以再更詳細的予以解說）

## 在垂直軸和水平軸之間交替

　　然後在某一個時間點，你可以讓你的手互相交替……往上往下順著垂直軸移動……回到中心……然後打開水準軸……有一條美麗的、微妙的線打開，進入創造性無意識……回到中心……然後在兩個軸之間來回移動……往四個不同的方向打開……將凱爾特十字架的無限的光芒打開……四個方向和宇宙微妙的結構向四個不同的方向打開……

　　（這個步驟可以再更詳細的予以解說）

## 打開深度軸

當你覺得四個方向，南和北……天和地……東和西……你能夠在你身體的核心感受到它們……一個美麗的光球……一個美麗的覺醒能量的球……凱爾特十字架的第五個方向……打開自我覺知進入這個世界……創造一條自我醒覺的道路……一條自我實現的道路……你可以讓你的手觸摸這個中心……然後溫柔的向前打開……非常緩慢的……向世界打開……向你的未來打開……向你的意識打開……猶如釋放一只小鳥那樣……猶如向這個世界呈獻一個美麗的禮物那樣……放鬆你的手腕、你的肩膀、你的手肘……讓你的指尖敞開，讓一種金色的能量穿過它們……讓你的自我感知如何可以把能量帶進這個世界……如何支持它……祝福它……和它協調一致……和它一起呼吸……在它之中同時又包圍著它……

（這個步驟可以再更詳細的予以解說）

## 把自我整合進世界中

然後你開始順著每一個軸移動……垂直軸……水平軸……深度軸……像峇里島的催眠舞蹈……向三個不同的維度打開……向四個不同的方向打開……打開凱爾特十字架……打開生生不息的場域……

當你感受到所有的開放時……垂直軸……水平軸……一個生生不息的場域允許**一些非常深的東西被帶出了**……**一些非常深的東西誕生了**……去感受什麼是你最想要帶進這個世界的……什麼是你最想要在這個世界中成為的……向水平軸開放……往上，往下……一種燦爛的開放……去感受你最想帶到這個世界的……最深層的自我……當你準備好的時候，進入你中心的中心……你最深層的內在空間……和你那個你最希望能帶出到這個世界的自我連結……讓你的手緩慢的將他帶

到這個世界中來……引導……帶領……誕生……自由……你自我的那個部分……從你內在所帶出來的……你最深的自我……快樂的……自由的進入這個世界……

當你在過程中感覺到任何干擾……任何阻塞，重新回來打開水平軸……打開垂直軸……不斷的把這個空間打開……把這個場域打開……透過這些開放，把你那個最期望的自我帶進這個世界中來……

## 回到中心

當你看到你最深層的自我，你最真實的自我，你最真的自我……在這個世界上有一個位置……你可以讓他知道，他有一個家可以歸返……就在你的內在……休息……療癒……回家……所以當你準備好的時候，你可以溫柔地伸出手去擁抱這個你釋放到世界來的自我……很溫柔的和他連結……緩慢的……溫柔的……讓你的手把他帶回到你的中心來……整合……回家……歡迎……給那個你存在的自由靈魂一個地方……和那個存在一起呼吸……給他一個安全的地方……他自己的方式，他自己的生命……當你在最深的內在中心感受到那個地方時，你可能會想要送給自己一些最重要的訊息……把那些訊息透過你的呼吸，透過你的心，透過你最內在的寂靜之聲來傳達，並且感受到一個很深的連結，在你和那個存在之間……

進行最後一個步驟，未來導向，來完整這個催眠過程：

接著花一點時間感受你在這過程中所經驗到的……你所學習到的……你最想要記下來的……最重要的正向學習……打開通向未來打道路……許多道路通往許多未來……在每一個未來裡看到你自己都做出更多正向的行動……從這個更正向的自我中學習到更多……把你自己解放到這個自我實現的世界中……

　　注意到有什麼新的學習……看到那些未來……感受那些你想要對你自己、對生命做出的簡單卻深刻的誓言……任何關於你將怎樣活出生命的承諾……關於你將怎樣和你自己共處……關於你將怎樣和別人相處……去感受那個簡單的……正向的……核心的誓言……你想要做出的誓言……我們的生命，是從我們的誓言當中活出來的……你可以去試著感受什麼是你最想要做出的誓言……然後就去做……

　　在你回來之前，可能想要花點時間來表達你的感謝……向你自己……向所有曾經支持你的人……以這麼多種不同的方式……在這個奇異的旅程當中……誰曾經在道路上幫助過你……那些走在你之前的人……祖先們……老師們……靈性的存在們……在大自然中的存在……一座山……一顆樹……一片森林……那些曾經和你在一起的人……你的家人……你的朋友……你的寵物……知道自己有這麼多支持是一件很棒的事……並且能夠向他們說聲**謝謝你們**……**謝謝你們**……為我這個美麗旅程中的一切，謝謝你們。

　　當你準備好的時候，可以慢慢地回到這個外在的世界來，並且知道你還有剩下一整天的時間可以來分享並享受你這個努力的成果。在今天結束之前，你可以帶著那個甜蜜的、滿足的微笑往回看……發現自己在說：「這是多棒的一天啊！」

　　（催眠完成後，通常能做一個五到十分鐘的結束過程是很棒的）。

　　雖然以上案例是個比較長的版本，但是你也可以進行一個短版的身心整合、同頻過程，特別是當你在一個表演準備上臺前，或心神散漫，掉落在自我的緊縮中時。花一點點時間來安頓，歸於中心、呼吸、然後把你的手向垂直軸和水準軸移動，一直到你能夠感受並回到那個創造性流動的狀態為止。然後，去感受你想要帶進這個世界的是

什麼，感受到它的中心，再透過緩慢的、重複動作的「催眠舞蹈」，把它帶進世界裡來。要記住，你是向一個合一完整的世界開放，而不是向某個人；同時你的動作是要非常緩慢的，像太極舞或手臂懸浮。這是一個很簡單的方法來釋放你自己，並且回到你的自我和世界中。

我有一次非常幸運地在日本京都一個老和尚的家裡參與了一次非凡的的茶道儀式。我們六個參與者跪成一個圓圈，女主人和她的兒子用一種非常正式、但卻美得讓人心痛的日本儀軌奉茶給我們。在接茶的時候，你先做一個冥想，然後把茶杯往上提，去思維這個茶杯上所畫的自然圖畫。接著大家把茶舉到場域裡，你要深深地一鞠躬，輕輕地嘗一口，再慢慢地放下茶杯，做一個短暫的冥想，完成這個過程。最後每個人都輪流倒一杯新的茶奉給第二個客人。在整個過程中，這個合一的場域一直都是以靜默的和諧得到尊崇。

儀式完畢，我們到另外一個房間中聚會，主人介紹了這個茶道的簡短歷史，同時接受了我們的一些提問。當我問到：「在儀式中，當我們把茶舉起來鞠躬時，我們是向誰或向什麼東西鞠躬？」身穿正式傳統和服的女主人，此時無法掩藏閃耀在她眼中的驚訝，溫柔地回答說：「為什麼這樣問，你是在向一切萬有行鞠躬禮。」不知道為什麼，我覺得我早就直覺地知道了答案。

當你向一個場域開放時，你是對一切萬有開放，並且致敬。事實上正是這個非局部化的自我能讓你能夠創造性的接納，並和在場域中的一切作交流。我希望在本章節裡我們簡短介紹的方法可以支持你意識到這一點。

● 總結

在一個生生不息的狀態中，意識從認同覺察的轉換，成為覺察場

域本身。我們在生生不息催眠工作中探究了許多不同的方法來「打開這個場域」：包括能量球、把資源加入能量球中的自我意象、生生不息催眠作為一個量子場域、「第二層皮膚」和凱爾特十字架。與一個生生不息的場域同頻，讓我們能夠不帶神經肌肉鏈結的去思考和行動，因此能夠深化我們的美學智慧和精微意識，這是創造性的表現需要。帶著這樣的自由度，你可以(1)以一個超然而不被淹沒的角度來看待問題，與問題同在；(2)向創造性無意識之流開放；(3)在處理挑戰性過程時保持平靜、好奇和協調。簡言之，一個生生不息的場域可以幫助我們明顯提升快樂、健康、工作績效和療癒能力。

‖第七章‖

# 創造性接納原則

人類內在如同叢林，

有時是野狼主宰著，

有時是山豬，

所以當你呼吸的時候要小心！


每一刻都有個新物種從我們的胸口升起——

此刻是魔鬼，下一刻是天使，再下一刻是野獸。


但在這個令人訝異的叢林中

卻也有一些東西能讓你完全臣服。

如果你要追蹤或要偷些什麼，

就從他們哪兒偷吧。

魯米


到目前為止，我們已經探索了打開生生不息催眠之流的身體基礎和場域基礎。接下來的三章，我們就要進一步的探討，能夠產生創造性經驗和行動的認知關係。在生生不息催眠中，生生不息的認知心智

有五個主要的原則：

1. 正念（打開好奇心）
2. 正向的意圖
3. 創造性接納
4. 互補性（「既是／又是」）
5. 無窮可能性

前兩個原則，包括向一個正念的空間打開並保持一個正向的意圖，已經在前面的章節討論過了，特別是如何開啟生生不息的狀態。這一章中，我們將主要著墨在創造性接納原則上。而接下來的兩章，就會分別來探討互補性和無窮可能性原則。創造性接納原則是米爾頓·艾瑞克森傳承中非常重要的基石，我們會從這個原則的概論開始，接著再探討四個具體的應用方法。

## ●生生不息的原則：創造性接納

我的痛苦堆積如山，很快我意識到，我可以用兩種方式來回應我所處的境遇——要麼也以苦澀來回應，或者尋找一種方法把痛苦轉化為創造性的力量。我決定追隨第二條道路。

恨讓生命坍塌，愛讓它釋放。恨讓生命困惑，愛讓它和諧。恨讓生命黑暗，愛把它照亮。

馬丁路德·金

生生不息催眠工作的中心前提是，創造性意識要求：(1)自我覺察，(2)與一個非局部化的生生不息的場域連結。它的理論基礎是，創造性流動會被我們緊縮的自我意識神經肌肉鏈結阻塞住，因此在那裡

我們只能僵硬地認同於場域的一部份，而與其他部分對抗。

　　諷刺的是，這個緊縮的、分隔的意識是當我們嘗試改變不喜歡的狀態時最典型的反應。我們被鎖在憤怒或恐懼裡，帶著緊張的肌肉想要強力去作改變。也就是在這樣的情況下，沃茲萊、威克蘭與費區（Watlawick,Weakland,Fisch,1974）觀察到：

　　我們嘗試去解決問題，卻成為問題本身。

　　也就是說，當我們嘗試去改變一個狀況，這剛好就是使狀況繼續滯留的原因。

　　在這些情況下，有一個看起來非常矛盾的替代方案，就是去接受一切的發生，來啟動改變的過程。換句話說，

　　要改變一件事情，首先我們需要完全的去接受它。

　　在生生不息催眠中，我們稱它為**創造性接納原則**。接受並不意味著對情境的負面投降或屈從；相反地，它是一種深刻而好奇的連結，使其能超越問題本身，向一個更大的可能性去開放。米爾頓・艾瑞克森是一位**創造性接納**的大師，曾提出一個很棒的案例：一個年輕的女士去看他，她在辦公室當秘書，完全相信自己很醜又不可愛，沒有任何男人會想要娶她，所以她有自殺的傾向。在她的門牙中間有一個很大的縫，她稱這個縫為一個「明顯的」醜陋證據。艾瑞克森要求她在採取任何極端的行動之前，先承諾他要做一件事。他給她的第一個功課是每天晚上回家之後，練習從牙縫間噴水，直到她能夠用水擊中一個相當距離之外的目標為止。她雖然覺得這個功課十分輕佻，但還是

同意試試看。艾瑞克森知道她被辦公室裡的一位年輕男士所吸引，而且這位男士可能也被她吸引，因為他們幾乎每天都剛好會在辦公室的飲水器旁邊相遇（當然，這位女士完全不相信自己有任何吸引到這位男士的可能）。所以，讓這位女士很震驚的是，艾瑞克森要她在喝水的時候，如果看見這位男士也走過來，她要含一大口水趕快站起來，然後趁這位男士彎腰喝水時，把水從她的牙縫間向這位男士噴水，然後趕快跑走。這位女士照做了，而這位男士居然在後面追著她跑，結果竟然要求與她約會。最終他們結婚生子。

在這個簡明案例中，你可以看出「問題」（牙齒縫）被當作一個創造性解決方案的基礎。首先，我們要去接受它，然後用一種新奇的方式賦予它正向的意義，讓新的可能性被開啟。這正是本章的焦點：如何讓創造性接納將衝突轉換成合作，將問題轉換成解決方案。

在開始之前，首先讓我們來思索一下，艾瑞克森是如何想到將牙縫作為開啟親密關係之門的。這兒，我們可以再一次運用現實建構的雙層次理論。在第一個層面中，任何模式本身都具有無窮的可能形式和意義，一切都在量子場域中振動著、閃爍著。然後由一個觀察的意識來將「**量子波崩塌**」，並進入第二個傳統的層次中，形成一種特定的狀態。在創造性無意識的量子層面上，任何模式都是一種象徵，它同時蘊含著多重的、彼此矛盾的可能含義，其中很多含義無法以外顯的方式呈現。（這就是藝術的精華）。在傳統的層次上，一個模式只能標示一種固定的意義。

在艾瑞克森的案例裡面，我們可以說，這個女士因為她的牙縫，創造了她意識心智中的神經肌肉鏈結，因此她只能看到一種固定的意義，也因為如此的醜陋和不可愛，她必須自殺（而跟她互動的人，可能也會進入這種無意識催眠，相信這件事只存在一個單一的負面的意

義）。而艾瑞克森卻能夠打開她的創造性無意識並且將這個意象融入其中，使得它的多重意義、形式和價值可以開始一起共振。艾瑞克森帶著正向的意圖，希望能夠利用這個圖像來治療他的病人，這使得他的創造性無意識能發現（或創造）一個新意義來實現他的意圖——在這個案例中，就是從牙縫間噴水。

這是認知心智在生生不息層面運作的一個例子，意識可以在其中用一種「心靈的心靈」的方式來運作。它是一種無內容的覺察場域，因此不管呈現出的情境或模式是什麼，它都能夠吸收並產生一個新奇的觀點。這個元心智（meta-mind）能夠在許多不同的背景中考慮這個模式，然後從中選擇出一個最能夠支援這個情境的背景。這很像我們在第六章所描述的「能量球」，在這之中有一個微妙的場域，能夠融入並且創造性地面對挑戰。

在圖表7.1中，我把這個模式描述為一個四步驟模型。

| |
|---|
| 第一個步驟：打開正念的量子場域 |
| 第二個步驟：創造性地接受負面模式，並把它吸收到量子場域中 |
| 第三個步驟：允許量子場域產生新的可能方式來經驗或表達這個模式 |
| 第四個步驟：抱持正向的意圖，選擇新的可能的方式 |

圖表7.1　用來轉化模式的四步驟模型

這個創造性接納的過程可以有很多不同練習方法。圖表7.2列舉了五種方法，我們將在這一章中分別加以探討。

| |
|---|
| 1.創造性接納的暗示循環 |
| 2.創造性運用的自我催眠過程 |
| 3.從經驗性資源中來展開催眠 |
| 4.關係咒語 |
| 5.問題模式的身體模型 |

**圖表7.2　創造性接納的方法**

## ●第一個方法：創造性接納的暗示循環

　　創造性接納原則是從加入萬物原有的樣子之中、不嘗試去改變它開始。這不只是一種心智上的詭計；完全的接納意味著打開一個生生不息的場域來接收它、將其融入你的身體中心、並找到認知的關聯（名字、信念、關聯網路）來分辨它。這會把模式帶進一種生生不息的空間，在那裡，創造性無意識能將所有新的可能性打開。如果要運作得好，和諧的關係和邊緣共振，是比語言還更基本的要素。以這樣的方式，改變像是來自模式本身，而非由外界力量強加其上。

　　創造性接納原則簡單的的練習方法之一就是暗示循環：加入並帶領。見圖表7.3中。這是一個微觀的過程，要將注意力放在連結各種展開到小細節上。一般來說，先從生生不息催眠的準備步驟開始——中心點、設定意圖，並向它的資源開放。這可以使身心和諧，正向到好奇心臨在。這些細節可以是簡單的外在事實，比如：

　　…你正坐在一張椅子中

　　…你正看著我

　　…當然，你的手正放鬆地放在大腿上

| | |
|---|---|
| 1.跟隨的語句（這是……） | 5.接收回來（你現在覺察到什麼？） |
| 2.跟隨的語句（這是……） | 6.對回饋作回饋（你現在覺察到了X） |
| 3.跟隨的語句（這是……） | 7.回到第一步 |
| 4.帶領的語句（這個可以是……） | |

圖7.3　在微觀層次上的加入和帶領

…你正在吸氣和吐氣……

　　這些語句通常要以一種節奏性的語調表達出來，並且和個案產生一種深刻的連結，好像世上並沒有任何其它東西存在。接著，我們就可以給出一個簡單的引導性的暗示，例如：

你現在可以再放鬆一點點……

你也以問這個問題：

你現在覺察到什麼了嗎？

　　而個案的任何回答都可以用作下一輪的材料。例如，個案回答說他覺得手上有一種麻麻的感覺，這個回答就可以用來作為下一個語句的開始。舉例來說：

……非常好……當你覺得你的手有一點麻麻的

……當你聽到我的聲音

……當你注意到身體呼吸的感覺

……以及任何手部感受的變化……

然後加上一個引導的語句：

……你現在可以再放鬆一些……

在一個深呼吸之後，可以停頓一下子，讓這個有意義的沉默來允許經驗性的暗示過程發生，然後：

……你現在覺察到什麼了呢？

這個過程可以一直不斷重複，直到個案轉化到一種放鬆、專注的狀態。而這個狀態代表個案已經準備好進入下一個步驟，比如從描述外界事實，轉到情境的可能性上。仍然要仔細的與個案所處的狀態同頻，並向他暗示一些很容易做到的改變，這是在整個催眠過程中的通用模式。在做這些連結時，也可以用相似的方式運用其他經驗性的事實，舉例來說：

（加入到目標的陳述中）……你真的非常想做一些改變……

（加入到疑慮和抗阻中）……你還是對自己是否有能力去完成這個目標有一些懷疑。內在的聲音懷疑著，「我能做到嗎？我能做到嗎？」疑惑的感覺來來去去……猶豫……知道這一點很棒……

（加入到可能的資源中）……你有很多可以汲取的資源……你和朋友們的連接……保羅和蘇……你登山的經驗……你的靈性價值……

簡而言之，有很多不同種類的經驗性價值和事情，可以也應該被包含到催眠過程當中。正如我們在第四章所提到的，所有和目標相關的經驗和自我身分的不同部分，都應該被邀請到催眠場域中，特別是在進行第二個總體步驟時（就是辨識並且歡迎自我身分的不同部分）。透過把所謂的抗阻納入進來可以削弱它的力量，透過把注意力

帶入到每一個進行中的模式裡，可以推進催眠的過程。

在催眠工作開始時，通常從一個簡單的、經驗性的細節來作開始，讓它們成為節奏性迴圈中的一部分，連結著當下發生的情況，以此作為理想經驗（如催眠）的基礎，從那裡出發並進一步展開。

下面是一個說明案例，我們的個案是工作坊志願者沃特：

教練：早安，沃特。

沃特：（微笑）早安。

教練：謝謝你自願來參與下面的工作。我想要邀請你一起來探索一個簡單的生生不息催眠的過程。它包含有，我們會開始看到，我們可以如何一起工作，讓你的創造性無意識來幫助你，並且你可以探索與你經驗的關係，把你帶向一個更深的、正向的催眠狀態中。這聽起來有趣嗎？

沃特：是的。

教練：好，很棒。先讓我們花一點時間來沉澱下來、往內走。然後，當你準備好接受我的語句的時候，可以給我一個訊號，我會給出三到四個簡單的回饋語句，加上一個暗示，然後我會給你機會來看看有什麼事情發生。接著我會請你去說說剛才發生的事情，然後我們會再進行另一個暗示迴圈。這次我們會從你剛才所看到的開始，好嗎？

沃特：好。

教練：好，現在讓我們花一些時間安定下來，往內走，往下沉（深呼吸並靜默一會兒）……沒什麼比傾聽創造性無意識更能讓我們看到無窮可能性的了……和自己的經驗連結，感受內在智慧……當你放鬆一些時……可以開始設立一個意圖……關於今天，你想在這個催眠工作中經驗到什麼……（靜默一會兒等待）……當你準備好的時候……做一個深呼吸，睜開眼睛，重新回這個外在世界來。

（沃特睜開眼睛，微笑著）。

（這個簡短的開場其重點是在強調這是一個學習經驗，並使兩個人都很好奇有什麼正向的學習經驗會在此展開。）

教練：在剛才那些開放的時刻中，你覺察到什麼了嗎？

沃特：當我閉上眼睛時，我感受到胸腔的呼吸，在這個部位（把手移到胸腔附近）似乎有一種感覺幫助我可以開始進入催眠狀態。

教練：很棒。當你閉上眼睛時（一個回饋語），並專注於呼吸時（另一個回饋語）感覺到胸腔附近有一種空間感在增加（另一個回饋語）它似乎幫助你可以開始進入催眠狀態。

沃特：是的。

教練：我們是不是可以再往裡面走一些呢？

沃特：是的，當然。

教練：很棒。那麼再次閉上眼睛，當你準備好的時候……花一些時間來進入中心點，往內走……當你準備好再往內多走一些時，可以點點你的頭……

（沃特點了他的頭）

很棒，當你調整呼吸的時候……你聽到我的聲音……你覺得在胸腔部位有一種特別的感覺……和其他的經驗性覺察一起……允許你……進入更深的、奇異的催眠狀態……（停頓）你現在覺察到了什麼？

沃特：（短暫的停頓）我注意到我的呼吸和頭部的移動。

教練：你覺得舒服嗎？

（沃特微笑，並緩緩地點頭）

能夠注意到呼吸的各種不同面向是一件多麼愉悅的事……溫柔的，在頭部的微妙改變……在手部的覺察變化……你的腳……你的身

體……你能夠繼續再往內走得更深，進入一個奇妙的學習催眠中……（停頓）就是這樣……就是這樣……你現在覺察到了什麼？

沃特：我覺察到一些非常有趣的畫面流進我心中……

教練：那就對了……一些非常有趣的畫面流進你的心中……一些非常有趣的呼吸流過你的身體……一些非常有趣的感官經驗穿過你的身體……一些非常有趣的催眠狀態正開始從你創造性無意識非常深的內在發展出來……你現在覺察到什麼了呢？

沃特說：（停頓）現在我覺察到不同的看待事情的方式……似乎變得很有趣……一種全息式的模糊的……旋轉的顏色……各種不同的圖像……

教練：這個經驗是愉悅的嗎？

沃特：是的。

教練：很棒。所以有很多創造性的改變正從你的內在展開……你的呼可以正向地改變……你身體的感覺也可以正向地改變……你催眠的深度也可以正向地改變……你可以享受一種深刻的、體驗性的、全息的、旋轉的語言……旋轉……快速的旋轉……誰知道那是什麼顏色？……（停頓）……單純地去享受這些正向改變正從你的內在展開，然後在一種全新的層次上去瞭解創造性無意識的語言……你現在覺察到什麼呢？

沃特：我覺察到嘴唇上有一種麻麻的感覺……頭部有一些小的動作……一些有趣的畫面……有點像是衝浪板的形狀……很多很多的衝浪板……

教練：很好……非常好……單純地去享受那些改變……在你的嘴唇上……你的頭部……那些畫面……那些在海上衝浪的經驗……現在你可以享受去到催眠最佳的層面，這會讓你能夠與你設定的正向意圖

同頻……讓你的創造性無意識發展出你目標實現的第一個部分……流經時間、空間、水、海洋、記憶，發展出一個解決方案……達成一個目標……產生一個新的現實……

（繼續幾分鐘，總是要用音樂性和關係性連結來引導這個流動。）

當你準備好的時候，去感受你經驗了什麼……你學習到什麼……有什麼是你想要特別記住的，作為持續學習之用……當你準備好的時候，溫柔緩慢地睜開眼睛，重新定向回外在世界來。

（沃特睜開眼睛，微笑著。）

教練：（微笑）嗨！

沃特：嗨！

教練：你覺得怎樣？

沃特：哇，非常有趣……衝浪板開始變成一些移動的、閃爍的曼陀羅圖型，有點像萬花筒那樣……但其中有一些人像……一種象徵性的人像……一起跳著關係的舞蹈……（微笑）很難用語言形容呢！

教練：是的，我知道你的意思

（對話又持續了一會兒。）

以上的案例顯示，創造性地接納，微觀經驗中地每一刻，可以發展出生生不息的催眠狀態。再強調一次，這樣的催眠的品質在本質上跟傳統那種暗示性的催眠非常不同，因為這種催眠狀態是由個案自己的經驗所產生的。即便不在催眠過程裡，創造性接納原則也會顯現，我們可以利用當下的任何東西去發展一個有趣而有意義的經驗。

相反地，當在場域中的一些經驗無法被接受時，我們也可能會落入死胡同或其他形式的僵滯狀態。有時這會非常明顯，當我們看到我們稱之為「壞的」或「愚蠢的」或「無法接受的」東西時，這些負面

的詞語，通常都代表神經肌肉鏈結正在凍結當下的經驗。所以，就如我們將會看到的，有一些無法被接受的事更具有隱藏性，需要帶著好奇的思維性的覺知來發現。不管怎麼樣，在任何情況中，只要我們能納入那個經驗模式，創造性無意識的音樂性就能好好利用它們。

## ●第二種方法：創造性運用的自我催眠過程

創造性接納原則也可以用相似地方式運用在自我催眠上。米爾頓·艾瑞克森的太太伊莉莎白介紹了一種正式的技巧給米爾頓的學生們。伊莉莎白展示了一個簡單的過程，其中一個人可以將他的注意力放在每一個感官的細節上，同時以一種旋律性的、專注的方式說出它們來。我們稱之為宇宙（Cosmic）意識（就是中心點、開放的正念的、微細的覺知、音樂性、正向的意圖，以及創造性的投入），一個美麗的催眠狀態就能夠被發展出來，同時能夠被很有創意的使用。

在圖表7.4中列舉出這個技巧的綱要。與往常一樣，我們會從準備步驟開始，也就是中心點、設定意圖、並且邀請資源。這些起始步驟，為生生不息催眠的「紀律性流動」提供一個結構性的基礎。

當這個準備步驟完成的時候，個案就可以進入中心點和開放的狀態，同時與每一個感官經驗，每一個當下同頻。重複三句式的催眠引導，可以是默念，也可以是大聲的說出來，這三個語句可以確認視覺的、聽覺的和身體的經驗內容，舉例來說：

現在，我覺察我看到了_____

現在，我覺察我聽到了_____

現在，我覺察我感覺到了_____

第一個步驟：準備

　　　　　　1.中心點

　　　　　　2.設立意圖

　　　　　　3.邀請資源

第二個步驟：轉化狀態

　　　　　　1.開始引導：重複使用迴圈語句，每一次都使用不同的內容。

　　　　　　　現在，我覺察到我看到了＿＿＿＿＿

　　　　　　　現在，我覺察到我聽到了＿＿＿＿＿

　　　　　　　現在，我覺察到我感覺到了＿＿＿＿＿

　　　　　　2.下一個語句迴圈：

　　　　　　　現在，我覺察到我看到了＿＿＿，我讓它把我帶向更深的催眠狀態……（呼吸和放鬆）

　　　　　　　現在，我覺察到我聽到了＿＿＿，我讓它把我帶到更深的催眠狀態……（呼吸和放鬆）

　　　　　　　現在，我覺察我感覺到了＿＿＿，我讓它把我帶到更深的催眠狀態……（呼吸和放鬆）

第三個步驟：轉化

　　　　　　1.一旦進入了催眠狀態，接受、並允許每一種經驗性的形式來提供答案：

　　　　　　　現在，我覺察到＿＿＿＿正在發生，我允許它讓我向目標的更深處移動……

　　　　　　2.當準備好的時候，允許整合和超越問題

第四個步驟：將改變帶入日常生活

　　　　　　1.感受到未來的改變

　　　　　　2.承諾和誓言

　　　　　　3.感恩

　　　　　　4.回顧重要的學習

　　　　　　5.回到當下

圖表7.4　以微運用（Micro-utilization）持續發生的覺察來發展催眠

每一個句子都指出當下這一刻你的覺察內容。眼睛看到的內容，可以是外在的（舉例來說：在我前面的椅子、在我腿上的手、藍色等等），或者是內在的（包括我的狗Lucky的圖像、黑暗、旋轉的顏色、我的朋友Joe等等）。聽覺內容的例子包括：我的聲音、冷氣機、靜默、美麗的歌、在外面的車的聲音等等。身體的經驗例子包括：我的呼吸、吸進和呼出、我手上的輕微麻麻的感覺、我的肩膀的緊張的感覺，或者是一個金色的光芒的感覺。

在每一個催眠過程中，經驗的音樂性都是非常重要的。眼睛可以張開或閉上；實驗一下看看哪一種最適合你。為了增加對催眠的融入，通常我們要用一種緩慢的、有節奏感的、共振的方式來說話，讓超越語言的經驗慢慢展開。

如同音樂一樣，你和所經驗內容的關係應該是流動的，而不是靜態、僵滯的。很多人會覺得這樣有幫助：去想像覺察不斷地擴展、超越了內容，輕輕地流經脊柱內部的管道，然後釋放到一個「超越自我」的場域，去讓經驗打開。這個經驗常常被描述為，因對某個圖像、聲音或感覺的專注而滑進了一個更深的經驗性場域。特別是在第二輪敘述時這會很有幫助。它包括以下的說明：

　　現在，我覺察我看到了＿＿＿＿＿，我讓它把我帶到更深……更深的催眠狀態……

　　現在，我覺察我聽到了＿＿＿＿＿，我讓它把我帶到更深……更深的催眠狀態……

　　現在，我覺察我感覺到了＿＿＿＿＿，我讓它把我帶到更深……更深的催眠狀態……

　　每一種經驗的內容都可以被吸進你的脊柱內部的管道中，然後讓一種「嗚」（譯者註：狀聲詞，拖長wu的音節來念）的感覺，帶你滑進一種超越的經驗場域裡，打開各種愉快的、讓人驚訝的經驗。在這個時候，進入中心點、重複和音樂性，可以保持一種有紀律的帶領來平衡創造性無意識的流動。

　　關於這個過程有一個很重要的方面，就是任何東西都可以被包含進來，甚至是一般傳統所帶來的壓抑或阻抗（內在對話、緊張和空白等）好奇的延伸到任何內容中去，紮根於有紀律的三個正向連結（中心點、正向的意圖、資源），可以轉化為一種有益的經驗。

　　可以重複這兩個誘導迴圈，來打開一個創造性流動的催眠空間。當它被打開時，我們就可以加上以下的陳述：

　　現在，我覺察到了_____，而且我讓這個覺知把我帶到更深，去向我的目標……

　　這可以把過濾器設置成為創造性地接納任何出現的東西，並用它來對目標做出可能的貢獻。很多時候，來到意識心智的東西，似乎是完全未經期待、或無法完全瞭解的東西。舉例來說，一位個案的目標是增進事業上的成功，他在練習這個自我催眠時，覺察到自己的畫面是一個沉浸在悲哀裡的小男孩，當他繼續這個過程時，一個面容消瘦的老人出現了，而這個傷心的小男孩和這個充滿愛心的老人之間產生了一個深刻的連接。這時候，個案覺得內在產生了一個很深的悸動。幾個月之後他才明白，這其實是一個整合的過程。那個他內在裡年輕的、被壓抑的自我深深地相信自己是不可能有任何好的未來的。

　　不論內容是什麼，我們的目標是讓各種經驗性內容自動出現，然後將其融入於生生不息催眠的量子場域中。它們能夠在那裡自由地流動，並跟其他經驗性資源連結。當看起來彙集足夠多的內容時，我們

可以再做一個深呼吸，然後把引導語句轉變為：

現在，我允許所有一切都整合成一個生生不息的解決方案。

在這個過程的音樂性裡，不同的元素在催眠場域中移動，創造了一個新的曼陀羅或自我身分的馬賽克畫。舉例來說，前面那個和他憂傷的內在男孩連接的個案，看到他自己很快樂，而且未來的意象是快樂並充滿自信的。另外一個個案經歷了一個「像彩虹般的各種感受」整合過程，各種感受與他最深的內在共振。在另外一個案例中，個案感覺到一連串輕柔的震顫穿過整個身體，接著是一個非常深沉的寧靜。在這些整合過程中，最重要的是讓創造性無意識來引導。而觀察意識只需溫柔地支持著這個空間，維持生生不息的狀態的三個連結。

幾分鐘之後，就可以把注意力導向最後的步驟，整合並回歸傳統的世界：(1)注意在這個過程中經驗並學習到什麼，(2)感受這些改變對未來會造成什麼正向的方向改變，(3)做出誓言，承諾會練習並實現這些改變，(4)表達感謝（對自己和對他人），(5)重新導向，回到房間。可以討論所經歷的體驗，也許可以記錄下來。

自我催眠可以用來達成許多目的，其中一個價值是能穩定地培養出生生不息的狀態的能力。要過上一種有創造性而又幸福的生活，一個人必需在任何情況下都有能力**進入中心點、帶著正向的意圖、向超越問題本身更大的場域開放、不論出現的問題是什麼都帶著創意來處理，並能創意地使用當下的一切資源**。生生不息的催眠過程是一個非常棒的方法來強化這個能力。

另外一個用途是日常的恢復或同頻過程。我非常建議我的個案每天都能夠至少花二十分鐘練習催眠或冥想，以此來放下他們的神經肌肉鏈結的模式，並培養出創造性無意識的生生不息的流動。

自我催眠當然也可以用來達成一些更實際的目的，比如說，為一

個重要事件作準備（包括生孩子、即將來臨的考試和公開表演等），
或面對困難挑戰時有新的回應方式（比如在職場或家庭中的某些持續
性問題，或身體上的慢性疼痛）。

## ●第三個方法：從經驗性資源來展開催眠

米爾頓‧艾瑞克森在威斯康辛大學讀書的時候開始了他正式的催
眠學習。學習理論大師克拉克霍爾（Clark Hull）在那裡成立一個催
眠實驗室，艾瑞克森發現在這些催眠當中，有很多和他在幼年時代所
發現並經驗到的一些類催眠的經驗很相似。但是，他很驚訝地發現，
大部分的催眠理論包括霍爾的，都把催眠當成一種完全聽從催眠師的
暗示所產生的一種催眠狀態。這個現象跟艾瑞克森所觀察到的完全相
反。艾瑞克森認為催眠更像是一種自然的，同時是從一個人的內在和
資源中自然出現的經驗。當然，艾瑞克森用了他一生中大部分的時間
來證明他的觀點能夠產生更好的治療價值。

在他早期使用的技巧中，他會請他的個案來經驗性的回憶起一些
愉快的、像催眠般的專注的記憶，（如，坐火車、美好的散步、或聽
一曲美麗的樂章）。艾瑞克森會邀請他的個案，慢慢的來描寫那種記
憶中每一個感官性的細節，（如，坐在火車中，看著窗外的景色掠
過，和一個朋友談話，聽著火車的聲音，專心的看著一本書，並且慢
慢開始覺得想睡覺）他會把每一個經驗性的細節用一種催眠的方式再
回饋給個案，如此一來去幫助他的個案發展出一種由他們自己經驗和
資源為基礎所產生的催眠。

圖表7.5列出一個生生不息催眠工作的執行步驟。準備步驟包括
發展三個正向的連結：中心點、正向的意圖和資源。在第二步中，個
案被邀請進入一個回憶或者象徵，以此作為達到他／她的目標或者意

圖的資源。以下是我做的一個催眠工作的案例，個案是蘇菲亞，她的目標是能夠在和她先生的性關係中覺得更安全和自由。

---

第一步：準備

　　1.中心點

　　2.意圖

　　3.資源

第二步：展開生生不息的催眠

　　1.邀請記憶或者象徵，成為一個資源

　　2.慢慢的把這個資源的每一個細節展開，來發展生生不息的催眠狀態

第三步：形成催眠／轉化身分的各個部分

　　1.向生生不息場域的超越性經驗打開

　　2.編織催眠元素並整合

　　3.整合

第四步：整合，回到日常的現實當裡

　　1.看到未來的改變

　　2.誓言和承諾

　　3.感恩

　　4.回顧重要的學習

　　5.重新定向

---

圖表7.5　**將催眠般的記憶展開**

紀立根：蘇菲亞，你已經確認了你的重要目標，就是**在與先生的性關係上感覺更安全和自由**，對嗎？

（蘇菲亞點點頭，眼睛閉著）

紀立根：好，能夠知道這一點很好，而更棒的是我們知道妳的創造性無意識心的智慧會以多種不同的方式　明妳達到這個目標。現在，我想請妳做一個深長的呼吸，放鬆……再放鬆……很棒……放鬆到足夠讓妳的創造性無意識把妳帶到久已遺忘的一個快樂記憶中……也許是一個比喻性的象徵性圖像……妳的無意識心智選擇了**非常有用的資源**來　明妳**達到目標**……放鬆，帶著好奇來看看妳的無意識心智會帶出什麼給妳，讓妳能夠擁有**安全**……**力量**……信心……溫柔的親密感……在與先生的**性關係中所需要的安全和自由**……（停頓）現在妳能告訴我，你開始覺察到什麼嗎？

蘇菲亞（微笑）：嗯，這有一點奇怪。但是有一個畫面出現，是一個微笑著的女戰士……她帶著一把弓箭……非常的漂亮。

紀立根：噢，這很有趣……我要謝謝妳的創造性無意識能夠帶出這樣一個核心的自我意象和資源到這兒來幫助妳……當妳在感受這個意象的時候，我想請妳做一個深長的呼吸，再往內走得更深一些，深到足以和妳內心的女戰士連結……妳現在覺察了什麼？

蘇菲亞：她看起來光芒煥發……

紀立根：很好，就讓自己去體驗這個女戰士的光芒……吸氣，讓它流經妳的身體……（停頓）妳現在覺察到什麼了呢？

蘇菲亞：她的眼睛閃爍著光芒……

紀立根：很好，就注意著她眼中的光芒……吸氣，讓呼吸帶妳往她眼睛光芒的更深處走去……（停頓）……妳現在覺察了什麼呢？

蘇菲亞：女戰士開始揮動她的矛。

紀立根：感覺是愉快的嗎？

蘇菲亞：是的，非常……

紀立根：很好……讓自己與她的矛的移動同頻，所有在那裡呈現出的象徵性意義……讓自己看到它們……把它們吸進來，讓它們流經你的全身中……再往內走得更深一些，進到矛的舞動當中……很好……非常好……

以這樣的方式，生生不息催眠的狀態可以由個案自己的資源——在這裡是一個女戰士的意象——慢慢發展出來。在第三步中，正向的象徵也可用來深化這個創造性的空間，讓舊的自我身分被療癒、新的自我身分重生出來。舉例來說：

紀立根：當妳感到……女戰士的舞蹈創造了一個空間……打開資源……教會妳新的方式……去更深地的和自己相處……你能感覺……跟隨……找到……那些動作……那些經驗……那些記憶……象徵……未來的意象……資源……現在，可以往內走得更深些……再深一點，進入療癒的世界……再深一些，進入尋找安全的舞蹈中……自由的舞蹈……和榮譽連結的舞蹈……帶著愛……帶著勇猛的正直……

去感覺這個旋轉……這個催眠狀態……畫面……新的自我意象……一段安全又自由的性關係……未來的意象……從祖先而來的、強而有力的療癒意象……從不同的時間而來的強化力量……將所有一切都整合進這個極度安全和自由的催眠舞蹈中……

鼓的敲擊聲……呼吸的聲音……心的勇猛的真相……想要保護同時被保護的欲望……想要分享同時又保持自由的欲望……女戰士的催眠舞蹈……愛人……療癒者……母親……女人……告訴所有這些資源……所有這些強而有力的感覺……所有這些意象……將妳帶入一個深沉的整合催眠狀態中……讓你自己在這個整合的狀態裡停留幾分

鐘……開始創造一個新的自我感，現在在在……

在這裡教練以「改變之風」（以拖長的聲音說「現在」這個字）來完成催眠過程。這是一種很棒的方法，讓風溫柔地把你的心靈吹到一個新地方。通常當整合過程進行時，就不要再加進什麼新的內容，但是一些非語言性的支援可能會有幫助。這樣「改變之風」的無內容技巧也可產生極大的幫助。整合之後，就可如前面所述那樣，進行最後一個步驟回到傳統世界。

蘇菲亞分享了一個非常有意義的催眠經驗。讓她非常驚訝的是，回應她對安全和自由的呼求，這個女戰士的意象出現在她的心中。更有趣的是，她非常正向的具體化一件事：生命除了需要保護之外，也需要慶祝的勇猛。她的過程在催眠之後還持續了好幾個月，她記起了很多孩童的記憶，包括一些很痛苦的肉體和精神上的虐待；塵封已久的記憶中還包括那個像男孩子一樣、喜歡在大自然中嬉游的頑皮姑娘。這為她帶來了一連串強而有力的新連結，帶入到她的婚姻中，在性方面，也在很多其他方面。

這裡需要注意的要點是，所有催眠工作的主要核心都是由蘇菲亞來決定的。她自己決定目標，找到中心，連結到她自己的資源，她自己的無意識提供了最主要的象徵意象（一個女戰士）來作為達成目標的主要資源。而在催眠工作之後的一切改變也完全是由她自身所產生的。在生生不息的催眠工作中，我主要的工作只是幫助她發展並維持這個創造性情境來實現她的目標。

這個方法主要是要邀請創造性無意識引導出所有完成目標所需的資源。獲得資源的程度完全是依個案能夠進入的狀態而定。當一個人達到那種「不太緊也不太鬆」的生生不息催眠的平衡狀態時，創造性無意識就會啟動。因此，當個案表現出在尋找資源時有些困難，我們

就要把注意力轉到他們基本的催眠狀態上。通常如果是因為緊張，緊繃的部位（像脖子、前額、肩膀等）會很明顯，或者只是因為專注程度不夠。不論情況是什麼，我們要把注意力從情境（比如想要獲得某個資源）轉移到基本的催眠狀態去（也就是身心所處的狀態，和如何把它帶向一個更高的連結）。在這些狀態的品質得到改善之後——透過身體、場域、或者認知模式的改變——我們就可以再把注意力轉回到情境層面，這樣就會有更正向的結果。

## ●第四個方法：關係咒語

在第四章中，我們簡單的介紹了四個關係咒語，或靜默的冥想，來練習創造性接納：

這真有趣！
我敢肯定這是有意義的。
有一些東西正想要甦醒過來（或被療癒）
歡迎！

在生生不息的狀態去使用這些咒語，可以讓個案開始感受正向的意圖和所有蘊藏在這個經驗中的可能性。記住，每一個模式都有正向跟負向的價值和形式，完全取決於我們如何去和它連結。因此當一個負面的經驗或行為發生時，我們先創造一個正向的背景，然後把這個模式或圖型帶入其中，讓新的正向形式和價值能夠產生。這正是生生不息催眠的主要本質，而關係咒語，則是支持這個轉化的正向認知核心。舉例來說，大衛是一個40多歲的工程師，他來看我，非常的害羞和退縮，模糊不清的說到拖延是他想要解決的問題。我試著讓他說得

更明白一些，他卻斷然拒絕，只是不斷強調他想要做一個「治療拖延的催眠」。一直到第三個療程，他才能比較明確地，帶著很深的焦慮，說出他是一個性變態者。我問他那是什麼意思，他說他每天至少要在網路上看五到六個小時的色情影片。他曾經試過很多不同的方法來戒除，但全都失敗，他問我是不是有辦法能幫助他。

　　剛開始傾聽他的問題，（在想像中）我的老愛爾蘭天主教酒鬼牧師，麥卡錫神父來拜訪我。他一直催促我給大衛功課，包括一天沖五次澡，做五十個天父祈禱，和一百個聖母致敬。我向麥卡錫神父指出我的個案是猶太人，麥卡錫神父仍然堅持認為這種方法可以適合所有的情況。我能夠感受到這在我的內在引發了一種與生生不息相反的狀態，所以我謝謝神父來看我，然後進入中心點，並調整到關係咒語。我複述著：**這很有趣，我敢肯定這是有意義的，有一些東西想要甦醒過來，我歡迎它。**用這樣的方式來感受，負面模式變得讓人印象深刻：不管怎樣努力只用頭腦來活，症狀仍然堅持「性」要被包含在中間。所有關於「性」是負面的這個想法，比較來自於他人賦予它的評價，而非它的真實本質。因此當「性」這個議題有了正向的連結，正向的改變就會發生。

　　因此當大衛問我是否能幫助他，我發現自己回答：「當然，我想我們至少能很確定地說一件事：不管多少治療或催眠都無法改變一個事實，就是**你擁有令人驚奇的性！**」如預期的，他非常驚訝地回答：「是的，但是我覺得非常羞愧。」我把這個羞愧感吸進體內，歡迎這個經驗性的存在進入我的心輪，洗掉它有毒的外衣，感受它正向的核心，以人類的祝福來觸碰它，然後以溫柔的肯定語回饋：「是的，作為一個有性欲的人，你感到羞愧……知道這點很好。除了作為一個性的存在，你還是誰呢？」

我們開始帶著連結進行邊緣共振。大衛羞怯的低下頭說：「我非常饑渴。」這句話我也把它用同樣的方式接收、歡迎、將它融入中心、淨化它、感受它核心的美好、祝福、然後回饋：「是的，你除了是一個有性欲的人，也非常饑渴，能知道這件事很好……（停頓）除了有性欲，你認為你還是誰呢？」我們就這樣子持續了一陣子，每一次他都注意到有關性的認知上一個不同的面向——**我非常的害怕，我喜歡看裸體照，我非常的困惑，我覺得很寂寞**——而每一次這些陳述都被正向的接受，再回饋給他。經過六到七個迴圈之後，他似乎進入了生生不息催眠狀態，他看起來美麗、深沉、脆弱而活在當下。我溫柔地暗示他，這是一個很好的時機，請閉上眼睛、進入一個大概十分鐘的療癒旅程中，讓創造性無意識把所有這些有關性認知的不同元素整合起來，重新編織成一個新圖形，來反映在他目前生活中最好的自我認知。

他經過十分鐘的重新導向，帶回一個很棒的感覺。過了一個禮拜他再回來找我，報告了兩個非常有意思的進展。第一個，他說他在上禮拜已經不再有想一直看色情片的衝動。另一個更讓他無比驚訝的是，他和太太開始有一些熱烈的辯論。他太太是一個很有力量的律師，似乎也迷失在自己的理智中。他們之間的關係非常冷漠，是分房而睡的。根據他的報告，他們的婚姻熱度似乎又有一些回溫，所以我就邀請他太太一起加入我們的療癒。他太太來參與了，而剩下來的部分是需要他們夫妻一起努力的，特別是在性關係的這個核心部份。這個案例顯示創造性接納可以把非常負面的模式（比如性上癮）轉化到一個正向的核心（親密的性關係）。模式帶著各種對於性認知的不同面向，被邀請、歡迎進入生生不息催眠量子場域中，讓這個流動的場域把那些多元的、甚至彼此矛盾的認知整合成一個新的整體。生生不

息催眠的最重要元素，是個案自己的模式和從創造性無意識中所產生的各種改變。這四個不同的咒語，是轉化經驗中潛在的認知工具。透過對這些咒語的運用，我們找到一種創造性的魔力，來轉化負面能量為正面。

## ●第五個方法：問題模式的身體模型

身體會訴說語言無法訴說的事。

瑪莎・葛來姆

　　創造性接納也可以透過我稱為「身體模型」的過程，把負面模式轉化成正面。在這個方法中，負面模式（比如抽煙、喝酒、憤怒、焦慮等）藉由身體的姿勢或基本動作表達出來。然後以一種緩慢的、帶著節奏的、像是催眠舞蹈那樣的方式重複展現。以催眠舞蹈來展現問題可以讓一個人瞭解問題的正向意圖，並轉為正向的形式。

　　圖表7.6列舉出這個過程的基本步驟。在準備步驟中，中心點、資源、正向的連結被發展出來，然後目標就以個案想要轉化的某個負面模式來呈現。舉例來說，凱莉是一個非常成功的藝術家，她的抱怨是，她幾乎每天晚上都要喝兩到三杯的紅酒。她覺得這正在干擾她生活的進展，她多次戒酒的經驗都不成功，這讓她很沮喪，她想要減少或甚至讓酒精完全從她的生活中消失。

　　在第二個步驟中，個案被要求去放下所有的語言，將負面模式以非語言的身體姿勢或重複動作去表達。對凱莉來說，這種身體的模型只是獨自坐著、舉起一個想像中的酒杯放到唇邊。首先我們透過中心點、慢下來和非常緩慢地重複這些動作來代表她發展生生不息狀態的

第一步：準備

　1.中心點

　2.目標：我想要轉化問題模式_____

　3.資源

第二步：展開生生不息的催眠

　1.找到問題的身體模型

　2.第一輪：緩慢重複地移動身體模式，使用咒語

　3.重新定向和加工

　4.第二輪：再回到身體模式的表達，這一次透過補充以下的品質來發展生生不息催眠：

　　‧歸於中心

　　‧緩慢而有節奏感的舞蹈

　　‧感官享受

　　‧感謝

第三步：催眠／轉化模式

　1.開始發展催眠舞蹈，來表達問題模式的基本需要和意圖

　2.整合

第四步：整合回日常的現實中

　1.未來的方向，看到未來行動的變化

　2.誓言和承諾

　3.感恩

　4.確認重要的學習

　5.重新導向

圖表7.6　問題的身體模型

基礎，動作要比一般的速度慢五到六倍。在她這麼做的時候，我溫柔地引導她，讓她用這些重複動作進入催眠的節奏。然後我點綴性地使用關係咒語，比如：

「就是這樣，緩慢地重複這個動作……深深地……帶著好奇心：我的無意識現在想做什麼呢？有些事情想要被創造出來……有些重要的事情想要在這裡被圓滿……會是什麼呢？往感覺的更深處移動……進入感覺的移動……進入你創造性無意識的語言……透過動作來表達……去感受這些動作的正向意圖……就是這樣……放鬆融入……當你繼續這個動作時，更好奇地來看看什麼事會發生……」

在大概五分鐘的探索之後，個案重新導向，確認從過程中得到的第一個學習——覺察到的正向意圖、這個模式的細微元素等。凱莉很驚訝的發現到，當酒精（想象中的）觸及她的喉嚨，有一種很深的、溫暖的場域向她打開，讓她連結到一個非常強大的「臣服」的願望。她一直沒有覺察到，她這樣強烈地依賴酒精原來是想去和內在一個深刻的願望作連結。這就是我們所稱的「症狀的正向意圖」。也就是說，常常一個症狀表面的結構是負面的，但內在卻涵藏著一個更深的正向意圖。在催眠工作中，我們釋放這層表面結構、進入更深層的（原型）結構中去尋找這個正向的意圖，並以此發展出正向的行為。

在這個探索過程的第二個迴圈，要進入更深，並且更久，加入不同的生生不息催眠層次，包括中心點、緩慢節奏性的移動、微妙而優雅的流動、音樂性、向資源開放、允許新的模式產生等。這些動作都非常緩慢地被重複——再強調一次，動作要比你平常的速度慢五到六倍，讓它們透過創造性無意識成為一種催眠舞蹈。在過程中可不時的加入一些咒語如：**就是這樣，你的無意識正想要帶給你一些東西，向它敞開，讓新的模式出來**等。這些咒語會將束縛表面模式的神經肌肉鏈結打開，讓新的模式得以產生。

這個催眠過程通常會在第三步時達到高峰，當不同的編織、聲音

和意象都節奏性地來到整合的高峰，創造性無意識就可以受邀進入發展新的方法，去滿足負面模式背後的正向需求及意圖。對凱莉來說，這代表去邀請她的創造性無意識來發展新的方法，把這個溫暖的臣服感帶入她的生命中。

這個整合過程通常會持續五到六分鐘，接著就是最後一個步驟：重新導向，讓新模式可以在個體的日常生活中實現。這個步驟包括注意並且感激在這個催眠過程中得到什麼重要的學習、感受未來做出新行為的意象、深刻的誓言和承諾來榮耀並讓這些新的學習成真、對所有支持這個轉化旅程的人（包括自己）表達感謝、然後再重新導向。

這個塑造身體模型的過程對凱莉非常有幫助，她稱為臣服的深刻靈性需求的調整，讓她覺得很驚訝也很感恩。她瞭解到，過去酒精是她實現這個需求的主要方式，而現在她可以、並應該發展更好的方式去實現。她放棄飲酒，開始每天做功課，和她自己內在更高的自我連結。這個過程持續了好幾年，對她極為重要的是，這幫助她瞭解到，她對酒精的欲望，事實上是靈魂需求的一個訊號，所以她最好要注意多滿足這個需要，否則酗酒問題會很容易再發生。

這個轉化過程裡最重要的關鍵，是創造性無意識量子和原型的本質。其假設前提是：當個體無法以自己個人歷史中的資源來應對挑戰時，可以啟動創造性無意識把原型模式送入他／她的意識。原型模式可以是正向的，也可以是負向的，完全取決於一個人如何與它連結；這些模式也可以用無窮無盡的形式來表達。當我們遇到一個負面模式時（凱莉的例子就是她的酗酒習慣）我們要去看到正向意圖的種子，與蘊藏在這個模式內的資源。生生不息催眠的工作打開了一個量子場域，舊的形式得到釋放，而新的形式得到發展。創造性接納是一種核心的認知關係，透過它這個轉化就能發生。把這樣同情、好奇的態度

帶給每一種經驗，不管這些經驗表面看來是正向的還是負向的，都可以為我們帶來許多創造性的學習和發展。

## ●總結

在這一章裡，我們談論了數種在生生不息催眠裡，練習創造性接納的方法：接受並利用每一個經驗性細節來作為催眠狀態和轉化的基礎，將任何簡單的記憶或象徵展開並擴大，讓它們成為精心發展的資源場域，運用關係咒語（比如：**這真有趣，我敢肯定這些是有意義的，有一些東西正嘗試要甦醒過來，歡迎等**）或身體模型，來轉化負面模式。

所有生生不息的催眠都一樣，這些方法的成功與否取決於當事人當時的身心狀態。創造性接納並不只是單純的正面思考，也不是一種被動的過程，而是一種中心點和場域連結、與邊緣同頻的一種狀態，能把經驗性的象徵或臨在帶進一個更深的覺察場域。在這種「有紀律的流動」生生不息狀態裡，創造性接納是一種表演藝術，觀察者和被觀察者都同時參與這個關係的轉化之舞。為了支持「他人」轉化，教練也必須同時接收和轉化自己。這使得整個過程更加有趣，也使內在更有回報。

還有一些其他觀點值得提及。首先，任何時候當過程陷入僵局或死胡同時，意謂著有一些跟這個過程相關的東西沒有被接納。僵局通常代表有兩個不同的東西在彼此對抗：一邊是自我利益，而另一邊是自我利益之敵。那些「其餘的負面」也不難被認出，只要我們去傾聽那些貶抑性的語言——那些被標示為「壞」的，「不能接受」的東西。我們把這些貶抑的框架去掉，來用咒語取代，那些其餘的負面就可以被創造性接納所包容，然後僵局就會被打開。

但有時候，到底什麼東西不被接納卻不是很清楚。表面上看起來似乎一切都很美好，但是改變卻沒有發生，這代表真相並非如此，它表示在這個系統中有一些「隱藏的部份」需要被看見並被包含在過程裡。指認這個「隱藏的部份」，過程有點像「舌尖現象」。常常我們舌尖可以感受有東西，但卻很難確認那是什麼，嘗試去確認的意圖，只會更加虛幻。因此在這種時候，最好就是放下這個想要尋找它的意思的嘗試，相反地，進入中心點、帶著好奇、默默地詢問，不管隱藏的是什麼，最後都能夠以最好的方式表現出來。這種接納性的態度通常會把這些隱藏的部份彰顯出來，使得讓創造性接納練習過程可以持續。

第二，覺得不願意或沒有能力進入創造性接納，通常代表當下正存在著神經肌肉鏈結的狀態。如果你覺得每天都會當機好幾次，老是掉入僵局，這就是一個很直接的訊號：神經肌肉鏈結狀態正在發生，而只要我們處在這種緊縮的意識狀態，就沒有新經驗發生的可能。唯有把注意力轉移到生生不息的狀態，各種創造的可能性才會展開。

第三，創造性接納的要點並不是向當時已經存在的東西開放，而是融入一種創造性無意識的量子場域。舉例來說，一個人卡在一個失敗的經驗中，創造性接納是把這個經驗帶入到一個生生不息的場域裡，在其中可以包括其他經驗——頑皮、成功、被擁抱等。正如在任何系統性的工作中（包括家庭、團體、團隊等），都需要美學平衡、空間、音樂性和注意力的轉換。存在主義者有一個說法：**精神病理學研究的正是孤獨感**。也就是說，當系統中的某一個部份開始出現功能隔離，壞的事情就會發生。創造性接納是能夠接納並把這個部分帶入一個更大的系統場域中，新的意義和新的可能性原本就存在其中。

第四，我希望再重複一次，透過這種創造性接納所發展出來的催

眠，與那些透過人工暗示的催眠，基本上是完全不同的。任何經驗，包括催眠，如果是基於個體自身的價值觀和聯想，就會更容易整合進入他／她的心理免疫系統，因此在療癒上會具有更大的效益。

最後，創造性接納，是從未被人完全掌握的深奧的原理之一。一個人可以傾其一生來學習並練習這個原理，但到最後也可能也只是輕輕接觸皮毛而已。但是如果持續投入練習，可以享受到一種引領著我們所有人的深沉智慧，正緩慢而穩定地展開。

‖第八章‖

# 互補性原則

靈魂並不把喜悅和憂傷看成

它們只是合一的與我們同在。

我們可以仰賴祂——

當我們不確定任何事,

但卻對每件事抱著好奇心時。

威斯拉瓦‧新伯斯卡,喬安那‧列希雅克,《關於靈魂的一些事》

世界所呈現的分離是次要的。在這個二元對立的世界之外,是一個看不見但卻可以被經驗的,存在於我們所有人之內的合一和認同。

喬瑟夫‧坎伯

偉大的量子物理學家,耐爾斯‧波爾(Neils Bohr)曾說過,世界上有兩種真相:淺薄的和深刻的。淺薄的這種類型,對的反面就是的;深刻的那種,對的反面同樣是對的。在這一章中我們會看到比較深刻的真相,也就是「既是/又是」的邏輯如何存在於生生不息催眠經驗中,而我們又能如何透過不同方式創造性地加以運用。我們先從

一些基本前提開始：

1. **二元性是基本的心理單位。**

   認知心智的核心是以二元性的方式組織成的。每個事物都包含著它的反面，現實是由相反兩極之間的動態關係所建構成的：吸氣和吐氣，自己和別人，靜止和移動等。圖表8.1顯示了一個簡單的模型，是一個彼此連結著的動態對立的圓。意識和創造性無意識的一個基本的不同之處就是在相反兩極之間的關係：意識會把事情以「**不是這個／或是那個**」的關係來組織，然後把重點傳向互補的兩者中更喜歡的一邊。而創造性無意識，抱持的是「**既是／又是**」的關係，相反的兩極同時參與其中。

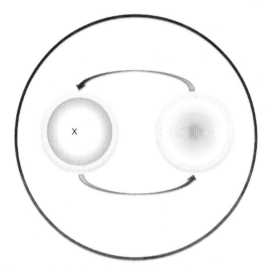

**圖表8.1 生生不息催眠中創造性無意識裡的「既是／又是」關係**

2. **當相反兩極處在和諧狀態，生命會很美好。**

   「不是這個／或是那個」這種意識心智的思維方式在現實的層面是合理的。要在現實世界中創造任何東西，隨時都需要進行

選擇。走路時，我們先把一隻腳伸向前，接著伸出另外一隻，然後再換第一隻腳，循序前進。只要我們是以一種節奏性的方式來表達相反的兩極，那就沒有問題。我們努力工作、休息，然後再繼續工作；我們和別人交往，一直到我們需要獨處，獨處夠了又再去跟別人交往；我們有一個穩定的地圖，然後會趨向動盪和不穩定，再度導向一種新的穩定。意識心智以這種方式來 明創造性無意識可去實現它的願景（參考McGilchrist, 2010）。

3. **當相反兩極在不和諧狀態時，問題和症狀會出現。**

創造問題最簡單的公式，就是對相反兩極其中之一發展固定認同，然後跟另外一極保持互斥的關係。舉例來說，從小到大，海倫家的核心規矩是「**永遠要努力工作**」，可推論其主要禁制令便是「**不准休息**」、「**不准放鬆**」。這個家庭很特別，大部分家庭成員都非常成功，也都參與許多重要的社區工作，像老甘迺迪家族那樣。家族成員的休假都必須用在一些較激烈的運動競賽中，而且規定每一個人都必須參加。

在這個家族中，固定的價值觀就是「活動／休息」的成對互補，成對兩極——活動是「好」，代表每個人都要**一直努力工作，達到成功**，而休息是「壞」，**代表坐在那兒什麼也不做，有罪惡感和無價值感**。這就是一個意識心智在兩極中偏向某一極的例子，通常都會因神經肌肉鏈結而導致僵硬和不平衡。

榮格曾經說過，無意識對於意識心智、對不平衡具有互補性（會試著去平衡），也就是說，它總是會嘗試把創造性的完整帶到系統中來。所以如果意識心智在某一個系統中產生緊縮，無意識就會啟動其互補的部份，而這個部份如果受到負面對

待，就會產生負面症狀。因此海倫會發展出一種特別的**慢性疲倦**，使她纏綿病榻、無法工作也就不足為奇了。說得更清楚，在這裡，無意識的模式是**休息**，但意識心智過濾器把它創造成一種**慢性疲勞**。如果你想去改變負面模式，就需要解開身分過濾器的束縛，便可以產生更多**休息**的正面版本。

海倫在我的幫助下進入生生不息催眠，在過程中我邀請並歡迎她正在經歷慢性疲勞的部分。（要和這些內在部份溝通，你需要使用生生不息催眠的一些技巧，如邊緣共振、開放的好奇心與溫和的同頻等）。當我詢問她的這個部分有什麼需要，讓人心痛的美麗回答出現：

我只想要臣服。


幾分鐘之後，她又加了一句：

但是我深愛我的工作。


對於她的自我身分來說，這兩個相反的需要（臣服和工作）是彼此互斥的，因此產生了衝突。而在生生不息催眠中，兩者卻是**彼此互容**的，兩者之間平衡的整合能允許海倫擁有創造性的生活。海倫開始了一連串的催眠過程，以同時尊重這兩者：

我可以**同時**擁有很棒的工作和很深的放鬆。


在互補的兩邊創造平衡允許她以一種更積極的、更整合的形式來休息，來替代原來症狀性的版本。

**4. 當互補的兩邊在一個負面的背景下同時啟動時，深層的分裂和崩潰就會發生。**

大部分時候，相反兩極中的一端會比另一端更具優勢，所以當兩端同時被平等地啟動時，一種奇特又具威力的結果就會發生：意識心智會崩塌，而無意識的量子場域會打開。但這樣的狀況可以是非常簡單而愉悅的，就像一個好笑的笑話，米爾頓・艾瑞克森最喜歡的一個笑話就非常簡單：

**更大**先生和**更大**太太有一個小孩，每個人都想要知道誰是那個最大的。當然，這個嬰孩有一點點**更大**。

通常一個笑話會覺得好笑是因為同時存有不同的框架，在這個例子裡是作為姓氏的「**更大**」和作為形容詞的更大。意識心智的束縛被解開，隨著具有音樂性的笑聲，創造性無意識被釋放出來。因為笑聲所帶來的短暫「心神喪失」只是當相反的兩端同時開火的一個例子。生生不息催眠工作的一個核心前提是：

發展催眠最簡單的公式：同時抱持相對的兩面。

因為這樣會將意識心智通常所奠基的單一真相立場中解開，於是你掉入創造性無意識之流中。但風險是，所產生的催眠狀態可能會非常正面，也可能非常負面，取決於所在的情境。舉例來說，喬治・貝特森（GregoryBateson, 1956）提出了一個精神分裂症的「雙重束縛理論」。這個理論認為精神分裂的經驗和行為是對一種溝通系統的反應。這種溝通系統的特點是，彼此矛盾的兩個訊息一直被重複給予個體──舉例來說，靠近一點（言語的訊息）和離遠一點（非語言的訊

息）同時被重複給予，潛規則是：(1)你不能對這個約束作出評價；(2)不管你回應哪一個訊息，都是不好的；(3)你不能離開這個情境。根據貝特森的理論，這種「造成精神分裂的雙重束縛」，對接收者產生了一種如病名所示的結構性反應，即schizo（分裂）phrenos（心靈）。

最近，彼得·勒芬（Peter Levine, 2010）在他對創傷處理的開創性研究中也提出了一個類似的雙重束縛理論，描述這種對於創傷性威脅的跨物種反應，當一隻動物被鎖進凍結狀態或掉入無助狀況時，會進入一種類似「創傷催眠」的狀態。一般對威脅的典型反應要麼是抵抗、要麼是逃跑，但如果這兩種肢體基礎的可能性都不被允許時，動物就會啟動這種負面的雙重束縛而進入「創傷催眠」狀態。

更普遍的是，我們可以用兩極劇烈相撞的方式來看待大部分的症狀。問題的簡單表達方式如下：

我想要X，但是卻發生了Y。

所以在這樣的例子中，X和Y可以看成是互補的。當兩者以一種互相抑制的方式被啟動時，就會淹沒意識心智的單一立場性。如果沒有正向的臨在來歡迎或創造性地抱持這個衝突性的碰撞，負面的情境就會產生一個負面的催眠反應，即症狀。生生不息催眠的一個主要目標，就是提供一個安全並有彈性的情境，讓這些衝突性的部份能夠被解開，並整合到互補的合一中。

**五、當互補的兩端以一種正面方式同時啟動時，好事就會發生。**

貝特森（1955）最卓絕的貢獻之一，就是概括了超越精神分裂的「雙面訊息」溝通。他認為，人類所有清晰的溝通都隱含雙面訊息。包括幽默、遊戲、成熟的愛（伴侶創造了一個空間能同時容納不同的

個人立場，並加上第三個「我們的」立場）和催眠（意識心智和無意識心智兩種不同經驗層次的同時運作）。在這些情境中，「既是／又是」的溝通品質超越了意識心智的單一立場，打開了一個更深刻的維度。在他後來的工作中，貝特森（1972）強調，任何生態性的地圖都必然少量地包含某種「雙面描述」──也就是說，至少兩種不同的、甚至相反的觀點。當不同的描述以一種美學的方式結合時，更深的維度就會被打開，有點類似雙筒望遠鏡的視野，或立體音響的聲音。

在催眠狀態中，去經驗看起來相反的兩個現實的能力，被稱為「催眠邏輯」（Orne, 1959），也通常被認為是催眠體驗的定義性特徵。它部分反映了催眠性溝通的結構，給予個案悖論性的暗示，請個案做一些事，但不是在意識心智的層次（例如，**你的手會開始自動往上抬起，不需要意識的努力**）。相應的結果是悖論性的：我既抬起了我的手，我又沒有（有意識地）抬起我的手。

這種催眠邏輯有很多不同的形式。舉例來說，我二十歲的時候和一個名叫保羅的朋友，在艾瑞克森的辦公室裡坐著，他也是二十歲，當時他留了個大鬍子。艾瑞克森引導保羅進入一個非常甜蜜的催眠經驗中，包括年齡的回溯。當他被問到是什麼年齡時，保羅說他四歲，回答的時候，保羅看起來和聽起來真的就像一個四歲的孩子。更好玩的是，當艾瑞克森接著問保羅他嘴唇上面的是什麼時，保羅立即非常警覺地，用他四歲孩子的聲音回答「什麼也沒有」。

艾瑞克森繼續玩下去，暗示保羅他可能在早餐時吃了麥片，有些東西還留在他的嘴唇上面，所以他請保羅伸手去摸摸嘴唇，但是保羅拒絕。艾瑞克森問他為什麼，保羅說：「我知道上面是什麼。」

艾瑞克森問：「是什麼？」

保羅回答：「是毛。」

艾瑞克森問：「一個四歲小孩的嘴唇上怎麼會有毛呢？」

　　保羅停頓，看起來似乎需要再進到更深的催眠狀態。一會兒後非常開朗地回答說：「喔，這很簡單，那是當我更大的時候！」艾瑞克森微笑地同意：「那是當你更大的時候」。他接著解釋在催眠狀態中一個人可以既是大人又是小孩，以很多的方式。

　　這種可能性的價值是不可言喻的。想像要是我們能夠同時經驗現實的相反兩面，那會是什麼樣的創造力——比如說，具有大人的成熟，又同時帶著孩童的純真；或覺得屬於某樣東西，同時又和它是分開的；或一種既想要又不需要某樣東西的感覺。

　　有趣的是，能夠享受相反兩極的能力已經被很多研究者證實是創意天才的主要特質。亞瑟・考斯勒（Arthur Koestler）在代表作**創造的行為**（1964）中建議，創意過程最重要的就是一種「雙向連接」（Bisociation）的能力，也就是把兩個完全不相關的想法整合到一起。與此相關的，弗蘭克・貝倫（FrankBarron,1969）也發現，具有創意的天才通常都在三個領域很強：(1)有意願／有能力處在一種強烈好奇心的「未知」狀態，(2)在確信之後有深信不疑而且不可動搖(3)能夠欣賞悖論、矛盾和其它形式的「既是／又是」的邏輯。在另外一個對91個創意天才的研究中，米哈雷・西斯先馬哈宜（Mihaly Cskszentmihalyi, 1996）發現，這些天才有10個共同的特點，都與「**既是／又是**」的品質有關。舉例來說，他們都既活躍、精力充沛，又很喜歡作白日夢或常處於類催眠狀態中；他們很頑皮，又相當有紀律；他們既內向又外向。

第六，生生不息催眠是一種很棒的背景，讓潛藏在每一個現實或自我身分之下的核心互補元素能帶著創意一起工作。

其正向的背景允許每個部分都去體驗接納、尊重和支持。其解構性的特質則會讓附著於各種不同的部分的表面形式溶解，新的可能形式得到探索。其流動性讓很多可能的新連結得到探索。所以在核心意義上，生生不息催眠是一個蘊藏著新意識之無窮可能性的創造性場域。在這個場域裡，個體可以從對立互斥的單一認同，轉化一個所有面向都相互作用，在這個場域中得到保持。於是彼此衝突的關係被解開再恢復，允許新的連結慢慢向整合性的高峰邁進，產生新的維度。

●生生不息催眠的互補性方法

我們已經看到，**互補性**是心理現實的基本原則，潛藏在問題及症狀的建構之中，也蘊藏在解決方案和創造性意識裡。在這一章剩餘的部份，我們會來探討在生生不息催眠工作中，如何去運用互補性的幾種方法。圖表8.2列出五種方法。

| |
|---|
| 1.互補性的暗示循環 |
| 2.相互催眠 |
| 3「好我／壞我」 |
| 4.對立兩極的和解 |
| 5.整合對立兩極的身體催眠舞蹈 |

圖表8.2　生生不息催眠的互補性方法

## ●第一個方法：互補性暗示循環

在第七章裡，我們探索了創造性接納的暗示循環，將每一種經驗的細節都融入，然後來展開一個生生不息催眠或個人內在的改變。第二個生生不息催眠的主要暗示循環，是邀請個案同時保持相反兩極的經驗，這也許是進入創造性無意識最簡潔的公式。在圖8.3中列示了暗示循環的三個主要部份。

---

1. X是這樣（步入目前的狀態）

2. Y是這樣（進入一個互補性的狀態或者真相）

3. 知道你能夠同時享有兩者，這是一件多棒的事啊！（整合對立）

---

圖表8.3　互補性暗示環

首先，我們邀請個案來體驗這個互補性的一端。比如：

你可以**放下**一點點。

一段時間的靜默之後（讓內在經驗發展），給予一個互補性的暗示，比如：

你也可以**保有**一種安全感。

給予第三個暗示，同時鼓勵這兩種經驗：

你能夠**同時體驗兩者**，這是一件多麼棒的事啊！

正如所有與催眠有關的溝通，暗示的音樂性和節奏性是至為重要

的。同時保持相反兩端可以感覺非常自由和有趣——比如在聽到一個笑話的笑點時——也可能會感到害怕而不安全——比如在威脅性的情境中接收到雙重訊息。因此，我們首先要來發展和諧的關係和邊緣共振，讓接收者在發展生生不息的狀態時感覺被支援。請接收者進入中心點，向資源打開，並且設立一個正向的意圖。要強調這個暗示循環的練習是一個學習的實驗，它屬於接收者。而不是被催眠師戲弄、或被淹沒的過程。它是個自我學習的機會，頑皮地探索同時位於兩端的體驗可以怎樣打開一個與催眠有關的過程。

圖表8.4列出一些在發展生生不息催眠時特別有用的互補語。在工作坊裡，暗示循環通常會在三人小組中練習，所以每一個人都可以有機會扮演教練1、教練2，和「催眠-形成者」（「Trance-Former」）。練習時，第一個迴圈是用我們在8.4中所列舉的第一個互補語：意識的／無意識的，接著可以慢慢加入其他語句，來進入更多的迴圈。

| | |
|---|---|
| 意識的／非意識的 | 左／右 |
| 緊抓住／放下 | 這裡／那裡 |
| 離開催眠狀態／進入催眠狀態 | 記起／忘記 |
| 聽／不要聽 | 過去／現在 |
| 成為它其中一部分／和離開它 | |

圖表8.4　用於發展生生不息催眠的互補語

如果有兩個教練,這由三部分構成的迴圈的第一個句子由教練1來說,第二個句子由教練2說,然後兩個教練同時像立體環繞效果那樣,一起說出第三個句子。例如:

教練1:你的意識心智可以**徘徊**。

教練2:你的無意識心智可以**徘徊**。

教練1╱教練2:知道你能夠同時享受**兩者**,是多棒的一件事啊!

這個過程要頑皮而投入,但同時要溫柔和尊重。個案被邀請來經驗他們自己「意識的實驗」,去觀察當意識從一個極端移到另一極時會發生什麼事,同時特別注意,如果同時經驗兩極會發生什麼事。

如同我們在前一章所描述的暗示循環,所有成員開始時都要進入中心點、開放、設定意圖,並向關係性的連結開放。完成之後,這個個案(通常眼睛是閉著的)受邀以點頭表示已準備好開始溝通。於是可以帶著音樂性、共振和很深的連結來探索這個迴圈。以下是一個練習的案例節選,接收者已經進入中心點並表示準備好了。

教練1:你可以享受用你的**意識心智**來傾聽。

教練2:你也可以享受用你的**無意識心智**來體驗。

教練1╱教練2:知道你能夠同時享受這**兩者**,這是多麼棒的一件事啊!

在短暫的沉默後,可以再添加進一些暗示語。比如:「就是這樣……非常好……就讓它發生……呼吸……打開……」然後開始另一個迴圈。這次從教練2開始:

教練2:你可以**保有**舒適和安全……

教練1:……你也可以**放下**緊張和不必要的思考。

教練1╱教練2:知道你能夠同時享受這**兩者**,這是多麼棒的一件事啊!

當過程逐漸展開，兩個教練可以有更多頑皮的互動，把相同和相反的觀點編織入催眠工作中。例如（教練2的話是以粗體字表示）：

去真正享受**進出**這個催眠狀態……和**進入這個催眠狀態**……出去……**進入**……出去……**進入**……出……**進**……繼續……**進**……入……出……你知道能同時享受這兩種經驗，這是多棒的一件事啊……兩種……**兩種**……兩種……**同一時間**……同時……**時間**……時間……**時間**……時間。

〔為了強化催眠，一些詞（例如**時間**）可以帶著不同的語調和音質來重複。有時把某些詞（例如**時間**）像風的聲音那樣拖長也會很有趣，而且很有幫助。〕

透過這樣的方式，帶著打開有趣的意識空間的意圖，「既是／又是」的經驗就逐漸地被編織進了身心的織錦緞中。這並不是誰對誰做了什麼，而是**和對方一起做**。因此，團隊成員要維持一種深刻的關係和連結，而個案的非語言性反應也可以被用來調整並引導這個過程。舉例來說，假如有任何形式的神經肌肉鏈結（比如，眉毛緊蹙，壓抑的呼吸等）發生，就是一種訊號，需要緩慢一些、更溫柔一些，一直到被催眠者的身體狀態再次出現放鬆的、享受的「訊號」。

在生生不息催眠中，我們總是要去感受意識和無意識世界的交集處。如果太傾向於或太快地朝向無意識，會遇到到緊繃和抗拒。如果距離無意識的量子共振太遠，個案也會一直停留在頭腦中，使整個過程變成一種知性的分析。大腦邊緣的同頻會引導你找到那個平衡點，也就是生生不息催眠打開的那個第三世界，其中包括意識心智和創造性無意識，以及更多更多的東西。

圖表8.4列舉的互補語對催眠工作的發展很有幫助。圖表8.5則是我們在用生生不息的催眠來重組自我身分認同時，非常有用的互補

語。當我們看到固定的問題或症狀是互補的自我身分認同中彼此矛盾的部分，我們會想要找到這個分裂點是在存在於這個人的人生經驗中的哪裡。圖表8.5列舉了一些可能性。例如，每個人的生活中都會同時擁有問題和資源；會有孩子氣的，也有成人的部份；有自我中心，也有利他的部份；有需要說「是」，也有需要說「不」的時候。

在創造性意識中，每一邊都補足和支持互補的另一邊。在問題裡，兩邊是處於不和諧或不好的連結狀態。因此，當你經驗到問題時，你也許會忘記你的資源；也許比起說「不」，你在說「是」時感覺更舒服；或你可能一直都太傾向關注別人，更甚於你自己。相反兩端長期的失衡狀態就會製造出問題，而解決的方法通常都是在兩者之間找到一種平衡的和諧。

| | |
|---|---|
| ●問題／資源（或目標） | ●內部／外部 |
| ●孩童／成人 | ●不改變／改變 |
| ●過去／未來 | ●嚴肅／頑皮 |
| ●自我／其他人 | ●往內／往外 |
| ●是／否 | ●想像的／實質的 |
| ●單獨／一起 | ●信任／不信任 |

**圖表8.5　創造性完整自我的互補語**

找到核心的、未經整合的互補性部分，最簡單的方式，就是去聽哪裡有評判：「我想要這一面，但是不要與它相反的另一面。」例如一個年輕人感到很焦慮，因為他即將要對專業的同僚做一個演講。目標可以總結如下：

我想要在演講時非常自信，

**但是**

我太害羞了。

　　以下的這個催眠溝通案例，目的是要把兩個相對立的元素——自信和羞怯——編織進一個整合的完整中：

　　（邀請兩邊）在催眠工作中，知道你能以很愉快的方式同時去經驗相反的現實，這是多麼棒的一件事情啊。你知道，例如：自信的感覺……在很多方面你都覺得很自信……不同的時間、不同的地方、不同的記憶……當你允許這樣的感覺再回來時……知道你也可以相當的羞怯，這一點很好……一種甜美的、嬌嫩的、幾乎無法承受的溫柔……那是巨大的敏感性和智慧的表徵……

　　（與其中一邊連結）你可以用這麼多不同的方式去感覺羞怯……甜蜜的……好奇的……舒適的……你在身體的哪些部分可以感受到它……與它相關的年齡……呼吸，讓這個部份更加深化……

　　（和另外一邊連結）然後，當你感覺羞怯時……你也可以感覺到自信……不同的年紀……不同的地方，在身體不同地方……甜蜜的羞怯……舒適的自信……

　　（整合兩邊）你可以讓自己去同時經驗這兩種相反的感覺是一件多麼棒的事啊……一種甜蜜的……舒適的……自信……羞怯的……纖細的……自信……整合在一起……以一種非常有趣的……非常具有療癒性的方式……

　　這是一個很簡短的案例來說明如何運作這些步驟。在實務中，每一個步驟通常都需要更多的闡釋。正如在任何衝突解決過程中（比如，商業仲裁，或婚姻諮商）一樣。在有可能進行整合之前，相反

的兩邊必需得到分化，分別被賦予價值。在兩者之中轉換的速度可以有很大的不同，負面的那一邊要被重新標示為正面是一個很微妙的過程。（上面的例子包含了將羞怯的部分描繪為「嬌嫩」、「敏感」和「智慧的」。）如果這個步驟進行得太快，彼此之間的信任關係會喪失；但如果完全不執行，對另一邊的敵視態度會持續存在。因此，雖然基本過程很簡單——去確認衝突的部份，並且去連結其中一邊，然後連結另外一邊，把它們整合在一起，要能夠成功的達成卻需要很多的技巧，當然，大部分的生生不息催眠工作都是這樣。

## ●第二個方法：相互催眠

在圖表8.1，彼此相連的圓可以代表很多不同的關係，包括兩個人之間的關係。當一個整體的兩端都同時參與「我／你」關係，創造性無意識就會展開，成為一種被兩者同時共用的「中間狀態」。這並不是其中一個人對另外一個人做什麼，或兩個人都各自為政，而是透過合作而創造出一種獨一無二的東西。去參與這樣的經驗，一個人在給予之前，必須先接收；在引導之前，必須先深刻經驗；在說話之前，必須先仔細聆聽。在生生不息催眠的音樂性中，兩人之間必須有一種連接結合作的關係，而每個參與者也都和自己、對方、及一個更大的東西連結著。

**相互催眠**就是探索這種經驗的一個過程，通常是只與單一夥伴來練習，而我也曾經試過3或4個人一組。每一個夥伴都必須既給予、又接收催眠，來尋找這個量子算式：

$$1+1=3$$

　　我曾經用相互催眠作為工作坊的練習，也用來治療過在合作上感到挑戰的夫妻（包括如何為孩子的誕生做準備，或如何一起創造一個正向的未來）。（註：很有意思的是，比起親密的伴侶之間互相催眠，這個過程通常對陌生人而言更容易，例如在工作坊環境中找到的配對練習的夥伴。）事實上，我在治療中與很多對夫妻進行過這個過程，因為它像是一個比喻，在親密關係中所面對的挑戰，一起創造一個共有的體驗性空間。在我記憶中，沒有哪對夫妻在第一次就能順利體驗，總會有一些意見分歧，或者其他方面缺乏同步性而打斷了這個過程。那些失去連結的部分可作為一種很好的起點，用來檢視並修復夫妻之間斷裂的親密連結。）

　　圖表8.6列舉這個過程的步驟。當所有的合作夥伴都安頓好，就可以從準備步驟開始。如果訓練做這個練習，目標通常會是看看在這個練習中能夠共同創造出什麼有趣的、創造性的催眠經驗。如果是用在親密伴侶之間，那麼目標可以更明確，例如改善親密關係，或者是為一個重大的改變做準備等等。

　　完成準備步驟之後，夥伴們可以慢慢睜開眼睛，彼此連結。這麼時候把興趣點放在建立平等的連結，(1)與自己的中心點連結，(2)與更大的場域連結，(3)和夥伴連結。最好的做法是，讓自己的覺察超越夥伴、往外擴張到非常廣闊的周邊場域，事實上，是讓這個周邊場域成為主要的覺察對象，然後在這個更大的場域中覺察你的拍檔，允許連結產生，而不與對方融合。過程完成時可以點頭示意。

　　第三個步驟是我們在前一章所談論過的自我催眠的修改版。在這個版本中，夥伴們同時大聲地說出三個句子：

---

1.準備步驟：歸於中心、正向的意圖、資源

2.和夥伴連接（當準備好的時候，給出訊號）

3.透過引導迴圈的同時重複：

　　現在我覺察到我看到＿＿＿＿

　　現在我覺察到我聽到＿＿＿＿

　　現在我覺察到我感覺到＿＿＿＿

4.當催眠開始發展時：轉換到交替語句（在遠處的一座山……月亮升起……）

5.展開並享受一個共同創造的催眠場域

6.當準備好時，漸漸地重新定向並且分享

---

圖表8.6　相互催眠


　　現在我覺察到我看到……

　　現在我覺察到我聽到……

　　現在我覺察到我感覺到……


　　目標是能夠以一種平衡又同步的方式說出來，可以同等地感受自己和對方。要是其中一個人說得比較快或比較大聲，要自然地調整它，直到人人都不比其他人更具主要地位。這就是1+1=3發生之處。

　　當然，陳述的內容通常會因人而異。就像自我催眠的過程一樣，覺察的內容可以是外在實際的刺激物（例如**冷氣機**或你**襯衫的顏色**）或者是內在的想像（例如**一首歌**、**天使**或童年時的一段記憶）。以下是一個簡短的案例：

　　羅伯特：現在我覺察到我看到……眼睛在眨。

珊卓拉：現在我覺察到我看到……你後面的牆。

羅伯特：現在我覺察到我聽到……孩子的笑聲。

珊卓拉：現在我覺察到我聽到……靜默之聲。

羅伯特：現在我覺察到我感覺到……溫暖的開始。

珊卓拉：現在我覺察到我感覺到……一種開放。


每一個句子之後，夥伴們呼吸，把兩種體驗性的內容都吸收進來，帶著好奇心去觀察催眠將如何展開。夥伴們繼續帶著邊緣共振來說話，還有音樂性的共振和開放的好奇心，重複地說這三個句子，一直到他們覺得一種很棒的共同催眠狀態已經發展出來。然後，閉上眼睛（如果他們還沒有閉上的話），然後做一個深長的呼吸，讓每個人都再更深地沉入生生不息催眠場域的開放空間裡。

下一步，夥伴們會**交換**這些句子來共同展開一次有趣的催眠。最重要的是，每一個人都只說一句，然後夥伴在這個基礎上再說一句，然後再回到第一個人，像這樣一直迴圈。以這樣的方式，沒有任何一個人可以控制或主宰催眠的過程；每一個人都花些時間把所有說出的話都呼吸進來，去觀察它在內在裡產生了什麼，然後加上一點東西來讓它更加精妙。以下這個案例是從羅伯特和珊卓拉的實驗中節選的（珊卓拉的話用粗體字來表示）：

一個開放的草地……**非常寬闊，很高的草**……風輕輕的吹著……**美麗的風，帶著魔力的閃耀**……一個魔術，它把新的、令人驚異的經驗帶進來……**兩個孩子，快樂的坐在這個草地上**……只是坐著、笑著、到處看著……**一個男孩跟一個女孩，他們很好奇，也充滿了驚訝**……有一隻很漂亮的鳥出現在天空……**有紫色的翅膀**……另外一隻鳥也加進來……**有白色的翅膀**……兩隻鳥同時往下看，看著這兩個孩

子……**兩個孩子向鳥兒揮手**……兩隻鳥飛下來，到草地上……**邀請孩子們坐在牠們的背上一起飛**……我們應該去嗎？你和我。在這樣一個夜晚，飛向天空……**是的，讓我們爬上去，一起作一個很棒的飛翔**……

這次相互催眠一直繼續展開，進入到一段非常奇妙的催眠探索中——一個從沒有人到過的地方。

經過大概10到15分鐘的探索，就可以開始重新導向，透過一個共同的過程慢慢地回來。練習完全結束前，可以有一個分享的過程。

許多人都被這個過程深深地撼動，感覺非常的愉悅。這是很簡單但卻很有力量的方法，幫助我們走出分隔的、困鎖在自我之中的現實，進入一種實驗性的意識狀態。它的程式(1)建立一種內在的生生不息狀態；(2)跟另外一個人在生生不息的狀態裡連結；(3)非常小心地，在「給予和接收」之間找到平衡，然後展開一個共同的現實。對很多生生不息的合作關係來說，這都是一個很棒的方法，不論是在生生不息的催眠工作，還是親密的伴侶關係，或是職場團隊的共事關係，或一個療癒或教練過程，在每一個狀況中，創造力並不是來自個人，而是經過關係的連結所共同編織出來的。而在編織這個織錦的全部過程中，給予和接收都必須在場域中保持平衡。

不幸的是，這並不是在治療或教練過程經常發生的狀況，特別是在催眠工作裡，催眠師經常相信自己對個案的行為改變具有主要責任，也相信從個案那裡做深層的接收是不恰當的。這會讓經驗被單純地鎖在個案之內，並更進一步病理化和孤立這些經驗。如果經驗能進入一種關係性的空間，「不論是由兩個還是更多人所組成的」，很棒的轉化性工作就有可能發生。把療癒或教練的過程看成一種「相互催眠」，需要催眠者能深刻的接收，並允許個案在不同的層次的過程來

引導自己。

　　用一個例子來解釋，凱倫在她生命中的一個轉捩時期來看我。她是一個心理醫生，因為女兒的出生而停止工作。她女兒目前八歲，進了小學、安頓下來之後，凱倫覺得有一種再回到全職工作的呼喚，但同時她又覺得好像有一股力量一直阻止她。

　　在準備階段，她把目標設定為「我希望我的職業生涯有一條正向的道路」。當被詢問到有沒有看到什麼是無意識帶給她的資源時，她說有**綻放的花朵、她的狗瑪姬和一個研究所教授**的意象。然後我邀請她進入中心點，她覺得有一些困難，說「她的肚子好像空空的，充滿了疼痛」。我請她呼吸，並且觀察內在對我的問題「什麼能幫助她進入中心點」的反應。她說，她感受到的回應是**大地和安慰**。

　　我問她，目前大地和安慰的感受有多少（從1到10），她說5。我問她是否想去探索如何把這個程度再提升一些，她點點頭。我建議或許可以讓她的資源來帶領她，於是她再一次聞了聞、看了看綻放的花朵。這個意象幫助她放鬆下來，然後她左邊身體開始顫抖起來。我問她還好嗎，她點點頭說**是的**。我建議她進入一段療癒的旅程，其中無論需要想起什麼正向的資源，她都能夠想起，無論什麼需要得到療癒，都可以得到療癒。她看起來有非常的專注，同時帶著正向的安定（透過她的呼吸、臉上的表情、肌肉的緊張程度），於是我只是給她一些一般性的引導，並把她所感受到的資源回饋給她，加上一些在我們共有的催眠連結中自發性出現的畫面。

　　經過大約20分鐘，我建議她重新導向回來。她很感動地描述如何在催眠狀態中重與幼年時小兒麻痺的經驗連結，這個經歷幾乎讓她左邊的身體癱瘓了。她描述和這個經驗重新連結的感覺非常強烈但也非常正向，因為其中似乎暗藏了許多她對生命下一步的恐懼（很有趣的

是，她在8歲時得了小兒麻痺症，而這正是她女兒目前的年齡）。她強調，與她的資源的連結以及和我之間非語言性的良好的互相催眠，讓她覺得很安全，同時讓她有興趣去探索她生命中這個更深的部分。六個月後，她告訴我她已經回到職場，有一個新的工作，她很快樂，並期待著未來。

　　這個例子說明生生不息催眠的工作時團隊所有成員之間各個層次的對話。透過小心地加入一個人，生生不息的合作關係會在很深的層面發生。再一次，這並不代表人們就融合在一起而喪失了各自的自我身分；相反地，這種互相催眠打開了一個更大的場域，在其中保持著每一個個體，再加上一個更深的系統性智慧。（量子數學是1+1=3，不是1+1=1）。亦即當一種共用的智慧被觸及時，還是可以維持各自的角色，例如某個人是治療師，另外一人是個案。互相催眠說明的同時，在一個場域中的不同位置，透過有技巧地維持**給予和接受**的平衡，關係性的無意識就會展開。

## ●第三個方法：「好我／壞我」

　　互補性方法的假設前提是，人類意識的整體性是以對立的形式來表達和經驗的。當二元性變得僵化和敵對時，意識會分裂成對抗的陣營，帶給我們真正快樂和創造可能的整體性，也就跟著喪失了。

　　這個分裂的產生主要是透過我們所謂的「好的自我」vs.「壞的自我」的機制，在這樣的表達中，一邊被認為是正面的，而另一邊是負面的。（註：很重要的是要注意到，「好的自我」和「壞的自我」這兩個詞語總是加引號的。這裡的理念並不是任何既定的部分是好的還是壞的，而是我們自己發展的固定看法，因此而創造了一個有麻煩的世界。）每一個面向的表面形式似乎也一再去強化這種判斷。就像在

我們更早的例子裡，「活躍」被表徵為正向的，是**為別人做很好的工作**；而「放鬆」卻被表徵為一種**慢性疲勞**。表面上似乎很明確，前者看來是好的一面，而後者看來是壞的那一面。

這種表相會有其誤導性，因為任何一邊都帶有很多面向，一些很好，還有一些則不那麼好。舉例來說，「勇猛」可以是正面的（比如在保護生命，或在面對不公義的挑戰時），也可以是負面的（比如一個殘暴的侵略者，或負面的吼叫）。它的相反詞「溫柔」也同樣可以是正面的（比如仁慈的溫和、撫慰的慈悲等），或是負面的（包括討好、假裝多愁善感）。一個人要生生不息就需要理解，我們最終都要為自己的經驗負責；是我們與每件事的關係造成正面或負面。

要承擔起這份責任，從而獲得隨之而來的自由，很重要的是要能夠認出並且療癒我們對自我僵化的區分。一個簡單但卻有力的方法就是在圖表8.7中的**好我／壞我**練習。這個練習可以用兩種方法來做。第一，兩個夥伴交替分享；第二（更適合在專業設置中與個案一起工作時），每當個案說出一連串好我／壞我的兩極語彙，催眠師都要融入並回饋四個支持性語句。我們在此簡單看一下第一個版本。

第一個步驟就是透過中心點、向一個覺察的場域打開、並且和夥伴連結來設置生生不息催眠的狀態。每個夥伴準備好時可以點頭示意，接著夥伴A開始說兩個句子：

我希望你知道（或者看到）我是＿＿＿＿＿

我不希望你知道（或者看到），我同時也是＿＿＿＿＿

說話的人要保持著自我關係連結、緩慢地說出每一個句子。在句子之間開啟一個空間，對於內容不要有任何預設的想法，只是單純地觀察當你說完句子時有什麼東西冒出來。如果說話的人，不論任何原

```
1.夥伴們非語言性的進入中心點,向場域開放,彼此連接

2.夥伴A說:

   我希望你(或者這個世界)看到我是＿＿＿＿

   我不希望你(或者這個世界)看到我也＿＿＿＿

3.夥伴B傾聽,發出非語言的支援,然後說:

   我看到你是(好我)

   我也看到你是(壞我)

   我看到你是同時是(好我和壞我)

   我看到你比這些還多得、多得多

4.夥伴B說兩句話,夥伴A用四個支持性語句來回應

5.夥伴們交替3到4輪,慢慢地說、觸碰、看見,並釋放每一個真相
```

**圖表8.7　好我／壞我練習**

因,看起來失去了連結(沉重的呼吸,眼睛看向別處等),接收者就要溫柔而簡單地將其帶回連結裡。這個練習主要的目的是去感受出現的核心自我身分是什麼,誠實地說出來,同時把共振能量帶到關係性的場域裡,再將其釋放。這絕非是一個理智性的報告,而是一種把靈魂能量帶到人與人連結裡的練習。

接收者傾聽、帶著好奇和開放的心融入其中。對於表達的情境,不需要去分析、改變、或做任何事,就讓它單純地接觸,然後在中心找到一個感性的地方,同時保持關係性的連接。當兩個臨在都被平等地感受時,接收者就可以說出下面四個句子作為回應:

我看到你是(好我)

我也看到你是（壞我）

我看到你既是（好我也是壞我）

而且我看到你比這些還要多得多

　　接收者深刻感受到每個句子的真實性以後，才帶著仁慈和祝福真誠地說出來。情境可以稍微重塑，特別當「壞我」是以一種強烈、負面的語彙呈現出來時。舉例來說，要是個案說：「我不想你看到我是一個毫無價值的白癡。」這句話可以被回饋為，「我看到一個部份的你，覺得自己是一個毫無價值的白癡。」所以，這裡的挑戰是，要一直持續和核心能量連結，同時也溫柔的重塑語言的框架。

　　當夥伴A吸收這四個反映性的句子時，也許可以閉上眼睛，吸入祝福，而夥伴B就可以開始他／她的兩個句子，而夥伴A現在就變成接收者，投入並且回饋回來。因為通常要花一兩輪才能夠沉進這個過程，所以我們一般會重複4到5次。以下是兩輪練習的案例節錄：

傑姆：尼克，我希望你能夠看到我內在的天使。

　　　我不希望你看到的是惡魔。

尼克：傑姆，我能夠看到在你之內的天使。

　　　我也同時看到在你之內的惡魔。

　　　我看到他們兩個正和你一起共舞。

　　　我同時看到更多更多（微笑著）。

　　　（傑姆閉上眼睛，做一個深沉的呼吸，手撫觸著心輪，然後睜開眼睛，溫柔的點頭）

尼克：傑姆，我希望你看到我是一個有愛的人。

　　　我不希望你看到我有時是多麼急切地尋找著這樣的愛。

傑姆：尼克，我看到你是個有愛的人。

我同時看到你有時是多麼急切地尋找著這樣的愛。

能同時看到兩者真是很棒（溫柔的微笑，靜默一會兒）。

我還看到更多更多（眼中閃爍著光）。

傑姆：尼克，我希望你看到我的生命力。

我不希望你看到……我的疲憊（看起來很憂傷）。

尼克：我可以看到你的生命力，傑姆。（停頓一會兒）

我也同時看到你的疲憊（停頓，帶著慈悲的連接）

我可以同時感受到它們（溫柔的微笑），

而且我可以在你裡面看到比這些更多更多（眼中閃著光）。

尼克：我希望你看到我的喜悅……

我不希望你看到我對於死亡的恐懼。

傑姆：尼克，我看到了喜悅。

我同時看到對死亡的恐懼。（停頓一會兒，帶著慈悲的連接）

能夠同時看到兩者很棒。（停頓較長一段時間，沉默的交流）

同時我能夠感受到所有在場域中的尼克（微笑），有這麼多這麼多的尼克在這兒（微笑著）。

尼克：（輕輕的笑出來）是的，有很多個。（兩個人都笑起來）

　　當兩個人以邊緣共振的方式說出這些句子時，會帶來很深刻的影響。「好我」和「壞我」，就如古老希臘劇的雙面面具一樣，每一面都代表著生命的一個面向。而當兩者被平等對待時，有力的整合就會發生，意識會從面具的單一認同中被解放出來，自由地停歇在創造性

無意識量子場域中，任何形式都能從中升起並且回歸其中。

這個練習很明白地讓我們看出，我們每天花多少精力來對自己和世界「催眠」──**我們只有這個方式，絕對的，確定的，而不是那樣的方式**。這個練習幫助我們感受到「神的王國就在我們之內」。我們的創造性無意識涵蘊了所有可能的自我身分認同，所以無論我們「在外面」看到的是什麼，也都同時在我們之內。於是我們的挑戰就成為如何把內在升起的所有能量人性化，來實現它正向的人的價值。

這四個反應句子代表良好的轉化工作的四個主要焦點：(1)要能注意到問題或症狀，(2)要能看到目標或資源，(3)在兩者之間編制出正向的連結，和(4)總是抱持著超越任何單一焦點的無限可能空間。所以這個工作最主要的技巧之一是：任何時刻都知道該向哪個焦點調整頻率，並很藝術、技巧地在彼此之間作轉換。

很多人都覺得這個方法對連結自我身分認同的核心面向非常的有用。非語言性的同頻，讓一個人能感受到各個部分的身體中心，並將其吸入身體中心，讓共用的連結將其從個別分離的內在空間，轉到一個可呼吸的關係性的空間中去。當然，因為對每一部份都有欣賞，特別是那些被認為是壞的部份，就會點燃起許多很棒的整合。

我曾經多次和個案一起做這個練習，要麼是在開始階段，要麼是當個案不清楚什麼事需要發生時。在大部分的情況裡，它並非一個相互交換的過程，而是我作為個案的接收者。這往往能直接觸碰到核心身分認同的議題，從那個部分出發，更多的工作就能夠展開。對個案來說，「壞我」常隱而不宣，所以把它們帶到前場來會很有幫助【註：辨別與外在表現的「好我」互補的部分，通常並不是那麼困難，我們只需要去看看是什麼症狀，這個人的伴侶的表現在外的自我，或者這個人會攻擊別人的那些地方。這些是經典的「投射」（未

整合的自我的）技巧】。舉例來說，一位女士外在表現的自我總是很樂觀、經常微笑、而且關愛他人。但在練習中，她的「壞我」陳述出現了：「我有時不想活」和「我覺得充滿憎恨」。那些原本隱藏部份，當被賦予價值、並和她的「好我」連結時，產生了一些非常有幫助的轉變。下一個方法在對於解決這方面的問題上非常有效。

## ●第四個方法：矛盾衝突整合

人生旅程的目的就是慈悲。超越對立的兩極，你就達到慈悲。

喬瑟夫・坎伯

另外一個識別並整合彼此衝突的部分的方法，是透過我稱為**矛盾衝突整合**的過程。當陷入兩極掙扎時，這是非常有效的方法：一部分的我想做X，但另一部份的我卻不想，結果是個僵局。過程有三個主要步驟：(1)識別並找到目標的身體中心；(2)識別並找到問題的身體中心；(3)在這兩個部分之間創造流動的連結，化敵為友。圖表8.8列出這個過程的進行步驟。

在第一個準備步驟中，　明個案進入中心點、找到正向意圖、並和資源連結。在這個過程中，用兩個句子確立目標：

我想要做X，但Y卻發生了。

例如：

我想要對兩個孩子仁慈溫柔，但我最後總是對他們咆哮。

我想要完成這個寫作，但我總是怠惰拖延。

---

1.準備步驟：中心點、設立意圖和資源連結

2.用這樣兩個句子確立目標：我想要X，但Y卻發生了

3.歡迎並且找到其中一端的身體中心

4.歡迎並且找到互補那一端的身體中心

5.在兩者之間移動，確保強度水準平衡

6.在兩者之間發展連結

7.整合

8.確認新學習、做出承諾、未來的方向、感恩、重新導向

9.討論

---

**圖表8.8　矛盾衝突整合的方法**

　　我想要和丈夫做一次特別的對話，但最後總是太害羞。

　　我想要在團體之前表現自信，但我總是非常害怕。

　　如果兩端剛開始看起來似乎無法和解，這說明它們可能是一個更深層整體中的不同部分。建議用這個練習來學習那樣的可能性。

　　在第三個步驟中，詢問個案先連結哪一邊（目標還是問題）將會是最好的。有趣的是，大部份的人都選擇了問題，可能是因為問題總是帶著更多的能量。可以用很多方法與「負面的部分」建立起正向的關係：(1)用人性的語言來命名；(2)感受並觸碰到它的身體中心；(3)歡迎它、並且承認它是「合理」而且具有完整性；(4)在催眠師的中心也騰出一個地方（來建立平行追蹤和關係連結）；(5)注意到任何與它連結的年齡；(6)注意到它在持續進行的各個部份的強度。在整個過程中，都邀請個案對於如何與這個部分建立正向的連結保持著觀照和好

奇心。

　　這個過程允許負面的部份得到正向歡迎。用第三人稱的方式來稱呼它（「那個部份」、「他」或「她」），在你經驗中的那個存在）等）、感受它的身體中心、回溯到年輕時候等，都可以讓這個部份得到分化，使一個人可以**和經驗在一起，而不成為經驗本身**，這就是生生不息意識核心的「既是／又是」的關係。而這過程中最重要的是，首先要與這份經驗的微妙身體能量的**感官覺察**連結。這個可以讓所有與這個經驗連結的負面的故事、名字，和其它的制約形式都得到釋放。下面這個簡短的案例，說明這個過程如何幫助了荷西‧卡洛斯，一個經常對他兩個孩子爆發憤怒的父親。

　　教練：所以荷西‧卡洛斯，聽起來你說的是兩件不同的事，第一是你有多麼愛你的孩子，多麼想要成為一個好爸爸。我說的對嗎？

　　荷西‧卡洛斯：是的。

　　教練：很棒……知道這一點很好……第二個是你發現自己有的時候會對他們真的很生氣，我理解的對嗎？

　　荷西‧卡洛斯：是的……（看起來很困擾的樣子）我知道我不應該，但是它就是會發生。

　　教練：很好，你知道這一點也很好。我敢肯定這是很有意義的，在你內在很深的地方，有些事情正在試圖發生。所以我想跟那部份的你……那個很生氣的部分……我想要跟他說……歡迎……

　　（教練緩慢地進入輕微的關係性的催眠狀態，變得更加邊緣同頻，感受身體，並且用目光溫柔地觸碰向荷西‧卡洛斯的胸部和他腹部的區域。）

　　**歡迎！我真的想要歡迎你的部分，因為我敢肯定你是在我們今天這個療癒團隊裡非常重要的部份**……當我歡迎時，你覺察到內在發生

了什麼嗎？

荷西・卡洛斯：（看起來很柔軟）在我裡面有一些東西放鬆了……（用手觸摸著他的太陽神經叢）

教練：很好，知道這一點也很好。很棒，現在，我想要跟剛剛來到我們這裡的那部份的你說一些話……**謝謝你加入我們，歡迎你……**（停頓一下）現在，這兩個部份的你……一個非常想要對你的孩子們仁慈……另外一個常常失控……你想要先跟哪個部分連結？

荷西・卡洛斯：（看起來承受很大的壓力）嗯，我不覺得我要歡迎那個常常暴怒的我。它不應該存在的，它很壞。

教練：（做一個深呼吸，靜默一會兒，然後內在和個案的「壞我」連結）嗯，我敢肯定這個態度是有道理的，但是我在想……當你這麼說時，在太陽神經叢附近是否有什麼特別感覺？（覺察調整身體中心）

荷西・卡洛斯：它變得非常緊繃……

教練：它變得非常緊繃……注意到這一點很有趣……當你用這樣負面的方式來跟它說話的時候，它就會變得非常的緊繃……現在，換我來跟那個存在說說話，好嗎……（轉變到催眠的聲音）**歡迎你，我敢肯定你經歷了漫長的旅程……你是我們今天這裡的貴客……**（停頓，並且和荷西・卡洛斯的呼吸調整一致）你現在覺得這裡有什麼感覺呢？

荷西・卡洛斯：（眼淚漫出）它慢慢變溫暖了……

教練：（微笑）嗯，這很有趣……所以，當我們跟你身體的那個部份以負面方式溝通時，它變得非常緊繃，但當我們跟它用正面的方式說話時，它又變溫暖了。你更喜歡哪一個呢？

荷西・卡洛斯：當然……溫暖……但是我也很害怕這個部份的

我……（看起來有些困惑）

　　教練：這很合理。所以如果我們能花一點時間來對它有更多的瞭解，然後看看會不會有幫助，也許你和你的那個部位都會變得更正面一些，好嗎？

　　荷西・卡洛斯：好……

　　教練：好，很棒。所以我們現在正在談你常對孩子失控、陷入暴怒的那個部份……要是我沒有聽錯的話，你說它的中心點是在你太陽神經叢的部位……（指向自己太陽神經叢的部位，輕柔地調整呼吸，溫柔地點著頭）

　　荷西・卡洛斯：是的……

　　教練：很棒，謝謝你讓我知道……我現在想請你**閉上眼睛幾分鐘**……（荷西卡洛斯閉上眼睛）很好……很棒……呼吸，帶著覺察……**在你腹部很深的地方，有一個很重要的存在**……當你跟孩子們連結時……它就開始以某種方式甦醒了……所以我現在想要再歡迎那個部份的你……並請你用手去撫摸它……（荷西・卡洛斯把手放在太陽神經叢附近，看起來非常融入）**很好**……**很好**……現在你注意到有什麼事情發生了嗎？

　　荷西・卡洛斯：覺得溫暖，有點像振動的感覺……

　　教練：覺得溫暖、振動……很好……另外我想要順便問你，現在有沒有任何數字跳進你的心中，能夠連結這個部份的你的年紀……不需要用腦袋去想，就讓任何一個數字自己跳進你的覺察裡……你覺察到什麼了嗎？

　　荷西・卡洛斯：數字8跳入我的心中。

　　教練：很有趣……數字8，我想對那個八歲的男孩說……**歡迎！你是我們今天的對話中非常重要的客人**……當我說這句話的時候，你

注意到有什麼事情發生嗎？

荷西・卡洛斯：那個輕微振動感增加了……不管在那裡的是什麼，覺得很好奇……甚至帶有一點點快樂的感覺……

教練：嗯，很好……順便問一下，你是否記得在你八歲左右，發生過什麼富有意義的事情嗎？

荷西・卡洛斯：我不知道……事實上……（看起來很憂傷）是的，有很多事發生……但是最主要的是我爸爸和媽媽離婚了……然後我爸爸就離開我們了。

（荷西・卡洛斯仍撫摸著他太陽神經叢的部位，我們溫和地談論了幾分鐘這件事，邊緣同頻加深，用來打開一個關係的場域。）

教練：到目前為止，我們談到了當你跟孩子連結時，有些部分會感到不安和生氣……而它似乎是和你的腹部的這個感覺相連的……（緩慢下來，溫柔地看向他的太陽神經叢）八歲是跟這個存在連接的年齡……在八歲的時候有很多的痛苦……（停頓，和荷西・卡洛斯一起溫柔地呼吸，慈悲感溫柔地擴展）……而當你跟孩子連結時，這些感覺就出現了……另外，順便問一下，你最大的孩子現在幾歲？

荷西・卡洛斯：他八歲……（看起來很驚訝）

教練：是的，他八歲……**歡迎**！我很確定你在這個時候來到荷西・卡洛斯的生命是很合理的……**歡迎**！另外，荷西・卡洛斯，如果我們用1到10的尺度來衡量，你現在能在多大程度上感受到那個在你腹部中心點八歲的存在？

荷西・卡洛斯：10。

教練：非常好……10。

以上的案例說明，一個「壞我」或一個問題，都可以被歡迎並被融入一個正向的「方案解決團隊」裡。正如所有生生不息催眠過程，

溝通的音樂性是最重要的。關係性的連結和共振會引領過程的節奏、空間、強度和接下來的每一個響應。

　　一旦其中一邊得到了支持，我們就可以把注意力轉向它互補的另一邊。以荷西・卡洛斯來說，他的目標是「希望能夠對孩子們仁慈」。因為心中充滿了對兩個孩子的愛和感激，在目標部份他能夠感受到10的強度。

　　正如在所有的協商一樣，當兩邊都得到支持時，兩邊之間的關係就能持續發展。在生生不息催眠中，**這種關係性的連結也是啟發療癒和創造性無意識的主要元素**。為了確保每個部份都被充分啟動，也都相對平衡，可以使用強度評估表（1——10分的量表）。一般來說，每個部份都至少要達到5的程度，整合就可以被發展出來。如果正向那一邊比較高一些，通常也會很好，但不是必須的。舉例來說：

　　（和一個中心點連結）荷西・卡洛斯，我希望你回到太陽神經叢附近……把手放在那個中心點上……深深地呼吸，進到那個中心點……讓所有的感覺、經驗和能量，都和那個以憤怒方式表它自己的部份連結……但是現在，你也同時經驗並且瞭解到，你有這麼多的需要，和感覺，和愛……去感受它們……（停頓）

　　（和另外一個中心點連結）現在再移到你的心輪附近……撫摸著你的心……深呼吸，進你的心輪……感覺那個部份的你已經是一個父親……感受到你對孩子的愛……三個孩子……你八歲的兒子……另外一個六歲的兒子……和那個八歲大的你……吸氣、吐氣……呼吸……觸摸……感覺……讓那個愛以各種創造性的方式展開、擴展、並且打開……

　　（微妙的能量和兩端連結）現在你可以同時撫摸著兩個中心點……心輪……和肚子……心……肚子……是的，就是這樣……呼

吸……然後送出呼吸和感覺……在心輪和太陽神經叢之間，有一種連結在發生……同時覺察到兩個部份……很好……去產生連結……重新連結……融入其中……父親和兒子……愛和療癒……重新連接和療癒……一種連結被吸進這兩者中間……當你準備好的時候，你可以覺得那個連結把你帶到更深的療癒催眠中……現在開開開開開始……

非常好……呼吸……允許……療癒……整合……一個八歲大的孩子……回到家了……一個父親的連結……一個孩子的療癒……就是這樣，就是這樣……就是這樣……（進一步細緻地展開）

在整合過程後，最後一個步驟就是把在這個催眠中的學習帶入日常生活中。如往常一樣，花一些時間來找到在這個過程中最重要的學習和改變，做出誓言和承諾來實現這些改變，想像改變後完成實現的那個未來你的畫面，對所有曾經在這個旅程中幫助你的所有支持者表達感謝，然後再重新導向回來。

對荷西‧卡洛斯來說，這是一個非常有威力的過程。這個互補性把他從「我想要對孩子仁慈，但我總是會對他們暴怒」連結到「我想要愛我的孩子，我需要同時愛我內在的孩子」。他明白了，當他的孩子接近他自己父親離開他的年齡時，那個傷痛和問題部份就被觸動引發了。而因為我們花了一些時間來轉化和整合，讓這個部份有關的憤怒、恐懼和迷惑轉化成他家庭經驗中的一個美麗的存在。

發現問題其實是過去所遺留下來的一個未整合的自我這是非常普遍的現象。另外非常普遍的是，互補的「X但是Y」，組合成陰和陽的二元性。也就是說，一個攜帶著比較溫柔、羞怯和纖細是陰的部分，而另外一個攜帶著更強有力，更強烈是陽的部份。再一次的，非此即彼的負面框架，使我們很難去看到它們正向的潛力。生生不息的催眠允許每一邊都被解構，脫掉其「外衣」，允許其內在本性的天賦

和良善被看見。在生生不息催眠流動的創造性空間裡，新的、正向的形式和框架就可以被發展出來。

　　這個**矛盾衝突的整合過程**，可以有很多非正式的做法。當我們進行一種目的性的活動時，感覺阻塞或有其他干擾時，就可以進行。花幾分鐘去感受你的身體，去感受到那個干擾的部位，然後使用我們前面講過得四句咒語（**這很有趣，我敢肯定這是有意義的，有些內在的東西想要被療癒或甦醒過來，或歡迎**）。很有技巧地跟這個「壞我」相處，並把主要的注意力放在微妙的身體能量上，允許正向的本質被感受、經驗到。然後加入目標，讓在兩極之間發展出的連結去自然整合並重建整體性。

## ●第五個方法：矛盾衝突整合的身體催眠舞蹈

　　　　要是我能說出來，就不需要跳舞。

伊沙朵拉・鄧肯

　　我們在前一章裡探討過，可以用身體模型的方式來仔細闡明問題，於是目標（「我想要X」）以及其所指的問題（「但卻發生了Y」）可以用身體模型表現出來並予以整合。我把這個過程稱之為**矛盾衝突整合的身體催眠舞蹈**。它和我們前面所講的**矛盾衝突整合**非常相似，主要的差異是在於互補對立的兩極如何得到呈現。（在**矛盾衝突整合**裡，我們使用身體中心；在催眠舞蹈中，我們使用身體模型。）這個過程的架構列於圖表8.9中。

第一步：準備

    1.中心點

    2.設立意圖：我想要X，但卻發生了Y

    3.資源

第二步：展開生生不息催眠

    1.發展對問題／目標的身體模型

    2.第一個（輕微的）催眠：緩慢的、重複的，帶著正向的好奇，從一個身體的模式轉變為另一個

    3.重新導向並處理一會兒

      第二個（更深的）催眠：在更深的層次裡重複催眠舞蹈，並加入生生不息催眠的其他維度：

      ・中心點

      ・緩慢的、有節奏的、重複的動作

      ・感官覺察和共振

      ・感恩

      ・關係咒語

第三步：轉化自我身分狀態

    1.讓催眠舞蹈來探索每一端的基本需求和其資源

    2.找到兩端之間的連結

    3.整合

第四步：再度整合回到日常現實

    1.未來導向，看到未來行動的變化

    2.做出誓言和承諾

    3.感恩

    4.回顧重要的學習體驗

    5.重新導向

圖表8.9　矛盾衝突整合的催眠舞蹈

如同前一個方法一樣，先完成準備步驟，包括對於目標的兩個部分的表達：

我想要X，但Y卻發生了。

一個人說的句子是：

我想要完成我的論文，**但**我卻一直拖延。

為了在身體上展現目標的一端，溫柔地重複它的核心陳述（例如**「我想要完成我的論文」**），然後呼吸，請身體去找到適當的表達動作來表達這一端。舉例來說，像這個個案**完成論文**是以一個狹窄的焦點來表現，手指有意圖地指向前方未來。通常我們可以直覺地知道身體的表達對不對（個案和觀察者都一樣），常常是需要做一些調整的。

當兩端之一端被身體模型出來後，我們就可以同樣的方式為另一端做出身體的模型。在這個案例中，**拖延**是以眼睛和身體不斷向四周觀望的方式表達出來。就像通常的情況那樣，彼此衝突兩端的身體模型，也是彼此互補的——例如散亂的注意力vs.狹窄的焦點。其他一些例子也說明了身體模型方式的互補性：

1. **我想要感覺自信**（手以一種敞開的姿勢向外伸出），但是**我卻總覺得不安全**（手臂和肩膀往內收）。
2. **我想要戒酒並保持清醒**（坐得很直、把手伸向世界），但是**我卻總是每天晚上都酗酒**（塌陷的身體姿勢、眼睛往下看、手以飲酒的姿勢伸向嘴邊）。
3. **我想要和我自己和平共處**（眼睛閉起來、手溫柔地撫觸著

心），但是**我卻總是無法停止擔憂**（用手去拉頭髮）。

　　身體模型通常能表現出彼此衝突的兩部份的一種陰和陽的舞蹈：一邊往內移動，另一邊往外。**催眠舞蹈讓相對兩極得以實現合作同盟、而非以敵對的方式來展現更深層的完整性。**

　　「催眠舞蹈」的探索可以連續做兩次。第一次是比較短（大概五分鐘）、較淺的催眠狀態的探索，去感覺一下每一端的正向價值。個案進入中心點、調整頻率，然後非常溫柔地，將身體在兩端之間緩慢移動。不需要語言，動作非常緩慢和優雅（大概比平常的移動速度要慢五到六倍）。帶著好奇心去探索相反兩極的每一邊所具有的更深的渴望和意圖。教練可以溫柔地、帶著共振地給出各種不同的關係咒語，或是由個案自己默念。例如：

　　我的無意識想要帶給我一個非常重要的經驗。它會是什麼呢？……

　　我的身體正在向我展示一個非常深的需要。它會是什麼呢？……

　　可以向這份學習開放……

　　放鬆，放下……

　　傾聽身體。

　　在這個過程中，注意是否有神經肌肉鏈結發生，若有請釋放。

　　這個過程在五分鐘左右之後結束，然後進行一個短暫的討論。接著第二輪就可以開始。在這一循環裡，需要進入一個更深的、更持久的生生不息催眠狀態，包括感官和美學的共振，緩慢而優雅的動作，重複的韻律，和關係咒語。我有的時候會建議個案去想像自己是一個

催眠的芭蕾舞女伶，把整個世界都跳成存在。**要特別強調的是，在做任何動作時都保持中心點；**【註：身體模型將會揭示出，當人們在做出問題的動作時，它不可避免的會讓他們偏離自己的中心。生生不息的催眠工作有一個基本的公式：**症狀加中心等於資源**。也就是說，如果我們可以在經歷某個經驗的時候保持自己的中心，那麼它就會成為一種資源。所以在這個練習當中會做重要的調整，來修正動作，以維持中心。】有時候教練需要去幫忙對動作做些許的調整。

這一輪的催眠舞蹈要探索10到15分鐘，並暗示個案去感受每一個動作的深層正向意圖，以及如何以其他新的方式表達出來。接著進行整合的過程來讓自我關係的每個部份，共同創造出一種嶄新的、正向的自我身分地圖。

我曾經無數次地使用這個過程，來感受隱藏在重複的負面模式底下的正向意圖和需要。把音樂性帶進一個負面模式，可以讓它的正向潛力得到啟發，並顯示為什麼這個模式會這麼固執地一直自我重複：創造性無意識正在試圖帶來療癒和完整。催眠舞蹈會讓一個個體的存在去加入這個過程，因而允許正向的價值得以實現。

帶著韻律性去探索負面模式通常也彰顯它們的原型特質【註：想要瞭解關於透過身體姿勢和動作來調頻原型體驗的令人著迷的研究，請見Hopton（2005）和Gore（2009）】。舉例來說，當我們以身體向內縮來表達不安全感，於是就很顯然，這個動作本身往內縮，位於個人經驗的中心。如果它是以神經肌肉鏈結的方式來呈現，一個人會經驗到焦慮和不安全感。但是，如果這個動作是以一種優雅的、帶著音樂性的、中心點的方式來表達，同一個原型動作就可以被經驗成溫柔的同頻。然後當我們看著這個正向價值（溫柔的同頻）和目標的關係—例如「我想要自信」（以向外開放的姿勢來呈現）——我們會看

到，它會讓目標完成，並且帶入一個更深的層次。再一次的說明，**在創造性無意識中，問題是平衡和完整意識心智單一觀點的一種嘗試。**而**矛盾衝突整合**的催眠舞蹈，它能夠非常美麗地說明這一點，同時也讓舊模式以許多新的可能得到經驗和表達。

## ●總結

在生生不息催眠中我們感興趣的是，任何時候當我們需要新的學習和身分認同，就去啟動創造性無意識。這時，意識心智的固定地圖就會成為一種不利因素，只會允許「更多相同的」模式出現。互補性原則對打開一個生生不息的狀態至為重要。保持相反兩極，不論是透過一個好笑話，遊戲，一個負面的雙重束縛，或一個悖論性的謎語，可以暫時解開意識心智的固定框架，讓無意識來產生一種非二元性的創意空間。我們已經探索了好幾個可以達到這個目標的方法：(1)互補性暗示循環，(2)相互催眠，(3)好我／壞我，(4) **矛盾衝突整合**，(5) **矛盾衝突整合**的催眠舞蹈。當我們在一個生生不息空間中運用這些方法，既進入中心點、正向意圖、邊緣共振、音樂性和資源時，生生不息催眠和令人驚異的轉化經驗就會發生。

‖第九章‖

# 無窮可能性原則

沒有什麼會比只擁有一個想法更危險。

愛蜜莉・夏提爾

所有的生命都是一個實驗,進行過越多的實驗,你就會越好。

萊夫瓦多・愛默森

如果你想要有無窮的進步,在所有的方向做有窮的探索。

約翰・沃夫根・馮・歌德

　　要生生不息地活著,我們需要有不同方法來瞭解並經驗生命。當我們僵化地鎖進某個特定方式而活,問題一定會發生。保持各種可能性的開放對創造性至為重要。有一種很有用的方法,我稱為**無窮可能性原則**,它主張任何人類的核心模式都可以用無盡的方式得到經驗和表達。圖表9.1說明了這個原則潛在的兩個層面,顯示一個總體目標如何透過許多不同方式來表達,它是「多元思考」過程很好的一個例子,而「多元思考」正是創意思想家的主要特質(Runco, 1991; Kaufman & Sternberg, 2010)。本書中一直都在重複強調這個現實建構

的雙層次理念。圖表9.2舉出五個具體的方法,我們將在這一章裡分別討論實踐這些生生不息原則的方法。

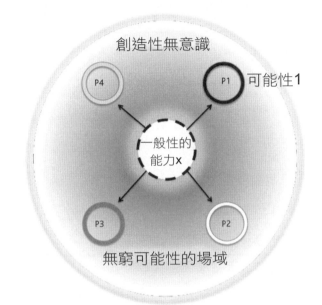

圖表9.1　無窮可能性原則

| 1.多重可能性的暗示環 | 4.譬喻性故事 |
|---|---|
| 2.產生新的選擇 | 5.資源委員會 |
| 3.四方鑽石 | |

圖表9.2　產生多重可能性的方法

## ●第一個方法:多重可能性的暗示循環

前面兩章,我們探索了兩個基本暗示循環:創造性接納和互補性原則暗示循環。生生不息催眠的第三個基本暗示循環在圖表9.3中,

表明了一個經驗（如催眠）可以展開的各種不同的方式。這就給了創造性無意識多重選擇，同時也預先假設這個經驗和目標可以得到實現。

---

1.核心能力的陳述（你可以用很多不同的方式經驗X）

2.第一個可能性（也許它會以這個方式發生）

3.第二個可能性（或者也許它會以這個方式發生）

4.第三個可能性（或者也許是這個方式）

5.暗示：找到對你而言最好的方式

6.回饋：發生了甚麼

7.整合並且回到第一步

---

圖表9.3　多重可能性的暗示循環

第一個步驟，用簡單的話語，去確認一個總體的技巧或能力：

你可以用很多不同方式去經驗X。

這裡的X可以是很多面向：

你可以用很多方式去經驗**催眠**。

你可以用很多方式1經驗**安全**。

你可以用很多方式去經驗自己和食物的關係。

你可以用很多方式去經驗自己**和痛苦的關係**

如同前述，目標要簡潔（五個或少於五個字）、正向、共振。為了能在暗示循環裡使用這個目標，先要完成準備過程。邀請個案進入中心點、設立意圖和資源連結。然後邀請他們體驗在這個過程裡，有各種可能經驗的暗示可以如何幫到他們。

個案可以點頭示意，表示已準備好，可給予第一個總體暗示：

你可以用這麼多不同方式經驗催眠...（**總體暗示**）

接著給予三個到四個不同的陳述來暗示發生方式可以有很多：

也許你會注意到身體的覺察有一些改變...（**具體的可能方式**）

或許你的視覺會有一些改變...（**第二個可能方式**）

或許你的聽覺會有一些改變...（**第三個可能方式**）。

總體的暗示再一次給予：

現在作一個深長的呼吸去感受催眠對你而言可以如何開始發生...

然後去詢問回饋：

你現在覺察到了什麼？

不管個案的回饋是什麼，都可以用來開始另外一輪的陳述：

個案：我覺得在胸腔有一種溫暖的感覺。

教練：知道這一點很好...作一個深長的呼吸，同時帶著好奇去**看看這個溫暖的感覺可以如何為你打開一個有趣而舒適的催眠狀態**...（**總體暗示**）

也許它可以溫柔地在散發到你的全身...（**具體的可能性**）

或許還會加入一些有趣的視覺改變...（**具體的可能性**）

或許可以讓呼吸把你帶到更深的內在...（**具體的可能性**）

因為你真的可以享受找到你自己最好的方法來讓催眠狀態從內而外展開...（**總體暗示**）

你現在覺察到什麼？（**要求回饋**）。

即使是看起來似乎是對催眠狀態干擾的經驗性回應，也可以將其納入，並且以正面的方式來展開：

個案：我覺得有一點害怕...

教練：知道這一點很好。謝謝你把這個經驗性的部分帶到這個溝

通裡來。你在身體的哪個部份感覺到這個害怕呢？

（教練緩慢下來，變得更溫和，使用非語言性共振安撫恐懼）。

個案：我不知道...全身。

教練：讓我們來看看怎樣來和這個恐懼共處，可以嗎？

個案：我想可以...

教練：你想可以...知道這一點很好...那麼讓我們來作一個深呼吸，至少我們要緩慢下來去尊重這個恐懼，不要走得太快...

（個案和教練同時呼吸，教練做邊緣共振，並且更和多放鬆）

當你感到那份恐懼時，我在想，你有再感受到些別的什麼會對你有幫助？（**總體暗示**）

也許你可以用手和呼吸輕輕地撫觸你覺得恐懼的地方...（**具體的可能性**）

或許你可以想起一些在你生命中快樂的回憶...（**具體的可能性**）

或許你可以記起你最喜歡的顏色是...（**具體的可能性**）

或許你可以去感覺胸腔起伏的甜蜜溫暖，輕輕地觸碰著這個恐懼...（**具體的可能性**）

現在你覺察到什麼了呢？（**詢問回饋**）。

在這樣的溝通中，不管是自己或為別人操作，語言都是次等重要的，最重要的是關係性的連結和非語言溝通的音樂性。

運用這個原則的總體態度是：經驗的每一刻都可以開展出很多不同的正面方向，讓催眠工作和經驗性的改變從內而外的開放。

多重可能性在微觀層次上的展開，可以有很多不同的應用方式。譬如，米爾頓・艾瑞克森經常用作一種疼痛控制的方法運用在他自己或病人身上。這裡的建議是，要對這個疼痛的真正本質有非常深的觀照和好奇心——它在身體內部明確的部位和界線、不同的顏色、質

地、它的脈動和強度等。然後好奇心會導向它自然改變的各種不同的方式，這些改變發生在最微妙的層面。舉例來說：

教練：我想要建議你閉上眼睛一下子...做一個深長的呼吸...注意到是身體的哪個部分感受到這個痛呢？

比爾：我覺得它在我的肩膀上...

教練：你覺得疼痛在你的肩膀上，那麼這個疼痛是在那裡結束呢？...是在肩膀兩端嗎？...做一個深呼吸...專注...保持好奇心...

比爾：大概是這裡...（指向肩膀的頂端）

教練：大概是那裡...是一種什麼樣的感覺呢？是那種尖銳的...像火一樣灼熱？...還是更深的一種痛？...帶著好奇心去觀照...去覺察...那個不斷變化的痛的本質...

比爾：感覺好像整個肩膀都被火燒一樣...

教練：感覺好像整個肩膀都被火燒...很有趣...你想知道你的創造性無意識能用什麼方法來改變這個經驗嗎？

比爾：是的。

教練：很好...當你聽到我的聲音時...而且真的，非常深的專注...在催眠狀態的正確層次上...在正確距離外...帶著好奇心去看看那個最微小改變的開始...也許燃燒火焰的顏色有些改變...也許它會慢慢地蔓延開來...也許疼痛比較舒緩了...也許它會輕輕移動到一個略微不同的位置...你可以真的非常深的專注...帶著好奇心來看看你的無意識如何是以一種有趣的方式改變了那個疼痛...你現在覺察到什麼了呢？

比爾：我被這個火焰的顏色深深吸引...它開始轉變為藍色...

教練：這個很有趣，你覺得它很有趣嗎？

比爾：是的...

教練：很好，那讓你自己再做一個深長的呼吸，並將呼吸帶到

你整個身體...讓你可以開始更深地專注在火焰的顏色上。當你真正專注地看著火焰的顏色時...會看到它能以這麼多有趣的方式作變化...呼吸...藍色的...也可能是橘色的...顏色可以轉換成療癒的意象...火焰可以有那麼多不同的變化...

在這樣的方式下，比爾的疼痛就從總體的疼痛變成肩膀上灼燒的火，又再變成藍色火焰，再接著轉變成一個火山的意象，變成熔岩慢慢地流過他的雙臂，讓他的肩膀轉變到開放呼吸空間，讓他的身體作釋放，使得夏威夷火山島得以發生一次療癒性的催眠。

這樣的過程會讓創造性無意識在每一個時刻展開各種有趣的正向回應。意識心智也同時在那兒發展並維持著一個生生不息的狀態（中心點、正向意圖和資源），開啟邊緣共振，注意力向周邊打開，向每一個當下經驗開展出來的各種可能道路開放。相較於傳統的控制性意識心智，它會試圖強加某一條可能的道路，形成明顯的對比。透過以這樣的方式重新組合，生生不息催眠以許多自然的方式展開，總是很有趣。

## ●第二個方法：產生新的選擇

另外一個打開多重可能性的方法，我們稱為**產生新的選擇**。這是基於我們的核心前提來運作的，那就是當我們卡住時，我們可以用催眠來(1)釋放掉負面模式；(2)與這個模式更深的量子結構連結，那裡有許多可能的形式，以及(3)產生新的形式，能更正向地表達出更深層核心的需要或意圖。

圖表9.4列舉一個產生這種轉變的方法。

```
1.準備階段：中心點、設定意圖、資源

2.輕微催眠：回顧以前嘗試過的達致目標的方式

3.深沉催眠：請求創造性無意識產生新的解決方案

4.整合並創造新的自我身分地

5.未來導向：回顧、未來導向、誓言、感恩。

6.重新導向

7.後續工作
```

圖表9.4　**產生新的選擇**

　　完成準備步驟之後，第二個步驟是利用催眠來回顧個案為了實現意圖，在過去曾經嘗試過的方法。這裡的目的主要並不是做知性的瞭解，而是一種曾經走過道路的觀照和沉思。舉例來說：

　　感受你的中心...你的資源...與你今天在這裡想要完成的重要正向意圖同頻...（停頓）接下來的五分鐘當中，讓你的創造性無意識帶領你去回顧，回想過去的你曾經為了實現這個意圖，嘗試過各種不同方法。也許你會回到孩童時期的經驗...也或許有一些經驗性的覺察是在最近幾年發生的...能夠知道這個意圖（意圖的名稱），在過去這麼長的時間中，一直以這麼多的方式在激勵並組織你的行為，是一件多棒的事...所以只要讓自己放鬆，然後深深地進入中心點，然後花五分鐘來看看，你曾經嘗試完成這個目標和意圖所用過得各種不同方法。

　　當個案重新導向後，可以有一個短暫的討論，然後就可以開始第二輪催眠，邀請創造性無意識來發展實現這個目標新的可能方式。有一個方法是讓個案慢慢重複一個催眠舞蹈，將兩隻手往外展開，像一朵綻放的花朵，然後再回到休息的位置，有點類似我們在前一章所談

過的身體模型催眠，這個方式可當作一種指引式的譬喻將一些新的想法帶出來。以下是一個簡短的例子，來說明可以如何指引。

花一點時間安頓下來，往內走，再一次進入一個生生不息的安歇處...你可以閉上眼睛...做一個深長的呼吸...回到中心...當你完成的時候可以點點頭讓我知道...（若有需要可再做進一步說明，直到個案點頭）。

現在感受你的中心點，與今天想要完成的核心意圖同頻，也就是**在我的生命中最想要創造的是什麼（說出正向的意圖）**。讓你自己默默地說出那個意圖...**我在生命中最想要創造的是**...感受它透過你的身體深深地振動，超越了你的身體...**我在生命中最想要創造的是**...一種美麗的連貫的目的感和好奇心...**我在生命中最想要創造的是**...當你覺得連結並向那個正向的意圖承諾時，可以點點你的頭…（若有需要可再做進一步說明，直到個案點頭）。

在接下來的幾分鐘，讓你自己向你的創造性無意識帶你到你的覺察場域的任何以及所有的資源開放...享受所有的連結...所有的支持...所有來幫助你在今天這個旅程中的正向資源...當你覺得擁有足夠的資源時，可以點點你的頭…（若有需要可再進一步說明，直到個案點頭）。

很好...謝謝你...當你準備好的時候，我會請你非常緩慢地將雙臂抬起來...像一朵花向世界綻放那樣...動作非常的緩慢，非常的輕柔...像一個新生命誕生到世界來...從內在一個非常深的地方...比平常的有意識動作要緩慢四到五倍...你可以用一點點有意識來幫助這個過程...讓你的雙臂往上**抬**，非常輕微的，非常輕微的，幾乎感受不到它們是在向上抬，雖然它們的確緩緩地往上伸展中...只是有意識地抬起它們一秒鐘，然後讓你的無意識在第二秒鐘來輕輕抬起它們...很

好...然後你可以再換回有意識心智向上抬...這一秒鐘，你的有意識心智在將它們以一種極為微小的幅度向上**抬**...然後下一秒鐘，你的創造性無意識就接手來伸展它們，同時向這個世界開放...所以你的手是非常緩慢向上升並且開放...**像一朵花向太陽綻放**...**像一個人在做禱告**...像一個人在創造性無意識中開啟一個可能解決方案...所以你的手臂抬起，呈開放姿勢，你的無意識可以創造一個新的、更令人滿意的實現意圖的方法...你觀察、見證、編織，然後看著你的無意識打開新的模式...新的地圖...新的道路...來經驗並表達你的目標〔說出正向意圖〕。

這個溝通可以一再地解說發展，一直到雙手完全的開放，然後暗示這個新的地圖的整合：

當你的手和你最深的自我完地向這個新的存在方式打開時...當你準備好的時候，可以讓你的手開始朝相反的方向移動...非常非常緩慢...非常緩慢，好像並沒有移動那樣...非常非常緩慢地移動回它的原來的姿勢...當你的手開始它的反途時，讓你所有的新學習整合，並在你最深的內在找一個地方，形成一個對未來有幫助的地圖...呼吸...整合...轉變...一直到完全回到原來的休息姿勢。

當你的手回到原來的休息姿勢時，我們還可以再繼續重複幾輪，每一次都去發展一個新的正向地圖。用身體催眠動作來引導這個過程，提供一個非常好的回饋方式，讓所有參與者都能達到創造性無意識的最佳速度。

和許多催眠引導一樣，緩慢而重複的模式會引導注意力，使意識心智的控制減少、創造性過程增加。一旦新選擇產生，就可進行整合步驟來深化並加固。這裡所用的一般性過程正如前面曾描述過的，可以逐漸強化不同部分的編織、朝創造高峰邁進並產生出新的核心自我

身分地圖。然後完成最後一個步驟，將改變去連結到外在世界。注意重要的改變、帶著新選擇重新出發、做出要在未來實現的誓言、鼓勵來訪者表達感恩。然後重新導向，完成一些過程。

　　催眠通常需要後續工作，而嘗試將改變整合到現實生活中，常會帶來有趣的挑戰。我的一個朋友用催眠戒掉了20年的煙癮。他發現他抽煙的正向意圖是給自己一些獨處的時間來進入內在（當然抽煙並非最好的方法）。而在催眠過程中他找到了一些其它的靈修方法，特別是呼吸練習可以更有效地達到目的。不過，他說他還是很懷念香煙，像一個可信賴、能安撫他的。而在他完成正式的告別儀式，向舊選擇「老友」表達感恩道別，才能完全棄舊迎新。

　　我常鼓勵人們將舊有模式看成過去他們所能找到的最好選擇，如果現在去滿足原來欲望的新選擇，未經常練習，原先的「預設值」或「自動程式」還是會啟動。如果舊模式又出現，則表示有一些正向的需求還沒有被滿足。回到觀照認知，去重新開啟新的正向地圖，間歇式的故態復萌也可以是成長和轉化必要過程的一部分。正向地對待它（譬如利用關係咒語）事實上能幫助人們發展出更多有用的新選擇。

## ●第三個方法：四方鑽石

　　**四方鑽石**是一個邏輯系統，強調任何一個陳述都含有四種真實的價值：

　　1. X是真的。

　　2. 非X是真的（或X是不真的）。

　　3. X和非X同時真的（或X同時是真的和不真的）。

　　4. X或非X都不是真的（或X是既不真也非不真的）。

　　這個系統在西方的希臘傳統和東方的印度傳統中同時得到發展，特別是龍樹菩薩（參考鐘斯，2010）。佛教，特別是藏傳佛教將龍樹菩薩系統視為基本修行的訓練。

　　在佛教的傳統中，四方鑽石被用來感受更深層內在的多元真實。它是一個非常棒的修行方法，將個人自我對單一真相的認同轉向創造意識的多元真相。舉例來說，一個深陷在**我是一個創傷倖存者**認同的人，在個人自我的層次上，這是他唯一能夠找到的真相，因而創造了巨大的問題。但是如果能轉移到生生不息層次，在那裡還有其他多重真相（譬如說，**我喜歡笑話，當我在大自然中時我覺得很完整，我是我女兒很有愛的父親**），這個創傷倖存者的認同就可以被吸收並轉化到一個更大的創造性空間去。

　　圖表9.5顯示**四方鑽石**的運作過程。第一步，先找出一個限制性的信念或真相，並簡要地表達出來。它可以是關於自己的信念（譬如，**我不知道我在做什麼**），關於這個世界的信念（譬如，生命是不公平的，人是不可信賴的），或者是關於另外一個人的信念（譬如，**我的個案不想要改變，我太太非常嚴苛等**）。

　　為了在四方鑽石中進行探索，你先要創造一個地方，讓你在四個方向上都能跨出一步：右、左、前、後。站在中間、你的中心、感受到這四個方向，同時釋放掉其他的一切。然後你會向這四個不同方向移動，每一次都跨進一個關於這個陳述的不同的真相：它是真的，它是不真的（或者的相反面是真的），它既是真的也是非真的（或者它與它的相反面都是真的），以及它既不是真的，也不是非真的。這並不是一個知性的練習，而是一種更深的對於量子真相的感受。所以，所有我們在前面探索過的催眠同頻技術都可以在這裡發揮作用，用來打開一個更深的空間。

1.找出一個限制性的真相或信念。

2.走進一個有四個方向的圓的中心，進入中心點並向四個方向開放。

  3a.跨向右邊，進入中心點，與這個真相同頻：**X是真的**。

  3b.返回中心點，釋放，並開放。

  4a.踏向左邊，進入中心點，與這個真相同頻：**非X是真的（或X是非真的）**。

  4b.返回中心點，釋放，並開放。

  5a.向前踏一步，與這個真相同頻：**X和非X都是真的（或X既是真的又是不真的）**。

  5b.返回中心點，釋放，並開放。

  6a.向後跨一步，與這個真相同頻：**X或非X都不是真的（或X是既不真也非不真的）**

  6b.返回中心點，釋放，並向所有的真相同時打開。

7.整合，感受「中心的中心」。

8.重新導向。

圖表9.5　多元真相的四方鑽石

在每一個方向之後，都會返回中心、重新釋放和打開。跨入四個方向後再回到中心，會打開一種像是「真相的真相」，多元的、彼此矛盾的真相都同時被經驗。這會打開一個元空間，在其中可以感受不同的真相如何在每個時刻得到智慧而整合的運用。

以下是在一個團體工作坊裡探索四方鑽石時所摘錄的過程。

## 介紹

我們一直在談論著所有問題和限制，都是由自我所謂的單一描述的「暴政」所產生的，這也是我的兩位主要老師，葛萊葛瑞・貝特森和米爾頓・艾瑞克森，兩人學說的重要的重疊部分。貝特森說，要對任何系統有一個系統化或智慧的瞭解，都至少需要具有他所謂的**雙重描繪**，或至少兩份不同的關於那個系統地圖。相類似地，艾瑞克森也說過，問題通常是因為理解太僵化所產生的。針對這一點來說，我們曾經探索過解決問題或打開創造性狀態的的主要方法之一，就是能夠讓真相的正反兩面同時存在。它會有點像是帶給你靈性上的高潮，並打開你更深的覺察。其中一個方法，就是透過**四方鑽石**這個古老的神聖傳統。這個傳統仍在佛教中被積極地運用，特別是在藏傳佛教裡。現在讓我們來探討該如何進行。

一開始先站著，在房間中找到你自己的位置。你需要有足夠的空間來向前、向後、向左、向右各走一步。請找一小塊你可以做到這點的地方。這是一個你可以自己做的過程，在任何你想要將衝突轉換為互補的方案時。它可以用於很多不同的信念，在今天這個工作坊中，我建議我們針對生生不息催眠的互補性原則來工作。也就是說，我們每一個人都**既是**受傷（不完整，不整合），**又是**不受傷的（完整，又整合）。其中任一個真相都讓另一個真相更完整，如果我們只感受其中一邊，就會產生問題。所以我們要來探索一下如何與其中一邊同頻，再到相反的一邊，然後兩者皆是，接著兩者皆非，然後在一個生生不息空間中，讓所有真相都同時吟唱一首意識的合唱曲。

## 中心點

所以讓我們從你現在所在的地方開始，花一點時間來進入中心

點...對齊...放鬆...呼吸...打開...去感受你吸進了一種光的感覺，穿過你的全身...從頭頂的天空...到腳下的大地...然後向外打開進入世界...當你找到節奏時你會知道，因為它是很愉悅的...往下沉...向內走...下沉到中心，然後向一個活著的場域開放...如果你願意的話，你可以再這麼做的時候移動你的雙手。以非常緩慢的速度移動，比平常的移動速度緩慢四到五倍。打開你的雙臂，垂下雙臂，讓你的雙手移到中心，然後當你呼氣的時候，舉起你的手臂向外展開到世界去。在合氣道裡我們稱之為...**中正，向場域打開**...中正，向場域打開...像一個非常緩慢的**太極或氣功**的動作。緩慢的、溫柔的、優雅的重複動作。中正，向場域開放...讓你的身心找到它自己微妙的動作，讓頭腦中的語言的心智成為次要的。

從這個地方，你可以開始感受自己在一個旅程的起點...一個探索你內在最深的自我身分認同的旅程…打開如鑽石般不同面向的真相的旅程...讓自己放鬆，中正，向場域開放...放鬆，中心點，向場域打開...我們今天在這裡的旅程會圍繞著關於「受傷」和「不受傷」這個自我身分認同的許多不同的面向來展開...讓你自己慢慢地發展出一種可愛的、好奇的，和你的人性的每一個面向的關係...你如何在一個方面來說，是既完整又整合的...如同靈性之光，無法被傷害...你如何能傷害光呢...在另一方面又是破碎的、受傷的、不完整的...知道這一點難道不是很棒嗎？（眨眼）所以在你最深的創造性自我的音樂律動中，讓我們一起來跳一支四方鑽石之舞...

你可以用這些字來感受它，我在...我在...我在這裡。

## 第一個真相：我是未受傷的，我是不可能受傷的

當你準備好的時候，向右邊跨出一步...進入「這是真的」的空

間：**我是未受傷的**…**我是不可能受傷的**…**我是完整的**…**我是未被破壞的**…不要在你的頭腦中想，讓你的身體共振…自己來找到它…讓你的身體成為一個樂器，溫柔地感受共振，**我是未受傷的**…**我是不可能受傷的**…**我的靈性是不可能被傷害的**…**我是光的整體**…和它一起呼吸，和它一起移動…找到真相的共振…語言…意象…象徵…感覺…所有的微妙維度…當你感覺到愛…你就是愛…愛是未受傷也不可能受傷的…你是整體…呼吸…感受它…感受你從這個不曾受傷的、完整的、純粹的光之體裡所產生的和別人的連結…（靜默一會兒）

當你準備好的時候，做一個深長的呼吸…然後往左跨一步…回到原來中心的位置…當你回到中心位置的時候，做一個深長的呼吸，然後把剛才在第一個位置的所有一切都放下…只是去感覺、感受那個更深的開放…無形無相…只有…我是…我是…我是…你可以把在第一個位置的一切都放下，只是去感覺那個開放的光…初心…無形無相…閃閃發光的…靜默的…覺察…（靜默一會兒）

## 第二個真相：我是受傷的，我是可能受傷的

當你準備好的的時候，向左跨一步…當你向左跨的時候，跨進互補另一端的真相裡——**我是受傷的**…**在我內在有破碎**…**在我內在有一個地方我是不完整的**。不需要以一種負面的方式來趨向它…只需要在這個不完整的地方保持好奇…將這個句子當作一個調整頻率的音叉…當作一種共振器來找到你受傷的地方…呼吸…打開…感受…**我是受傷的**…**我是不完整的**…**我曾經受過傷**。只要與這個真相一起呼吸…以一種開放的方式感覺它…一種有愛的方式…為那些部分打開空間…感受這個真相…和它處在當下…和它在一起。並且注意到，從這個地方出發，你是如何在這個世界中行走的，你是如何和別人相處的，當你

在這個地方的時候，你是如何創造出你的現實的...只是觀察...只是去覺察...只要成為一個覺察的空間...（靜默一會兒）

當你準備好的時候，向右跨出一步...回到中心...呼吸...放下...放下...呼吸...無形無相，只是存在...中正...向場域開放。也許你會想要慢慢地移動雙手幾次，再次打開中心，自由地進入世界之中...然後就是單純的感受...**我是**...**我是**...**我在這裡**⋯

## 第三個真相：我既是未受傷的又是受傷的

當你準備好的時候，再向前跨一步...當你向前跨一步時，跨進那個第三個真相中...**我是完整和未受傷的**...**我沒有任何的傷痕**...**同時我又是受傷而粉碎的**...**我也是受傷的**...在你溫柔的身心的音樂性當中，感覺這兩個真相同時存在...讓它們在那裡，讓他們同等的存在...讓它們來到一起...同一個時間...**我是未受傷的和我是受傷的**...去感覺並且調頻，去找到那個微妙的頻率，向既是／又是的真相同頻...讓你的創造性自我來幫助你，去感覺那個你可以同時感受兩者的共振——完整和傷害同時存在...光的身體、痛的身體...感覺到那個你可以與兩者共同呼吸的空間...有愛...帶著好奇心...歡迎...編織...每一個都吸收...完整...深化另一個...同時感受兩邊...有一些甚至更深的的東西從這個完整性中出現了...既是／又是...還有更多更多...享受並感受這個力量，它的強大，甚至它的美麗。（靜默一會兒）

當你準備好的時候，往中央跨一步，感覺你自己回到了中心...回到呼吸...放下...釋放掉在任何的位置你所感受的一切...回家，回到一個開放的空間中...中心點...呼吸...**我是**...**我是**...**我是**...像天空一般...像樹一般...像海洋一般...只是臨在...**我是**...**我是**...**我是**...向每一個季節開放...向大自然的每一個元素開放...臨在...

## 第四個真相：我是既非未受傷又非受傷的

當你準備好的時候，往後跨一步，進入第四個真相...我是既非未受傷的，也非受傷的，**我是既非...也非...既非未受傷的，也非受傷的**...你現在是誰？呼吸，打開，與那真實的價值同頻...讓創造性的智慧教導你...碰觸你...帶著覺察...**我既非...一邊，也非...另一邊。**讓你的無意識智慧來教你進入那個地方...那個空間...那個面孔...去經驗是誰...是什麼...從真相的真相中出現。我既未破碎，也不完整...與你中心的心智連結。讓所有的畫面和感覺從中心的心智中出現，既非...也非...（靜默一會兒）

## 回到中心：整合

然後最後，當你準備好的時候...再跨前一步...回到中心...讓你自己再一次釋放...呼吸...中心點...打開⋯釋放掉對於任何特定形式的執著...只是呼吸...只是感受什麼流經過你...當你感受到那個開放的通道時，你可以允許自己去向那個整合打開...站在中心點...打開你的心智...打開的你的心...你的身體...你的整個存在...去感受所有四個方向...到一邊...到另一邊...到前面...到後面...去感受和每一個方向連結的所有真相...**未受傷的...受傷的...既未受傷又受傷的...未受傷的...既非...也非...兩者同時...受傷的...未受傷的**...所有都流向這個中心點...改變之風...真相之河...帶著大自然中的一切移動著...就像一首美麗的樂章在你的內在被創造出來...穿過你...為了你...成為你...當所有的真相...完整...破碎...兩者...既非也非...一幅馬賽克的圖畫...一個曼陀羅...這麼多不同的經驗...這麼多不同的真相...有這麼多不同的次元...被吸進...被整合...這麼多不同的真相之線...編織成一件新的長袍...向四個方向打開...能量...顏色...感覺...所有四個方向...穿越中心整合...到第五

個次元...向完整的自我的所有方向敞開…。

　　呼吸...進入並且穿過...所有方向的中心...所有的真相...都有它自己的音符...小調...大調...和絃...和諧的...不和諧的...通通編織到一個美學的驚奇中...看到音樂...不同的絲線編織成的圖型...受傷...有這麼多在那裡...無法被傷害的靈性...在更深更深中...兩者都是...既非也非...所有的真相都編織在一起，一個更深的真相誕生了...不同真相的絲線...所有的絲線...編織...成一件美麗的靈魂和服...一件美麗的長袍，代表你最深刻完整性的圖型...呼吸...編織...整合...每一個都有它獨立的音樂性，每一個都有它獨自的絲線...那個整合的完整圖型正帶領著你，在這個偉大的旅途中，感知所有時間的不同點...受傷...帶著愛，帶著瞭解，帶著好奇心...未受傷...靈性的閃耀之光，那個無法被破壞的愛的感受...生命完整性的無窮空間...你同時是兩者...你既非其一，又非另一...你是更多更多！（眨眼）

## 回家

　　然後花一些時間來感受，回到中心。如果你願意的話，可以把你的一隻手舉起來...觸碰你的中心...然後感受，在這裡你經驗到了什麼...你想要帶到你生命中的是什麼...花一點時間來感受，有任何誓言...任何承諾...任何應允你想要對你自己做出的...關於你要怎麼樣來活你的生命...帶著你受傷的真相...帶著你未曾受傷的真相...帶著你是其一的真相...你兩者都是...你既非其一，又非其二...你是...**你是更多更多**...你是...花一點時間來完成它...感受...不論你去哪裡，總是有四個方向可以汲取...可以玩耍...從中生活...然後當你準備好的時候...慢慢地回到這個房間中...（花些時間重新導向）

　　歡迎回來！

練習以後，可以有一些討論和處理。在團體的情況中，參與者通常會被分成三到四個人的小組，作大概十分鐘的分享，然後再回到大團體中來討論。

在四方鑽石的過程中發生了很多有趣的經驗。團隊中的一位女士分享了：催眠的節奏在她內在創造出一種感覺並且環繞著她，「有人正唱著一首很棒的歌」的感覺。這為她打開了一個療癒的空間，她感受到「一根很大的刺深深地叉在她的心中」並連結到巨大無比的疼痛。她帶著愛和那個經驗共處，同時很驚訝地在既是／又是的過程中感受到它在以許多不同的方式轉化，把很多早期的傷痛經驗連結到了一個療癒的場域中。

另外一個參與者描述道，他很驚訝地發現，他原來那種未受傷自我的經驗，只是「新時代」「一切都是光」的一種立場，他堅持「我一點問題都沒有」，卻同時感到不安和害怕。一開始，他害怕他的「好我」會跟那些受傷的部分連結。在不同真相的位置轉換中，他發現自己可以觸摸到這個空間而不至於被淹沒。最後那個整合過程對他非常具有威力，讓他感受到自己是個脆弱、根紮大地和開放的人。

對很多人來說，那個既非／亦非的位置特別有趣。通常會產生一種好奇心，關於那個未被定義的自我身分是贊成還是反對某個位置。所以往往有一個超越對立的空間，這會打開很多新的學習經驗。

四方鑽石可以是一個極有幫助的過程。它允許真相的每一邊都被正向保有和支持，整合到一個更深的自我認同的曼陀羅中，這個曼陀羅不是固執於任何特定的地方或特定的形式，它是生生不息的空間或內容，蘊含了多重形式，因此允許很多新的創造性模式發展。

## ●第四個方法：譬喻性故事

無窮可能性原則也可以透過譬喻性故事來實現。這是米爾頓‧艾瑞克森治療催眠工作的一個核心方法，特別是在他晚年時。在其基本過程中，問題或目標是作為一個核心的（或原型的）人性過程的例子來表達。譬如說，找到了一個關於食物的問題：

和食物的關係可以透過許多不同方式被經驗。

然後關於和食物關係的許多故事就可以被發展出來，提供給在催眠中的個案。目標是讓他放下實現某個核心所需要的僵化（負面）地圖，去到創造性無意識的量子場域去探索可能的替代地圖。這個方法的總體架構列舉在圖表9.6中。

| |
|---|
| 1.找到問題／目標 |
| 2.發展至少三個達成目標的譬喻性故事 |
| 3.準備階段：中心點、意圖、資源 |
| 4.帶著催眠的音律說故事 |
| 5.整合：發展新的模式 |
| 6.未來導向 |
| 7.重新導向 |
| 8.後續工作 |

圖表9.6　在生生不息催眠工作中使用譬喻性故事

## 第一步：確認問題／目標

在第一個步驟中，我們要很小心地專注於目標的確定。我們知道

在生生不息催眠工作中，目標可以用兩種方式陳述：

我想要X。　或

我想要X，但是Y來干擾。

一個好目標應該是正向、簡潔（少於五個字）、共振的。

## 第二步：發展譬喻性故事

然後用這個目標來發展轉化性的故事。圖9.7列舉出有效完成這個過程的六個步驟。

---

1.中心點、保持開放

2.和在問題裡的人同頻

3.把目標做為創造性的曼陀羅

4.寫下故事和象徵

5.選擇相關故事

6.潤飾故事

---

**圖表9.7　發展故事的步驟**

在第一個步驟中，一個開放並帶著好奇心的生生不息催眠被發展出來，因為故事中象徵和譬喻的特性是來自於創造性無意識。第二個步驟，則是向在這個問題裡的人同頻，因為一個有　明的故事需要適合這個特定的人和特定的情況。這可以透過身體模型來完成，或透過以目標為導向的視覺畫面想像。

調頻好之後，這個目標就可以用作一個「創造性的咒語」；也就是以一種溫柔的方式重複默唸，帶著好奇心去看看什麼意象或故事會從創造性的無意識中升起。所有的故事都要寫下來，不帶任何的批判或改動。舉例來說，在思考弗蘭克（一位非常害羞的男士）的目標時產生了下面一些故事，他的目標是「想在社交關係中變得更有自信」：

一隻小狗在學習如何更勇敢。

亞伯特・愛因斯坦一直到三四歲才學會說話，小學成績不好。

一個客戶透過了一連串的催眠工作克服了害羞。

經過一個冗長似乎永遠不會過去的冬天之後，花朵緩慢綻放了。

世界最偉大拳擊手之一喬・路易士的故事，他因為練習深刻的活在當下而成功地克服了焦慮問題。

當可能的故事產生後，我們就來感受一下哪個最適合這個人和他／她所處的情境。考量包括這個故事的內容對個案是否足夠有趣，或是故事中涉及到的改變否適合個案想要的改變。舉例來說，要是這個故事描寫的是一種相當劇烈的、立即性的改變，看起來似乎遠超過個案的能力或信念，那它很可能就無法帶來幫助。

在弗蘭克的案例中，我選擇了亞伯特・愛因斯坦的故事，因為弗蘭克對科學和愛因斯坦非常有興趣；和喬・路易士藉著對工作的專注投入而克服了焦慮問題的故事；同時我也選了另一個故事，是一個身處在催眠中的男人，他意識到害羞是種資源。當故事選好之後，我們就要再去更深入思考在故事中哪些細節和個案最相關，使故事可以循著某方向展開。如果個案的目標有很強大的障礙，那麼我們就必須去考量如何將障礙也包含在內。對弗蘭克來說，他非常擔心自己無法開口，所以這個部分也是必須被包括在故事中的重要元素。

　　舉例來說，對害羞進行重新定義的這個故事，涉及到了一個男人一系列的發現和體驗。在他早年的人生旅程中，他害怕見人；深深的著迷於閱讀，特別是科學書籍；嘗試過但最終還是沒能鼓起勇氣邀請女孩約會；害怕在課堂上說話（即使他是個特優的學生），還有自我憎恨等；接下來的人生故事包括，發現自己的人生召喚是要成為一個科學家；繼續覺得在社交上沒有安全感；培養了遠足和戶外運動這些愛好；交了幾個書呆子朋友。然後緊接著就是中年危機，導致他與自己的羞怯之間發展出一種更正向的關係，他開始發現羞怯所具有的敏銳好奇心使他能夠深刻地和世界連結，只要他能找到資源來保護那個「脆弱的內在自我」。

　　故事像這樣逐漸展開之後，很明顯可以看出，它擁有無數的版本。一個版本可能是很短的，而另外一個版本可能非常長。每個細節都可以再被延伸或去除，完全依據當下的需求經驗。簡短地說，故事的方式在創造性無意識中創造新學習可以極具彈性，因此，我們必須預先構思，哪個過程將成為故事的主要軸線，哪個核心議題需要被標示出來，個案的特定情境可以如何加入到故事裡並得到擴展。當然，真正在講故事的時候，需要有很多因時制宜的調整，保持著催眠邊緣共振的音樂性，重複關鍵主題，有節奏的模式等等。

## 第三步：準備

　　首先，我們要透過中心點、正向的意圖和引發適當的資源來建立一個適合說故事的狀態。弗蘭克發現他可以透過深深地專注於胸膛中的心跳來進入中心點，然後從這個中心點把他的注意力無窮盡地向外打開。很有趣的是，他的資源場域包括了R2—D2（在《星際大戰》中可愛的機械人）和一個微笑的亞伯特·愛因斯坦。他的目標是：

「我希望能和我的羞怯更安然共處」。

## 第四步：帶著催眠的韻律講故事

當個案進入生生不息催眠狀態時，我們就可以用總體的導向來開始講故事的過程：

你今天來到這裡是帶著那個總體意圖〔說出目標〕。你的創造性無意識能幫助你創造必要的改變來達成目標，知道這一點很好。為了能幫助這個過程，我想要告訴你一些也許與此相關的故事。當然，就像任何催眠過程一樣，你不需要有意識地分析或理智地去瞭解這些故事，就讓你自己在催眠狀態中單純地接收這些故事，然後讓你的創造性無意識來翻譯它們、找到其中的意義，讓它們展現找到實現目標的最好方式。舉例來說，你可能會發現，我跟你說的故事是關於某個特定議題，而你可能在過程中經驗到的是另一個截然不同的議題。

所以花一些時間，進入到一個正確的深度和適當的催眠狀態，能夠讓你以一種最有說明的方式吸收故事。當你做好這些事，準備好接收故事時，可以點點頭給我一個訊號。

（溫和地繼續說明，直到個案發出點頭訊號。）

然後就可以開始說故事，故事後面接著多重可能性暗示循環（如圖表9.3），進行總體陳述，再擴展延伸成許多不同的可能方向：

你能以這麼多不同的方式來經驗X。我來舉一個例子…

在說故事的時候，重點要放在發展並保持生生不息的催眠狀態，因為正是這個提升的意識狀態可以讓故事產生轉化的效果。所以，邊緣同頻和共振是引導所有溝通的基本連結，因為這是我們瞭解生生不息的場域是否已被打開的主要方法。所有催眠音樂的模式——韻律、非語言的共振、重複、節奏，感官的意象和感覺等等，都是這個過程

不可或缺的一部分。就像任何表演藝術一樣，在這裡，說故事的人需要不斷地調整，來強化催眠場域。

因此，故事中的所有資源都要被強調，如果對個案而言強度太大，就要放慢步調；如果故事看起來似乎無法讓個案足夠投入，表示催眠的融入性和情緒的挑戰要加強。在過程中的任何一點，如果覺得個案有困難，可以使用一些簡單的語句詢問對方目前的狀況。再說一次，故事本身是經驗性學習的極具靈活性的工具，它可以、也應該隨著不斷變化的關係模式而調整。

譬如說，弗蘭克對於重新定義羞怯故事的反應很有教育性。當我開始表達對於羞怯價值的好奇時，他的專注度似乎加深了。當我繼續描述故事主角如何用撫觸身體中心點的方式來加深與羞怯的正向連結時，弗蘭克也輕柔地撫觸著他的心輪，然後眼淚開始溢出。我把這個現象視為一種回饋，代表這個部分對他很有感受，我便加強講述。

述說數個故事時，我們也可以簡單地用以下這些陳述搭設橋樑，把這些故事連結起來（如我們在圖表9.3中的暗示循環）。

所以你可以透過這麼許多種有趣而有用的方式來經驗某事，我再給你舉個例子...【註：當米爾頓‧艾瑞克森和他的學生們一起展開工作的時候，他總是會用一個簡單的問題開始那一天：「今天你們想要學習什麼？」準備好一個目標會很好，因為艾瑞克森總是對具體的要求非常有回應。但是往往，他會用故事或者其他象徵性的回應（如，催眠現象）來作為回答。他也許會講五到六個故事，每個故事之間的連接語都是：「我再來給你舉個例子…」在很長時間的這種迷人的講述之後（有時候是好幾個小時），他會停下來說：「還有什麼問題嗎？」我們通常會大笑，因為當我們從如此令人著迷的答案中回過神來的時候，已經記不清最開始問了什麼問題了。】

當故事在恰當的情境下呈現，本身就會溶解使地圖僵化的神經肌肉鏈結，並打開創造性無意識的量子場域。每個故事和其中的元素都在這個如海洋般的量子場域中浮游，生生不息狀態會讓它們的各種不同的正向意義和應用呈現出來。

## 第五到第七步：整合，未來方向，以及重新導向

在每一個故事中所蘊含的不同可能性被整合到一個新的認知地圖中之後，接著就是未來的方向和重新定向的過程。這個過程的步驟，可以用我們前面章節中所描述的方式任意組合。

弗蘭克重新導向回來後，他和我們分享了一個非常有趣的過程。當他聽到關於這個害羞人的故事，有些東西開始在他的胸部共振。一部黑暗的電影在他心輪附近慢慢地擴展，然後一個年輕的他開始出現。剛開始他很害怕，但是當故事繼續下去時，他開始去和那個「年輕的弗蘭克」連結，一個害羞的幾乎像啞巴一樣的男孩，他極為害怕家中所充滿的憤怒氣氛。當他向這個存在開放時，一種很棒的釋放感和愛充滿了他。故事的內容和故事敘述的催眠韻律，似乎為他的重新連結提供了一個安全的處所和很深的允許。

## 第八步：後續工作

催眠改變通常都需要後續持續的發展。對弗蘭克來說，他的羞怯逐漸成為他自己內在的一個溫柔部分、需要被認可和保護。我們持續探討如何引入一個他內在較強的「陽」的部分，來保護這個羞怯、溫柔的「陰」的部分，尤其是瞭解這個溫柔的部分，是屬於兩者中更為敏感和微妙的意識。這帶領我們去做各種不同的探索，如何把這兩個對立的部分整合成一個創造性的合作夥伴關係。

故事當然是自古以來最古老的教導方式之一。它們會吸引注意力並直接說出創造性無意識的象徵性語言，因而讓深刻的學習發生。正如所有生生不息的催眠過程一樣，其成功的要素是能在不同層次上建立深刻的關係性連結並被其引導。它們並不是**對某個人做的技巧**，而是**和這個人一起探索一種創造性的過程**。

## ●第五個方法：資源委員會

創造性無意識在許多層次上被持續的回饋所引導。正如史真密海宜（Csikszentmihalyi, 1991）所提出的，要達到最佳的流動狀態，需要先設立一個總目標，然後持續地設立一些可測試的子目標，來指出我們是否在正確的途徑上。回饋的一種主要類型就是透過導師和引導者在旅程中的支持來表達的。每一個回饋都代表一種觀點，為我們指出不同的前進方向。而在生生不息的催眠當中利用它們的方式是透過我稱為**資源委員會**的方法，如圖表9.8所示。

---

1.確認目標

2.發展（並在空間上定位）資源委員會

3.準備步驟

4.與目標同頻：自我思索方向

5.與每位委員同頻並接收他們的忠告

6.重新擬訂目標，整合所有位置

7.導向未來

8.重新導向

---

**圖表9.8　資源委員會方法**

## 第一步：確認目標

　　這個過程從設定目標開始。這是個很簡單但卻並不見容易的步驟，我們需要很小心、謹慎地來確認目標是正向的、簡要的（通常少於五個詞）並且是共振的。

## 第二步：發展（並在空間上定位）資源委員會

　　第二個步驟包括發展一個資源委員會的催眠場域，來支援目標的達成。這個過程的一般性方法如下：

　　現在你已經確認了這個非常重要的目標〔說出目標〕。生生不息的催眠可以用很多方式來展現。其中一種方式就是請求你的創造性無意識來協助你發展一個正向的資源團隊，在旅程中引導並支持你。我們每個人都在周遭朋友幫助下持續人生路途，都需要別人充滿愛和智慧的回饋來支持我們的人生旅程。卡爾・榮格說過，每個人在人生道途上都需要找到我們自己的「聖人群組」；那些能夠真正支持並且愛我們的存在。榮格所稱的「聖人群組」，我喜歡稱他們為資源委員會，我們可以利用他們來顧問、引領並支持我們的人生旅程。

　　為了發展資源委員會，在開始的時候，先感覺一下誰也許真的是一個很好、很正向的資源或嚮導，能夠支持你踏上這條特定的旅程〔特定目標〕。有很多不同類型的嚮導能夠以各種不同的方式來支援你。他們也許會給你鼓勵、安全感、提出具體的建議、回答問題、提供傾聽園地、或者成為一個很好的榜樣，激勵你等等。這個嚮導可以是你在現實生活所認識的某個人，一個老師、一個家庭成員、一個朋友等，也可以是一個歷史人物、一個靈性存在或神秘人物，甚至也可以是一條河、一個森林。最重要的是去找到能指引你，能在旅程中產生最大幫助的資源。我說的這些能理解嗎？

（回答問題）

為了發展一個資源委員會，個案首先要進入中心點，並且與他們的目標同頻，然後請他的創造性無意識帶領出最有幫助的嚮導。通常對這樣的過程而言，兩個到三個嚮導是最好的。

你所確認的每一個嚮導，可以花一點時間來感受他們的最佳存在位置（在周圍的場域中）。這種空間定位會有助於你接收到這個嚮導是一個明確的經驗性的存在（而不只是知性的概念），同時也能覺察場域來超越身體。這兩種轉換都有助於我們進入生生不息催眠狀態。

如同所有的生生不息催眠過程，要藉由鼓勵讓意象和覺察產生。任何神經肌肉鏈結的跡象都需要用放鬆暗示。譬如說：

放鬆你的前額、放鬆你的肩膀...很好...就讓它發生...很好...請帶著好奇心看看你的創造性無意識會帶出哪些畫面。

透過這樣的方式，資源委員會在一個人的場域裡打開，提供了一個保護性的圓環，也是一種獲得實實在在的回饋和指引的基地。

## 第三步：準備步驟

當委員會成立後，就可以開始催眠工作。還是先從準備步驟開始，包括中心點、與正向意圖同頻與連結資源。在這個過程中，委員會成員們是作為資源來運用。個案可以發出一個訊號—簡單的點頭或者手指的訊號，示意準備步驟完成。

## 第四步：向目標調整：自我思維方向

一旦進入催眠狀態，個案一般可以花五分鐘的時間來思考要如何達成目標或實現意圖：

在那個同頻的狀態中，讓你自己花一些時間...大概五分鐘左

右…開始去思維不同的方法…達成目標的不同解決方案（說出目標）。只要讓任何意象、想法、念頭…自然流進你的覺察中…關於如何實現目標的內容。此刻不需要有意識的分析或強迫…只要讓一種不同的可能性從你的創造性無意識中流淌出來…

　　大概5分鐘後，個案可以重新導向並分享發生了什麼，然後直接進入下一個步驟。【註：正如我們已經討論過的，一次練習的「模組」可能會有相當大的差異。如果個案需要更結構化，更小塊的工作（出於安全考慮），那麼催眠工作就可以是一系列短小的片段。其他人需要較少的結構性，能夠在一次較長的練習中流動。】

## 第五步：從每位委員會成員那裡接收回饋

　　在這個步驟中，我們要從每位委員身上去接收對計畫或想法的回饋。這個也可以由很多方式來達成，其中之一就是去感受某個委員在場中、默默地詢問他的意見，然後吸收它。另外一種方法是自己成為那個委員，你可以實質地站到那個委員的位置上，或在想像中這麼做，從這個位置上去感受並觀照他的觀點和回饋。

　　在每一個委員表達完意見後，個案就移回到他原來的位置，花一點時間來接收並思考這些回饋、表達感恩，然後在下一個委員身上重複這個過程。在這樣不斷從多元角度中轉換的過程中，最重要的是透過邊緣共振和催眠狀態的音樂性維持住基本的生生不息催眠狀態。整個過程大概會花十五到二十分鐘。

## 第六步：重新導向目標，整合所有立場

　　下一個步驟，是將由資源委員會所提供的不同觀點與角度，加上個案自己的觀點，全部混合成一個整合的過程，圖9.9顯示的是一個

經典的生生不息催眠整合的例子。在中間的是個案，周圍是四面的資源。全部編織在一起，形成一個整合的「自我曼陀羅」。

圖表9.9　加入一個資源場域來創造一個生生不息的自我。

以下是如何邀請整合的一個案例：

回到中心點之後...做一個深呼吸...向下沉，向內走...再一次向一個寬廣的場域打開，在其中你可以感受到你的中心...你的正向目標（說出目標）…...你的目標有這麼多不同的立場和角度...你自己的觀點...由第一個嚮導所提供的回饋（說出一號嚮導）...由第二個嚮導所提供的回饋（說出二號嚮導）...第三個嚮導所提供的回饋（說出三號嚮導）...呼吸...再往內走得更深一些...深到能夠感受所有場域中所有一起合作來實現那個目標的臨在...你自己的臨在…以及在空間中圍繞著你的每一個嚮導的臨在…當你可以開始同時感受到所有這四個臨

在...就好像他們是一個管弦交響樂團的成員...一起演奏著..是一個非常親密團隊的成員...每一個人都有他／她自己獨特的智慧...每一個人都有自己獨特的觀點...你可以感受其中的一個部分和另外一部分開始和諧地演奏...很多顏色...畫面...聲音...感覺...和諧地整合⋯一個模式...融合...和諧...建造...深化...加速...從和諧中產生出一個新的模式...朝向整合移動...脈動...呼吸...朝向整合移動...其中所有不同的部分通通融合在一起，形成一個更深刻的整體...一幅更深刻的地圖...一條更深刻的實現目標的道路...去感覺這個整合全都融合在一起，現現現現在！

（可以加入改變之風，將心「吹到」新的空間中。）

（經過一些靜默的時刻，然後加入溫柔的支持語句。）

是的...就是這樣...非常好...一個更深的融合...一個去實現你最深夢想的美麗感受...（可以再延伸說明幾分鐘）。

## 第七步和第八步：導向未來和重新導向

最後這兩個步驟，我們在前章中曾經詳細地描述過，當然也包括如何讓催眠工作中所獲得的重新組合，延續到個案的日常生活中。

## ●總結

**無窮可能性原則**是生生不息的認知意識的核心元素。它是一種引領意識向多種可能性開放的方法之一，特別是當我們正在做到事情無效時。這個原則鼓勵「發散性思維」過程，它是創意思考者的特色，也是生生不息催眠不可或缺的一部分。

無窮可能性原則可以有很多種不同呈現方式，我們在這一章中探索了其中五個：

1. 多重可能性的暗示循環
2. 產生新的選擇
3. 四方鑽石過程
4. 譬喻性故事
5. 資源委員會

　　以上每一個方法，在創造性過程的每一步驟中都提供給我們許多新的可能性，一起共同闡示了一個始終超越當下狀態、光明意識的價值和重要性。

# 後記

在本書中，我們看到了生生不息催眠工作的特點，是以下這些內在彼此關聯的理念呈現：

1. 生命可以是一段偉大的意識之旅。

2. 現實和自我身分是被建構的。這個創造性段過程流經三個不同的世界：最初的沒有內容的光的意識、無窮可能性的量子場域和特定現實的傳統世界。

3. 在這些不同的世界間的門是**過濾器**。從一個世界轉換到另外一個世界，就像光穿過彩繪玻璃窗那樣。

4. 穿過過濾器，允許我們看到兩個層次的現實建構：在第一個（量子）層次，每一種模式都有許多不同的可能的形式和價值。穿過一個觀察性的意識的過濾器（如，一個神經系統、社會場域、心理情緒）時，會採用某一種特定的現實形式。

5. 這些過濾器也許是透明和開放的，讓資訊／能量**創造性地**在這些世界之間流動。例如在無窮可能性的量子世界和特定現實的傳統世界間產生創造性的意識。或者，它們也許因為搏鬥、逃跑、凍結、或崩潰所造成的**神經肌肉鏈結**而變得不透明和封閉，結果產生了一種靜態的、分離的意識。

6. 催眠是一個創造性流動的過程，其中現實過濾器被暫時鬆開，使舊的地圖和制約模式被放鬆、創造性的量子場域被打開。它讓傳統僵固的自我身分的子形式—包括身體意象、記憶，對未來的信念、感受、空間和時間——產生變化，於是允許新的自我身分和現實形成。

7. 有很多種不同型態的催眠——有些是正向的，有些不是。

8. 生生不息催眠是一種獨特的正向催眠，其中帶著觀照的自我覺察和創造性無意識交互運作來產生新的自我身分和現實，特別是透過潛在的現實過濾的轉化。

9. 生生不息催眠是透過升級三種總體心智過濾器來發展的—身體過濾器、認知過濾器、場域過濾器—把它們提升到一個更高的意識層次。這個更高的意識層次加進了一個新的微妙的層次，而喚醒「身體中的身體」、「場中之場」和「心中之心」。

10. 生生不息催眠狀態的特質的特徵是COSMIC宇宙狀態：中心點、開放（正念）、微妙的覺察、音樂性、正向的意圖和創造性的參與。

11. 生生不息意識狀態的持續存在，可以用很多正向的方式改變我們的生活，包括顯著的提升幸福感、健康、助人、以及療癒自己和世界。


通通放在一起，這些理念就提供了一個創造性的生命道路，其中意識會更深入的參與建構、解構和重新架構我們的自我身分和現實，同時在個人和集體意識的層次上。在本書中所談到的這些內容，只是一個開始，不是結束。

像武術，當你被賦予第一條黑帶時，只代表現在你可以起步，具

備了接受真正訓練的基礎。同樣地，本書中所談論的原則和過程，也只是用來作為發展生生不息意識的基本框架。

我們因此至多可以說：

這些只是一些暗示和猜測，

暗示之後是猜測；其他的

只有禱告、觀察、紀律、思考和行動。

T.S.艾略特，《搶救乾燥四重奏》

我熱切的希望，無論這些書頁中的哪些部分觸動或者鼓勵到你，你都能持續地練習，特別是在以下這三個實踐原則的帶領下：(1)從中心出發生活，(2)向一個生生不息場開放，(3)創造性地處理你生命中的每件事。

要能夠這樣做，最重要的就是每天練習，我常常向我的個案們強調，我們生命的品質就是我們練習的品質。我們通常都是圍繞著生命的兩根主要支柱來活，就是工作和愛，當然還包括和它們一樣重要的對別人的責任。但除此之外，我們還需要第三根支柱，就是能培養自我覺知的身心練習。有很多不同的練習方法—例如走路、冥想、園藝、音樂、閱讀，而最重要的就是能夠找到一些你覺得真正能產生共振、有幫助的方法，然後有規律的練習。這樣才可以訓練生生不息的狀態，來說明我們過好每一天的生活，面對生命中的非凡挑戰。

當然，一般人最常用的藉口就是**我沒有時間**。必須瞭解的是，**沒有人會給你時間，你必須去創造**。特別是在一個忙碌的生活中，有規律的練習會為你創造出更多的時間，同時讓你在每件事上都有更好的表現。

這些練習也會幫助你更妥善地處理失敗和生命中的意外經驗。我們過去所嘗試的大多行不通，所以重要的是與失敗建立起一種有技巧的關係，能夠正向看待失敗並得到其激勵，而不是喪失勇氣或被它打敗。

一個有用的練習就是不斷回到正向意圖，我們很容易迷失在問題之中，而把主要的注意力都集中在問題本身或其他還沒發生的事上。喬瑟夫・其爾頓・皮爾斯（Joseph Chilton Pearce,1981）稱為**改正錯誤的錯誤**。他指出，作為人，我們會被各種「基本的禁令」所引導，比如**走路**，而每個禁令都會帶著一組次級的過程——比如說，在學習走路時，我們必須**先爬、再站、再平衡、再不平衡**（一隻腳往前）、接著是那個傳統家庭最愛的，**跌倒**。

當然，小孩子並不會把跌倒視為一個問題或失敗。他們跌倒、站起來、又繼續走，但是在生命中的某個時刻，我們卻學會不應該跌倒，不應該這樣子做，不應該那樣子做。在那些時刻，皮爾斯說：我們的意識就從主要的（正向意圖）轉向次要的「不要跌倒」，因此就掉入了**改正錯誤的錯誤**這個陷阱中，嘗試地去避免問題而忽視了更深遠的正向願景。借著不斷練習這三個步驟：中心點、向場域開放、與正向意圖同頻，我們可以在跌倒後再站起來、持續往前。

**非暴力的誓言**可以很有力量地來支持這個持續往前的動力。我們通常都過於傾向以負面方式來回應失敗和錯誤（自我批判、某種形式的放縱、向別人發洩、放棄等）而事實上**大部分時候是這些負面回應造成了傷害，而不是錯誤本身**。我把這些都視為不同形式的自我暴力，而深深地鼓勵我的個案們發誓，不管他們做什麼或不做什麼，他們都不應該遭到暴力的對待，無論是來自他人的暴力還是來自於自己。在學習理論中有一個最幫助的發現，他們發現處罰並不能促進學

習，只能暫時壓制行為（所以一旦放鬆，這些舊有的模式又會再回來）。而能夠認清楚並且釋放下那些自我暴力的制約回應，允許人們能以更加正向而有創造力的方式投入到自己到體驗中去。

創造性接納可以讓一個人有技巧的去利用生命中的種種意外。古老格言說得很對，**當人計畫的時候，上帝就笑了**。雖然我們孤立的自我無法精準地控制一切，但是卻可以創造性地處理任何出現的事物。這當然也是生生不息催眠的核心前提：創造力是意識心智（包括意圖、期待、欲望等），和創造性無意識之間的對話。

如果你回顧自己過去十年的人生，很可能會發現，如果不是大部分，也有很多生命的正向發展是你未曾預料到的。所以可以很實際地說，你的自我是無法控制未來的。但是你**可以**訓練自己，保持中心點和正念，設定目標、制定計劃，同時發展成功所需要的內在連結和外在連結；然後，你可以有技巧地接受並利用任何當下發生的事，願意永遠愉快地面對意料之外的事物，並一再地學習以最好的方式來跟當下的時刻連結。這是一種陰和陽、被動和主動的結合，讓你能夠創造性地活出這段偉大的意識之旅。

我在這本書中主要想傳達的是：在個人意識外，我們也是一個不斷在自我實現的更大的整體和智慧的一部分。亞瑟・考思樂（Arthur Koestler,1964）創造了**子整體**（holon）這個詞語，用它來描述一種活的意識狀態，它在一個層次上是完整的，但同時在下一個更高層次中，它是更大的整體中的一部份。這是一個非常棒的關於人的描述：我們在自身中是完整的，但同時也是一個更大的進化之中的智慧的一部份。同時活在這個雙層次的意識中是生生不息自我的核心。

有一個古老的故事，有個老猶太教拉比，他穿著黑色長外套、手插在口袋裡在鎮上行走。終於有人問他要去哪裡，他把手從口袋中抽

出來，手裡各握著一張紙條。其中一張寫著：**我是神聖的、我是一切萬有、我是愛**；另一張寫著：**我只是一粒塵土、只在這裡存在一陣子**。正如我們在生生不息催眠工作中所說的，**知道你能同時享有兩者是多麼棒的事！**而這正是我們藉著這些工作想要實現的。

魯米（Rumi）的話支持著兩個世界的相交：

黎明的微風有奧祕要宣說

不要再回去沉睡

你要問自己真正想要的是什麼

不要再回去沉睡


人們來來去去

穿越過門檻

在兩個世界的相交處

門是圓的、敞開的

不要再回去沉睡


願你每天更充分地朝向你最深處的生命之路覺醒。

國家圖書館出版品預行編目(CIP)資料

生生不息催眠聖經：創造性流動的體驗之旅 /
　史蒂芬.紀立根(Stephen Gilligan)著；林知美,
　莊馥宜,吉莉譯. -- 初版. -- 新北市：世茂,
　2015.04
　　面；　公分. -- (新時代；A22)
　譯自：Generative trance : the experience of creative
flow
　ISBN 978-986-5779-65-8(平裝)

　1.催眠術 2.催眠療法
　　　　　175.8　　　　103026796

新時代 A22

# 生生不息催眠聖經：
# 創造性流動的體驗之旅

作　　　者／史蒂芬‧紀立根博士
審 訂 者／林君翰
譯　　　者／林知美、莊馥宜、吉莉
主　　　編／陳文君
封面設計／鄧宜琨
出 版 者／世茂出版有限公司
負 責 人／簡泰雄
地　　　址／（231）新北市新店區民生路19號5樓
電　　　話／（02）2218-3277
傳　　　真／（02）2218-3239（訂書專線）‧（02）2218-7539
劃撥帳號／19911841
戶　　　名／世茂出版有限公司　單次郵購總金額未滿500元（含），請加50元掛號費
網　　　址／www.coolbooks.com.tw
排版製版／辰皓國際出版製作有限公司
印　　　刷／祥新印刷股份有限公司
初版一刷／2015年4月
　三刷／2017年7月

ISBN／978-986-5779-65-8
定價／420元

Original English language edition published by Crown House Publishing Ltd.
Copyright © Stephen Gilligan, 2012
All rights reserved.

請沿虛線剪下裝訂寄回，謝謝！

# 讀者回函卡

感謝您購買本書，為了提供您更好的服務，歡迎填妥以下資料並寄回，
我們將定期寄給您最新書訊、優惠通知及活動消息。當然您也可以E-mail：
service@coolbooks.com.tw，提供我們寶貴的建議。

## 您的資料（請以正楷填寫清楚）

購買書名：＿＿＿＿＿＿＿＿＿＿＿＿＿＿＿＿＿＿＿＿＿＿＿＿

姓名：＿＿＿＿＿＿＿＿ 生日：＿＿＿＿年＿＿月＿＿日

性別：□男 □女　　E-mail：＿＿＿＿＿＿＿＿＿＿＿＿＿

住址：□□□＿＿＿＿縣市＿＿＿＿＿鄉鎮市區＿＿＿＿＿路街
＿＿＿＿段＿＿＿巷＿＿＿弄＿＿＿號＿＿＿樓

聯絡電話：＿＿＿＿＿＿＿＿＿＿＿＿＿＿＿＿＿＿

職業：□傳播 □資訊 □商 □工 □軍公教 □學生 □其他：＿＿＿

學歷：□碩士以上 □大學 □專科 □高中 □國中以下

購買地點：□書店 □網路書店 □便利商店 □量販店 □其他：＿＿＿

購買此書原因：＿＿ ＿＿ ＿＿ ＿＿ ＿＿（請按優先順序填寫）
1封面設計 2價格 3內容 4親友介紹 5廣告宣傳 6其他＿＿＿＿＿

本書評價：＿＿ 封面設計 1非常滿意 2滿意 3普通 4應改進
＿＿ 內　容 1非常滿意 2滿意 3普通 4應改進
＿＿ 編　輯 1非常滿意 2滿意 3普通 4應改進
＿＿ 校　對 1非常滿意 2滿意 3普通 4應改進
＿＿ 定　價 1非常滿意 2滿意 3普通 4應改進

給我們的建議：＿＿＿＿＿＿＿＿＿＿＿＿＿＿＿＿＿＿
＿＿＿＿＿＿＿＿＿＿＿＿＿＿＿＿＿＿＿＿＿＿＿＿＿＿
＿＿＿＿＿＿＿＿＿＿＿＿＿＿＿＿＿＿＿＿＿＿＿＿＿＿

傳真：(02) 22187539

電話：(02) 22183277

生活智慧・豐富心靈

打開視野・探觸書海・免費回片

廣告回函
北區郵政管理局登記證
北台字第9702號
免貼郵票

231新北市新店區民生路19號5樓

世茂
世潮 出版有限公司 收
智富